澄心清意

澄心文化

阅读致远

黄朴民·精解《孙子兵法》系列

孙子兵法译注

Sun Tzu
The Art of War

孙子——著
黄朴民——译注

浙江文艺出版社
Zhejiang Literature & Art Publishing House

图书在版编目(CIP)数据

孙子兵法译注 / (春秋) 孙子著,黄朴民译注. —
杭州:浙江文艺出版社,2023.3(2023.10重印)
ISBN 978-7-5339-6940-0

Ⅰ. ①孙… Ⅱ. ①孙… ②黄… Ⅲ. ①《孙子兵法》-
译文②《孙子兵法》-注释 Ⅳ. ①E892.25

中国版本图书馆CIP数据核字(2022)第131215号

策划统筹 柳明晔
责任编辑 周海鸣
数字编辑 姜梦冉 诸婧琦
营销编辑 宋佳音
封面设计 人马艺术设计·储平
责任印制 张丽敏

孙子兵法译注

孙子 著
黄朴民 译注

出　　版 浙江文艺出版社
地　　址 杭州市体育场路347号
邮　　编 310006
电　　话 0571-85176953(总编办)
　　　　 0571-85152727(市场部)
制　　版 浙江新华图文制作有限公司
印　　刷 杭州富春印务有限公司
开　　本 880毫米×1230毫米 1/32
字　　数 192千字
印　　张 8.875
插　　页 5
版　　次 2023年3月第1版
印　　次 2023年10月第3次印刷
书　　号 ISBN 978-7-5339-6940-0
定　　价 69.80元

目录

凡　例

一、本册包括《孙子兵法》十三篇的各篇题解,《孙子兵法》原文、译文、注释(含必要的文字歧义说明)、札记,以及三篇附录。

二、各篇卷首的题解:概括揭示该篇的中心思想,分析其内在的理论逻辑和基本特色。

三、《孙子兵法》原文:选用中华书局上海编辑所1961年出版的影宋本《十一家注孙子》为底本。

四、正文注释:包括解词、释义、参校等。解词,主要就原文的关键字、词进行解释。释义,主要是对原文文句的缕析释读,并根据需要引用宋本《十一家注孙子》的释文。参校,主要依据汉简本《孙子》(据银雀山汉墓竹简整理小组1985年出版的《银雀山汉墓竹简[壹]》,简称"汉简本")和"武经七书"本《孙子》(据《续古逸丛书》影宋本,简称"武经本"),也少量参考了平津馆本(清代孙星衍校《孙吴司马法》,《平津馆丛书》影宋本)、日本樱田迪本等版本的内容。对所参校的版本文字异同,一般不作评析,仅附录于各注释之末,以资参证。

五、译文:在充分忠实于原意的基础上,力求做到通畅、生动,以体现《孙子兵法》一书文采绚丽、风骨遒劲的基本特色。

六、札记:笔者在数十年释读《孙子兵法》过程中,对《孙子兵法》的一些独到心得,择其要者,归纳提炼为札记性文字。它们一般不囿于成说,属于个人的见解,“愚者千虑,或有一得”,也许会贻笑于大方之家,但“敝帚自珍”,不妨存之。

七、附录:共收录三篇:《史记》孙子本传。银雀山汉墓竹简《孙子》与佚文、文献中的《孙子兵法》佚文。历代有关孙子与《孙子兵法》的评述文字。以供读者参考。

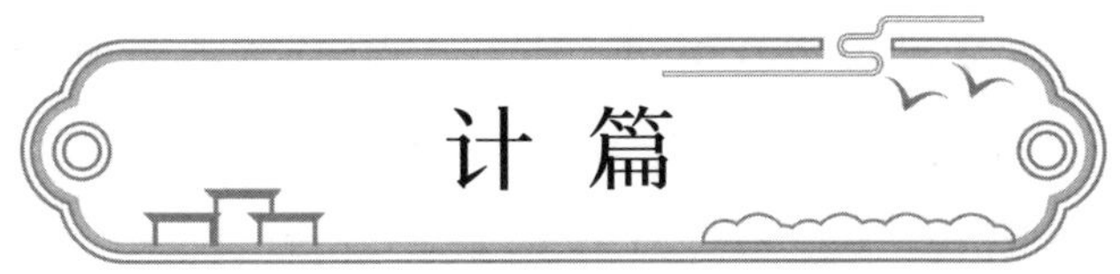

计篇

题解

本篇是《孙子兵法》的首篇，在全书中具有提纲挈领的意义。它主要论述战争指导者如何在战前正确筹划战争全局以及在战争过程中怎样实施高明作战指挥的问题。孙子从“兵者，国之大事，死生之地，存亡之道”这一基本认识出发，着重强调通过对敌我双方现有客观条件——“五事七计”的考察比较，以期对战争的胜负趋势做出合乎实际的预测，并据此制定己方的战略决策。同时，孙子主张在把握敌我双方政治、经济、军事以及天时、地利诸条件的基础上，充分发挥战争指导者的主观能动性，这就是在作战中遵循和贯彻以“利”为宗旨的“诡道十二法”原则。“攻其无备，出其不意”，积极“造势”，以确保己方在战争中牢牢掌握主动权，克敌制胜，实现自己的战略目标。由此可见，本篇在一定程度上可以视作孙子军事思想的概述。换言之，《计篇》的基本思想由两个部分组成，一是战争的筹划理论，二是战争的实施方法。前者是“体”，后者是“体”之“用”，“体”与“用”两者有机结合，相得益彰，相辅相成，从而奠定了孙子兵学体系的坚实基础。两者所反映的就是这么一种凝练而清晰的思想：怎样筹划战争，怎样指导战争。

本篇篇题，“武经七书”本《孙子》（据《续古逸丛书》影宋本，以下简称“武经本”）作“始计第一”，此处“始”字殆系后人因兵家有“先计而后战”之说而附增，不可取。所谓“计”，当是预计、计算的意思，《说文解字》释“计”云：“计，会也，算也。”这里系指战前的战争预测与战略谋划。宋本《十一家注孙子》曹操注：“计者，选将、量敌、度地、料卒、远近、险易，计于庙堂也。”（以下凡引用《十一家注孙子》者，出处之注省略）这是现所能见到的历史上人们对本篇主旨最早而又十分准确的概括。

原文

孙子曰：兵者①，国之大事②，死生之地，存亡之道③，不可不察也④。

译文

孙子说：战争是国家的大事，它关系到民众的生死，国家的存亡，不可不认真考察，仔细研究。

注释

①兵：本义指兵械。《说文解字》：“兵，械也。”后引申为兵士、军队、战争等，此处作战争、军事解。

②国之大事：意为国家的重大事务。《左传·成公十三年》：“国之大事，在祀与戎。”“祀”是神职事务的主体，祭祀权即意味

着统治的神圣性与合法性。“戎”是政务活动的中心，军事权力为政治权力的基础。故《鹖冠子·近迭》亦云：“人道先兵。”正与《孙子》此语相合。孙子所处的春秋晚期，大国争霸、列强兼并的战争正日趋激烈频繁，故符合逻辑地产生这样的思想认识。

③死生之地，存亡之道：意为战争直接关系到军民的安危、国家的存亡。杜牧注：“国之存亡，人之死生，皆由于兵。”梅尧臣则曰：“地有死生之势，战有存亡之道。”王皙注：“兵举则死生存亡系之。”

④不可不察：察，考察、研究。《论语·卫灵公》：“众恶之，必察焉；众好之，必察焉。”不可不察，意指不可不仔细审察，谨慎对待。

原文

故经之以五事①，校之以计而索其情②。一曰道③，二曰天，三曰地，四曰将，五曰法。道者，令民与上同意也④，故可以与之死，可以与之生，而不畏危⑤。天者，阴阳、寒暑、时制也⑥。地者，远近、险易、

译文

因此，要通过对敌我五个方面的分析，通过对双方七种情况的比较，来探求战争胜负的情势。一是政治，二是天时，三是地利，四是将材，五是制度。所谓政治，就是要让民众认同、拥护君主的意愿，使得他们能够为君主而生，为君主而死，而不惧怕危险。所谓天时，就是指昼夜晴晦、寒冷酷热、四时节候的变化。所谓地利，就是指征途的远近、地势的险峻或平坦、作战区域的开阔或狭窄、地形对于攻守的益处或弊害。所谓将材，

广狭、死生也[7]。将者，智、信、仁、勇、严也[8]。法者，曲制、官道、主用也[9]。凡此五者，将莫不闻，知之者胜，不知者不胜[10]。故校之以计而索其情，曰：主孰有道[11]？将孰有能[12]？天地孰得[13]？法令孰行？兵众孰强[14]？士卒孰练[15]？赏罚孰明[16]？吾以此知胜负矣。

就是说将帅要具备足智多谋、赏罚有信、爱抚部属、勇敢坚毅、严于律己等品质。所谓制度，就是指军队组织体制的建设，各级将吏的管理，军需物资的掌管。以上五个方面，身为将帅者不能不了解，充分了解这些情况就能打胜仗。不了解这些情况，就不能打胜仗。所以必须通过对双方七种情况的比较，来求得对战争情势的认识：哪一方君主政治清明？哪一方将帅更有才能？哪一方拥有天时地利？哪一方能够贯彻法令？哪一方武器装备精良？哪一方士卒训练有素？哪一方赏罚公正严明？我根据这一切，就可以判断谁负谁胜。

注释

①经之以五事：经，度量、衡量的意思。《诗经·大雅·灵台》："经始灵台，经之营之。"毛苌传："经，度之也。"此句意为要通过对五个核心要素的分析，预测战争胜负的可能性。

②校之以计而索其情：校，衡量、比较。《广雅·释诂》："校，度也。"计，指下文所言"主孰有道"等"七计"。索，考索、探索。《墨子·尚贤中》："索天下之隐事遗利，以上事天。"情，情势、实情，也可理解为特征、规律。全句的意思为：要通过对双方各种条件的比较分析，来探索战争胜负的情况与规律。张预注："校计彼我之优劣，探索胜负之情状。"即孙子之本旨。贾林注："校量彼我之计谋，搜索两军之情实，则长短可知，胜负易见。"

③道：本义是道路，后引申为事理、规律、方法等。此处是指

社会政治条件，尤指人心向背。《孟子·公孙丑》言："得道者多助，失道者寡助。寡助之至，亲戚畔之；多助之至，天下归之。"即表明政治对战争成败的关键作用。

④令民与上同意也：令，使、教的意思。民，普通民众、老百姓。上，君主、统治者。意，意志、意愿。《管子·君臣下》："明君在上，便辟(嬖)不能食其意。"同意，同心同德。令民与上同意，言使普通民众认同、拥护、支持、配合君主的意愿。

按，"令民与上同意"，正见兵家政治识见的高明。若是儒家，心目中优良政治，则必为"令上与民同意"，即尊重民意，一切按民意行事。兵家的思想却不一样，他们认为，作为决策者，当有定见，有担当，要想方设法让民众随从统治者自己的意愿，而不能放弃责任，随风附和，为所谓的"民意"所绑架，当"群众的尾巴"。在他们看来，不同的利益阶层有不同的利益诉求，若想满足所有人的诉求，那么势必所有人都不满意，陷入"筑室道旁，三年不成""父子骑驴"的困境。当然，要让民众认同统治者的意愿，需要有前提，这前提，就是双方利益要有交集，即"上下同欲"。

⑤可以与之死，可以与之生，而不畏危：意为民众与统治者一条心，乐于为君主出生入死而毫不畏惧危险。不畏危，不害怕恐惧危险。梅尧臣注："危，戾也。主有道，则政教行；人心同，则危戾去。故主安与安，主危与危。"汉简本"不畏危"作"弗诡也"。"弗诡"意即无疑贰之心，没有三心二意。有人释"弗诡"为"不敢违抗"，于义亦通。

⑥阴阳、寒暑、时制也：阴阳，指昼夜、晴晦等天时气象的变化。寒暑，指寒冷、炎热等气温差异。时制，指四时季节的更替。李筌注："应天顺人，因时制敌。"

⑦远近、险易、广狭、死生也：远近，指作战区域的距离远近。张预注：“知远近，则能为迂直之计。”险易，指地势的险厄或平坦。张预注：“知险易，则能审步骑之利。”广狭，指战场面积的宽阔或狭窄，也即战场的容量。张预注：“知广狭，则能度众寡之用。”死生，指地形条件是否利于攻守进退。死即死地，进退两难的地域；生即生地，易攻能守之地。张预注：“知死生，则能识战散之势也。”《孙膑兵法·八阵》：“险易必知生地、死地，居生击死。”

⑧智、信、仁、勇、严也：智，足智多谋，计出万端。信，赏罚有信，令行禁止。仁，爱抚士卒，关怀百姓，从高层次讲，即决策者胸襟开阔，虚怀若谷，能不以个人之智为智，而做到开诚布公，集思广益，所谓“海纳百川，有容乃大”，避免犯“水至清则无鱼，人至察则无徒”的过错。勇，英勇善战，杀敌致果，更进一步说，勇也是一种担当精神，敢于负责，能够果敢承受。严，严于律己，执法必严。凡此五德，孙子认为是作为优秀将帅所必须具备的基本素质，即《史记·司马穰苴列传》所称的“文能附众，武能威敌”。梅尧臣注：“智能发谋，信能赏罚，仁能附众，勇能果断，严能立威。”贾林注：“专任智则贼，偏施仁则懦，固守信则愚，恃勇力则暴，令过严则残。五者兼备，各适其用，则可为将帅。”

⑨曲制、官道、主用也：曲制，有关军队的组织编制、通信联络等具体制度。曹操注：“部曲、幡帜、金鼓之制也。”官道，指各级将吏的管理制度。张预注：“官谓分偏裨之任，道谓利粮饷之路。”主用，指各类军需物资，如车马兵甲、衣装粮秣的后勤保障制度。梅尧臣注：“主用，主军之资粮百物，必有用度也。”主，管理、主管。《孟子·万章上》：“使之主事而事治。”用，物资费用。

⑩将莫不闻，知之者胜，不知者不胜：闻，知道、了解。知，深

切了解之意。全句的意思如曹操注所言:“同闻五者,将知其变极,即胜也。”

⑪主孰有道:指哪一方国君为政清明,拥有广大民众的信赖与支持。主,君主、统治者。孰,疑问代词,谁,这里指哪一方。道,有道,政治清明。梅尧臣注:“谁能得人心也。”

⑫将孰有能:哪一方的将领更有才能。“千军易得,一将难求”,“置将不善,一败涂地”。

⑬天地孰得:哪一方拥有天时、地利。张预注:“观两军所举,谁得天时、地利。”

⑭兵众孰强:哪一方兵械铦利,士卒众多,军队强大。兵,在这里是指兵械,但也有注家认为,“兵”为军队。张预曰:“车坚马良,士勇兵利,闻鼓而喜,闻金而怒,谁者为然。”

⑮士卒孰练:哪一方的军队训练有素。杜牧注:“辨旌旗,审金鼓,明开合,知进退,闲驰逐,便弓矢,习击刺也。”张预注:“离合聚散之法,坐作进退之令,谁素闲习。”练,娴熟。《战国策·楚一》:“练士厉兵,在大王之所用之。”

⑯赏罚孰明:哪一方的奖惩能做到公正无私,使全军上下心悦诚服。王皙注:“孰能赏必当功,罚必称情?”《孙膑兵法·威王问》:“夫赏者,所以喜众,令士忘死也。罚者,所以正乱,令民畏上也。”《韩非子·五蠹》:“故主施赏不迁,行诛无赦,誉辅其赏,毁随其罚,则贤不肖俱尽其力矣。”

原文

将听吾计[①]，用之必胜，留之。将不听吾计，用之必败，去之[②]。

译文

如果能听从我的计谋，指挥作战就一定会取胜，我就留下。假如不能听从我的计谋，指挥作战就必败无疑，我就告辞离去。

注释

①将听吾计：将，助动词，读作“江”(jiāng)，表示假设，意为假如、如果。《左传·昭公二十七年》：“令尹将必来辱，为惠已甚。”如此，则本句意为，如果能听从、采纳我的计谋。《十一家注孙子》多作此解。又一说，“将”在这里当作名词解，读作“匠”(jiàng)，即将领。还有学者认为是主帅属下的“偏裨将佐”。孟氏注：“将，裨将也。”两说相较，当以前说为善。听，依从、遵从的意思。

②去之：去、离开。

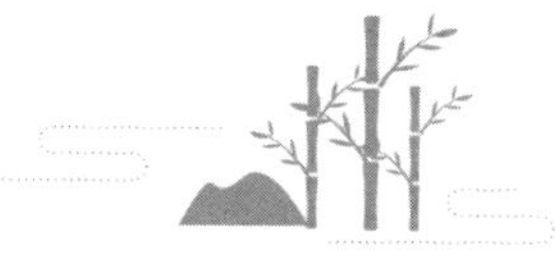

原文

计利以听[①]，乃为之势[②]，以佐其外[③]。势者，因利而制权也[④]。

译文

在精心筹划的方略已被采纳的情况下，还要设法造成一种态势，用来辅佐战略计划的实现。所谓态势，即是依凭有利于己的条件，采取灵活机动的应变措施，以掌握战场上的主动权。

①计利以听：计利，计算、衡量敌我双方的有利或不利的因素与条件。以，通“已”。《礼记·檀弓》郑玄注：“以与已字本同。”已然、业已的意思。听，听从、采纳。

②乃为之势：意思是指造成一种积极有利的军事态势。乃，于是、就的意思。为，创造、造就。之，语助词，无义。势，态势。

③以佐其外：作为辅佐条件以争取战争的胜利。佐，辅佐、辅助。外，曹操注：“常法之外也。”杜牧注：“计算利害，是军事根本。利害已见听用，然后于常法之外更求兵势，以助佐其事也。”一说，“外”指国境之外（参见李零《吴孙子发微》）。

④因利而制权：意为根据利害得失情况而灵活采取恰当的对策。张预注：“所谓势者，须因事之利，制为权谋以胜敌耳，故不能先言也。”因，根据、凭依。《孟子·离娄上》：“为高必因丘陵。”制，从、随从。《淮南子·泛论训》：“夫圣人作法，而万物制焉。”高诱注：“制，犹从也。”这里是决定、采取的意思。权，本义是秤砣，用作动词，即掂量轻重，权衡利弊，此处引申为权变，灵活机动予以处置之意。

原文

兵者，诡道也[1]。故能而示之不能[2]，用而示之不用[3]，近而示之远，远而示之近[4]，利而诱之[5]，乱而取之[6]，实而备之[7]，强而避之，怒而挠之[8]，卑而骄之[9]，佚而劳之[10]，亲而离之[11]。攻其无备，出其不意。此兵家之胜[12]，不可先传也[13]。

译文

用兵打仗是一种诡诈奇谲的行为。因此必须做到：能打，却装作不能打；要打，却装作不想打。明明要向近处，却装作要向远处；实际要向远处，却装作要向近处。敌人贪利，就用小利引诱他；敌人混乱，就乘机攻取他；敌人力量充实，就注意防备他；敌人兵卒强锐，就暂时避其锋芒；敌人暴躁易怒，就设法挑逗扰乱他；敌人卑怯谨慎，就设法使他骄横；敌人休整良好，就设法使他疲劳；敌人内部和睦，就设法离间分化他。要在敌人没有防备处发动进攻，在敌人意料不到时采取行动。所有这些，正是军事家指挥艺术的奥妙精髓，是不可预先传授说明的。

注释

①兵者，诡道也：兵，用兵打仗。诡道，诡诈、谲变的行为或方式。同书《军争篇》："兵以诈立。"曹操注："兵无常形，以诡诈为道。"张预注："用兵虽本于仁义，然其取胜必在诡诈。"诡，欺诈、诡诈。《管子·法禁》："行辟而坚，言诡而辩。"道，行为、方式、原则。

②能而示之不能：能，有能力、能够。示，显示、假装。言能战却装作不能战的样子，"三十六计"中有"假痴不癫"计，义近。此句至"亲而离之"等十二条作战原则，即著名的"诡道十二法"。

③用而示之不用：实际要打，却假装不想打。杜牧注："此乃

诡诈藏形。夫形也者，不可使见于敌；敌人见形，必有应。”用，用兵。

④近而示之远，远而示之近：实际要进攻近处，却装作要进攻远处；实际要进攻远处，却显示要进攻近处，致使敌人无从防备。民间流行的“李代桃僵”“瞒天过海”“声东击西”等计谋，大致就是这方面通俗化的说法。按，历史上，韩信灭魏一役中“木罂渡河”可谓“远而示之近”的典范；吴越笠泽之战中，越王勾践左右翼佯动，中路突破大败吴师之举，可谓“近而示之远”的例证。

⑤利而诱之：利，此处作动词用，贪利的意思。诱，引诱、诱使。意为敌人贪利，则用小利加以引诱，伺机进行打击。贾林注：“以利动之，动而有形，我所以因形制胜也。”

⑥乱而取之：乱，混乱。取，乘机进攻，夺取胜利。梅尧臣注：“彼乱，则乘而取之。”一说“取”指伏兵偷袭而败敌。《左传·庄公十一年》：“覆而败之，曰取某师。”

⑦实而备之：备，防备、防范。言对付实力雄厚之敌，需严加防备。按，“诡道”，不能简单理解为“诡诈权谲”之道，其实还包含了变化机宜的意思。“实而备之”（包括“乱而取之”“强而避之”等），就不是“诡诈权谲”，而是一种有针对性的权变应对。

⑧怒而挠之：怒，容易生气、愤怒。挠，挑逗、扰乱、骚扰的意思。《说文》：“挠，扰也。”意为敌人暴躁易怒，就设法挑逗激怒他。梅尧臣注：“彼褊急易怒，则挠之，使愤激轻战。”又一说，敌人来势凶猛，当设法扼制其气焰。

⑨卑而骄之：卑，小、怯。《左传·僖公二十二年》：“公卑邾，不设备而御之。”杜预注：“卑，小也。”言敌人卑怯谨慎，则应设法使

其变得骄傲自大，然后伺机破之。又一说，敌人卑视我方，则将计就计，使之更骄傲麻痹，然后寻找机会加以打击。又一说，我方当主动卑辞示弱，给敌人造成错觉，令其骄傲。后两说皆不如前说义长。“实”“怒”“佚”“亲”等皆就敌方军情而言，主体是“敌”；同理，“卑”，其主体也是“敌”，而非“我”。读《孙子》，首先要顺应其行文的内在逻辑。

⑩佚而劳之：佚，同“逸”，安逸、自在。劳，使其疲劳，使动用法。敌方安逸，就设法使其疲劳。王皙注：“多奇兵也。彼出则归，彼归则出，救左则右，救右则左，所以罢劳之也。”

⑪亲而离之：亲，亲近、团结。离，离间。《广雅·释诂一》：“离，分也。”此句言如果敌人内部团结，则想方设法离间分化他。王皙曰：“敌相亲，当以计谋离间之。”如《三国演义》中“曹操抹书间韩遂”，故意制造假象，分化离间马超与韩遂的关系，就是“亲而离之”的形象注脚。

⑫兵家之胜：兵家，军事家。胜，奥妙、胜券。此句意为，（上述“诡道十二法”）乃兵家用兵如神、克敌制胜的奥妙所在。

⑬不可先传也：先，预先、事先。传，传授、规定。言不能够事先传授，必须根据具体情况灵活应用。曹操注：“传，犹泄也。兵无常势，水无常形，临敌变化，不可先传也。故料敌在心，察机在目也。”用兵打仗，切忌死守教条，胶柱鼓瑟。最高的规则，就是没有规则。没有规则，才是唯一的规则。所谓“阵而后战，兵法之常；运用之妙，存乎一心”！

原文

夫未战而庙算胜者[①]，得算多也[②]；未战而庙算不胜者，得算少也。多算胜，少算不胜，而况于无算乎[③]？！吾以此观之，胜负见矣[④]。

译文

凡在开战之前就预计能够取胜的，是因为筹划周密，胜利条件充分；凡在开战之前就预计不能取胜的，是因为筹划不周，胜利条件缺乏。筹划周密、条件充分的就能取胜，筹划不周、条件缺乏的就无法取胜，更何况没有筹划、毫无条件的呢？！我们依据这些因素来观察分析，那么胜负的趋势也就显而易见了。

注释

①庙算：庙，古代祭祀祖先与商议国事的场所。算，计算、筹算。《仓颉篇》："算，计也。"古代兴师作战之前，通常要在庙堂上商议谋划，分析战争利害得失，制定作战方略。这一作战准备程序，就叫作"庙算"。张预注："古者兴师命将，必致斋于庙，授以成算，然后遣之，故谓之庙算。"

②得算多也：意为取胜的条件充分、众多。算，本义为古代计数用的筹码，此处引申为胜利的条件。

③多算胜，少算不胜，而况于无算乎：而况，何况、更不必说。于，至于。此句意为，言具备胜利条件多者可以获胜，反之，则无法取胜，更何况未曾具备任何取胜条件。按，孙子的庙算决胜论实质是实力决胜论。也即是说，实力是基础和前提，诡道是淋漓尽致运用和发挥实力的手段与方法。只有实力与诡诈权谲两者圆满结合，相辅相成，方能在战争中稳操胜券，所向无敌。

④胜负见矣：胜负的结果显而易见。见，同“现”，显现。《战国策·燕策》：“（荆）轲既取图奉之，发图，图穷而匕首见。”

读孙札记

1.“天时”的内涵

关于“天时”内涵的解释，有一个现象值得引起注意。汉简本较之于传世本，除“阴阳、寒暑、时制也”外，又多出“顺逆，兵胜也”五字，为各本所无。这里，所谓“顺逆”乃是以阴阳向背为禁忌，所谓“兵胜”则是以五行相胜为禁忌 。[①]

我们认为，汉简本有此五字，恰好说明它更为接近《孙子兵法》的原始面貌。《孙子兵法》为“兵权谋家”，据《汉书·艺文志·兵书略序》所言：“权谋者，以正守国，以奇用兵，先计而后战，兼形势，包阴阳，用技巧者也。”可见，“包阴阳”乃《孙子兵法》的必有之义。考察今本《孙子兵法》，我们可以发现其涉及“阴阳”的痕迹尚有存在。如《虚实篇》有云：“画地而守之。”李零在其《兵以诈立：我读〈孙子〉》一书中认为，画地本为一种画地为方，不假城池，禁鬼魅虎狼的防身巫术，后来兵家用来指营垒的规划。他指出孙子在此处指划定范围，不用沟垒，喻其至易，而这就是“兵阴阳”的特色。李说颇有新意，可资参考。[②]又如《行军篇》言“黄帝之所以胜四帝也”，这里同样有“五行相生相胜”的“阴阳五行”含

① 参见李零：《兵以诈立：我读〈孙子〉》，中华书局2006年版，第62页。

② 参见李零：《兵以诈立：我读〈孙子〉》，中华书局2006年版，第207—208页。又可参见李零：《〈孙子〉十三篇综合研究》，中华书局2006年版，第431—433页。

义在内，这毫无疑问，也是“兵阴阳”的语言。

但是，从根本上说，《孙子兵法》中“兵阴阳”的成分是相当有限的。其书的本质特征，乃是《用间篇》所云的“先知者，不可取于鬼神，不可象于事，不可验于度，必取于人，知敌之情者也”。更为重要的是，随着时间的推移，社会的进步，“兵阴阳”在越来越多的人眼里显得荒诞不经，乖谬妄戾。故《唐太宗李卫公问对》卷下尝言：“行兵苟便于人事，岂以避忌为疑？今后诸将有以阴阳拘忌失于事宜者，卿当丁宁诫之。”可见，至唐宋时期，“兵阴阳”虽仍存之于世，但影响与作用其实是在一步步弱化之中。之所以不废“兵阴阳”，亦仅仅如李靖所言，是为了“托之以阴阳术数则使贪使愚”罢了。缘是之故，汉简本所处的时代为“阴阳灾异”思潮弥漫的汉代，故很自然地保留了诸如“顺逆，兵胜也”等充满“兵阴阳”色彩的文字，而宋代最终付梓刻印的传世诸本，则致力于冲淡弱化“兵阴阳”的痕迹，故顺理成章地将“顺逆，兵胜也”等文字删去抹杀。应该说，这种文字上的变化绝不是简单的版本异同问题，其背后乃是有深厚的历史文化变迁因素在起着指导引领和制约规范的作用，是打上了深刻的时代文化精神的烙印的。

2.“法”为何列“五事”之末？

孙子高度重视制度建设及其贯彻落实的必要性与迫切性。在他看来，没有规矩，无以成方圆。为此，他强调要“修道而保法”，主张修明政治，健全法制。但是，他的睿智与高明，在于不局囿于“法”，不拘泥于“法”。这在《孙子兵法》一书中有大量的文字为证，如他亟言“施无法之赏，悬无政之令”。由此可见，孙子既尊重“法”，立足于“法”，又不为“法”所束缚，能够超越于“法”。他之所以能够如此，也许是他清醒地看到了一味执拗于“法”，很可能会存在两个难以克服的问题：一是“法”的主观随意性。所有的“法”，都是由人制定的，也是由人来执行的，这样，难免在制定与执行过程中，掺入人的主观因素，打上人的主观色彩，无法真正做到公正、公道、公平。二是“法”的僵化滞后性。一旦立“法”，往往会惰性延续，不遇上重大变故，人们不会积极主动去修改和调整，而战场形势瞬息万变，如果按既定的法规与制度去应对，则不免被捆绑住手脚，丧失有利的战机。

这种认识，其实反映的正是孙子拥有卓越的逆向战略思维，善于在正常中看出不正常，在合理中找到不合理。如正向地看问题，军队的管理，应该是个人服从组织，下级服从上级，所谓“一切行动听指挥”“军人以服从命令为天职”。孙子没有否认这一点，同样主张“令行禁止”，强调“旅进旅退”，但孙子又不简单地局限于此，于是就有了所谓的“君命有所不受”。后人加了三个字来予以限制：“将在外，君命有所不受。”其实，不论是“将在内”还是“将在外”，“君命有所不受”，就是对“军人以服从命令为天职”的反动。但是，恰恰有这种反动，有这种对立，才是最适宜的管理之道，找到了管理上的最佳平衡点，这也是中国文化的本质精神与灵魂之所在：“一阴一阳之谓道”，“一正一反之谓道”。光讲“君命有所不受”，当然不行，那就成了政出多门，各行其是，尾大不掉，一盘散沙，没有什么战斗力可言；但是，完全排斥“君命有所不受”，完全剥夺将帅在战场前线的机断指挥权限，那么，也会“乱军引胜”，导致作战的失败，如同宋代的军队，无论是辽、金，还是蒙、元，甚至于小小的西夏，都打不赢了。

从这个意义上讲，孙子讲“法”，将“法令孰行”列为战胜攻取的重要条件之一，但又将“法”列为“五事”之末，其奥妙之处也就完全可以理解了。

3.“诡道十二法”的理解

一般人的理解，“诡道”就是诡诈之道，所谓“兵以诈立”“兵不厌诈”，“三十六计”中的“声东击西”“上屋抽梯”“瞒天过海”等就是“兵不厌诈”的典型计谋，用现代的军事概念而言，即战略欺骗。这也是孙子在后世遭到一些人攻讦的缘由之一，具体地说，对于孙子以利为本，以诡道为用的战争观念，历史上曾有不少人提出过非议，大部分是那些戴着儒学有色眼镜观察事物的腐儒。他们空弹所谓“德义服人”的高调，对孙子进步的战争观百般歪曲、大肆否定。这一攻击，肇始于秦汉，并在宋代达到高潮。儒学冬烘先生们谩骂孙子诡诈不仁，如陈师道直斥《孙子兵法》为“盗术”，要求朝廷废黜之。叶适的看法也大同小异，说什么“非诈不为兵，盖自孙、吴始。甚矣，人心之不仁也”！高似孙的话说得更为刻薄蛮横：“兵流于毒，始于孙武乎！武称雄于言兵，往往舍正而凿奇，背义而依诈。凡其言议反覆，奇变无常，智术相高，气驱力奋，故《诗》《书》所述，《韬》《匮》所传，至此皆索然无余泽矣。”在他们的眼中，孙武实属十恶不赦的名教罪人。平心而论，这些论调均系偏颇迂阔之辞，不值得一驳。战争指导必须以诡诈为原则，空谈“仁义”，只能沦落为宋襄公式的蠢人，贻笑天下。这乃是最浅显的道理。

问题在于，现在《孙子兵法》中“诡道十二法”，有的名副其实，合乎诡谲欺诈的宗旨，如“能而示之不能”“用而示之不用”

“近而示之远”“远而示之近”“利而诱之”“怒而挠之”“卑而骄之”等。但有的法则，似乎与“诡谲”“诈骗”无法直接等同，例如“乱而取之”“实而备之”“强而避之”等，这些举措，只是战争指导者根据敌情随机应变，以恰当的方式与敌交锋，克敌制胜而已，所谓“因敌变化而取胜者”，没有什么“兵不厌诈”的伎俩在内。所以，有人认为，“诡道”的“诡”，本质上是变化多端、灵活机动，而将“诡”单纯理解为“诡诈权谲”有些片面。其重要理由，是曹操注言“兵无常形，以诡诈为道”，“兵无常形”，即为“变化无穷”。这样的说法，不是绝对没有道理，但是，这并不能从文字本义溯源上来证明“诡”与“变”之间的必然联系。“诡道”是性质，“变化多端”只是表现上的某种特征，两者是无法简单等同的。我们不必为了替孙子洗白，而曲意将“诡道”引申为“多变”。

4.“兵以诈立”不可简单比附为“商以诈立”

这个问题在《孙子兵法》的借鉴与运用上特别突出，在经济领域可谓泛滥成灾。不少人把《孙子兵法》奉为神明，当作包医百病的灵丹妙药，将《孙子兵法》的兵学原理，动辄去和商业经营、企业管理等经济活动加以联系，不分青红皂白一一予以对应。这就属于乱贴标签，胡说八道，而且容易造成严重的后遗症，危害匪浅。

我们说《孙子兵法》对今天生活有启示，这主要是就其思想方法论的意义而言，它的战略决策思维，当然可以超越时空，为今天的人们所借鉴，而不是指可以把孙子的具体哪条用兵之法拿来，简单地与经济活动方凿圆枘，对号入座。

说到底，兵法兵法，它的根本属性在于一个“兵”字，讲的是用兵之法，是战场上你死我活的一种斗争艺术、胜负策略，它的本质属性是对敌人而不是对自己人的，因为战争的基本目的就是八个字：消灭敌人，保存自己。为了在战场上克敌制胜，就不妨用诡诈的手段去实现自己的战略意图。换言之，为了达到目的，可以不择手段。商业竞争与企业经营管理乃是非对抗性矛盾，要讲诚信，要讲利益均沾。换言之，战争是讲求独胜，而管理与商业是诉诸双赢、多赢，互相之间是一个互动的关系，所谓“多一个朋友多一条路，多一处市场多一份机会”。所以你不能混淆两类不同性质的矛盾，不能不加区别地将《孙子兵法》中的“诡诈之道”运用到企业管理和商业运作中去，否则就会“道德无底线，游戏无规则”，丧失了是非之心、感恩之心、敬畏之心，而只剩下凉薄的功利之心，出现道德的大滑坡，造成十分严重的诚信危机。

5.“不畏危”的正确释读

传世各本《计篇》所云“道者，令民与上同意也，故可以与之死，可以与之生，而不畏危”，虽于义可通，但殆非《孙子》原文。曹操、李筌等注家均只注“危”字，曹操云：“危者，危疑也。”杜佑注亦云：“危者，疑也。”可见，这些注家均不注“畏”字。孟氏注虽注“畏”字，然又云：“一作人不疑……一作人不危。”意近曹氏诸家之义。考俞樾《诸子平议补录》，其要云：“曹公注曰：‘危者，危疑也。’不释‘畏’字，其所据本无‘畏’字也。民不危，即民不疑，曹注得之。孟氏注曰：‘一作人不疑。’文异而义同也。《吕氏春秋·明理篇》曰：‘以相危。’高诱训‘危’为‘疑’。盖古有此训，后人但知有危亡之义，妄加‘畏’字于‘危’字上，失之矣。”

应该说，俞樾的见解是正确的。今幸得汉简本而予以证实之。按，汉简本“不畏危”作“弗诡也”。“弗诡”即“不诡”。诡，古训“违”，训“疑”，即乖违、疑贰之意。《吕氏春秋·淫辞》云：“言行相诡，不祥莫大焉。”由此可知，孙子言“可以与之死，可以与之生，而弗诡也”，其意乃为民众与统治者能做到生死与共，而绝无二心，而并非简单地指民众不畏惧危险。显而易见，汉简本“弗诡也”可以纠正传世本“不畏危”的错讹，证实自曹操直至俞樾有关“危”字的释读乃是言之有据的。并很好地说明了“危”字的由来，即“危”系“诡”的借字，意蕴皆为“疑贰”。汉简本对于深化《孙子兵法》文本的研究之功用于此可见一斑。

作战篇

题解

本篇的中心思想是阐述如何结合实际情况进行战争的准备工作。孙子认为，战争对于人力、物力和财力存在着巨大的依赖关系。这种内在依赖关系，在春秋时期生产力比较低下，战争规模、战争方式比较原始的特定历史条件下，不可避免地决定了战争中“速”的极端重要和“久”的重大危害。鉴于这样的认识，孙子旗帜鲜明地主张，在从事战争准备的过程中，必须明确树立“兵贵胜不贵久”的速战速决指导思想，一再强调“兵闻拙速，未睹巧之久也”。为了保证速战速决作战指导思想的实现，妥善解决战争需要与后勤补给困难之间的矛盾，孙子提出了“因粮于敌”的重要原则，主张在敌对国家境内就地解决粮草补给问题。同时孙子还主张通过厚赏士卒等手段来壮大发展自己的实力，达到“胜敌而益强”的目的。

作战，始战，即从事战争准备。这里不是通常意义上的战阵交锋。作，始、开始的意思，同“乍”。《诗经·鲁颂·駉》：“思马斯作。”毛亨传曰：“作，始也。”又，《荀子·致士》：“故土之与人也，道之与法也者，国家之本作也。”张预注：“计算已定，然后完车马，利器械，运粮草，约费用，以作战备。”最符合孙子本篇之主旨。应该说，孙子在《计篇》之后紧接着论述战争准备这一问题，充分体现了作者思想体系的内在逻辑性和系统性：“庙算”做出开战的决定，于是乎，顺理成章，进入战争的准备阶段。

原文

孙子曰：凡用兵之法①，驰车千驷②，革车千乘③，带甲十万④，千里馈粮⑤；则内外之费⑥，宾客之用⑦，胶漆之材⑧，车甲之奉⑨，日费千金⑩，然后十万之师举矣⑪。

译文

孙子说：凡兴师打仗的通常规律是，需要动用战车千辆，辎重车千辆，士卒十万，同时还要越境千里运送军粮；前方、后方的经费，款待列国使节的费用，胶漆器材的用度，车辆兵甲的开销，每天都要耗费千金，然后十万之师才能出动。

注释

①用兵之法：法，规律、法则。

②驰车千驷：战车千辆。驰，奔、驱的意思。驰车，快速轻捷的战车，古代亦称“轻车”“攻车”。曹操注：“驰车，轻车也，驾驷马。”李筌注：“驰车，战车也。”驷，原称同驾一辆车的四匹马，后通指四匹马拉的战车，此处作量词用。

③革车千乘：专门用于运载粮草和军需物资的辎重车千辆。革车，一般认为就是守车、重车、辎车。杜牧注：“革车，辎车、重车也。载器械、财货、衣装也。”一说革车为重型作战车辆。其文献依据有《左传·闵公二年》“革车三十乘”，《孟子·尽心下》“武王之伐殷也，革车三百两”，等等。亦能成立。乘，辆，也指古代一辆四匹马拉的车子。《说文》：“车轭驾乎马上曰乘，马必四，故四马为一乘。”这里也作量词用。

④带甲：戴盔披甲，此处指全副武装的士卒。《国语·吴语》：“为带甲三万，以势攻，鸡鸣乃定。”《管子·大匡》：“天下之国，带甲十万者不鲜矣。”

⑤千里馈粮：意为当时的战争往往都是深入敌境，远离后方，所以需要有很长的后勤补给线，跋涉千里辗转运输粮草。馈，这里作供应、运送解。

⑥则内外之费：内外，这里指前方、后方。王皙注：“内谓国中，外谓军所也。”此句意为，前方、后方的开支花费。

⑦宾客之用：指招待诸侯国使节、游士的费用。宾客，诸侯国使节以及游士。杜牧注：“军有诸侯交聘之礼，故曰宾客也。”

⑧胶漆之材：通指制作和维修弓矢等军用器械的物资材料。

⑨车甲之奉：泛指武器装备保养补充的开销。车甲，车辆、盔甲之属。奉，同“俸”，费用、开销的意思。

⑩日费千金：每天都要花费大量财力。千金，巨额钱财。李筌注：“千金者，言多费也。”李零《吴孙子发微》：“先秦时期的‘金’可能与秦制的‘金’接近，是以一镒为一金，‘千金’约合374公斤。”

⑪举：出动。张预注：“约其所费，日用千金，然后能兴十万之师。”

原文

其用战也胜[①]，久则钝兵挫锐[②]，攻城则力屈[③]，久暴师则国用不足[④]。夫钝兵挫锐，屈力殚货[⑤]，则诸侯乘其弊而起[⑥]，虽有智者，不能善其后矣[⑦]。故兵闻拙速，未睹巧之久也[⑧]。夫兵久而国利者，未之有也[⑨]。故不尽知用兵之害者，则不能尽知用兵之利也[⑩]。

译文

用兵打仗，贵在速胜，旷日持久就会使军队疲惫，锐气受挫。攻打城池，会使得兵力耗竭；军队长期在外作战，会使国家财力不继。如果军队疲惫，士气受挫，实力耗尽、国家经济枯竭，那么诸侯国便会利用此危难发兵进攻，那时候即使有智慧超群的人，也将无法挽回败局。所以，用兵打仗，只听说过指挥虽拙但求速胜的情况，而没有见过讲究指挥工巧而追求旷日持久的现象。战事久拖不决而对国家有利的情形，从来不曾有过。因此，不完全了解用兵弊害的人，也就无法真正理解用兵的益处。

注释

①其用战也胜：指在战争耗费巨大的情况下用兵打仗，就要求做到速决速胜。胜，取胜，这里作速胜解。

②久则钝兵挫锐：意为用兵旷日持久就会导致军队疲惫，锐气挫伤。张预注："及交兵合战也，久而后能胜，则兵疲气沮矣。"钝，疲惫、困乏的意思。挫，挫伤。锐，锐气。

③攻城则力屈：力屈，指力量耗尽。屈，通"绌"，竭、竭尽。《荀子·王制》："使国家足用，而财物不屈。"《庄子·天运》："目知穷乎所欲见，力屈乎所欲逐。"

④久暴师则国用不足：意为长久陈师于外就会给国家经济

造成困难。孟氏注:“久暴师露众千里之外,则军国费用不足相供。”暴,露,“曝”的本字。《穀梁传·隐公五年》:“暴师经年。”范宁注:“暴,露也。”国用,国家的开支。《礼记·王制》:“冢宰制国用。”

⑤屈力殚货:指力量耗尽,经济枯竭。殚,尽、枯竭。《文选·张衡〈东京赋〉》云:“征税尽,人力殚。”薛综注:“殚,尽也。”货,财货,此处指经济。

⑥诸侯乘其弊而起:其他诸侯国便会利用这种危机前来进攻。张预注:“邻国因其罢弊起兵以袭之。”其说甚是。弊,疲困,此处作危机、危难解。

⑦虽有智者,不能善其后矣:意为即便有智能超群之人,也将无法挽回既成之败局。贾林注:“人离财竭,虽伊、吕复生,亦不能救此亡败也。”王晳注:“以其弊甚,必有危亡之忧。”后,后事,此处指败局。

⑧故兵闻拙速,未睹巧之久也:拙,笨拙、不巧。《老子》第四十五章:“大直若屈,大巧若拙,大辩若讷。”速,迅速取胜。巧,工巧、巧妙。此句张预注云:“但能取胜,则宁拙速而无巧久。”此句李贽《孙子参同》卷二注云:“宁速毋久,宁拙毋巧,但能速胜,虽拙可也。”

⑨夫兵久而国利者,未之有也:谓长期用兵而有利于国家的情况,从来不曾有过。杜佑注:“兵者凶器,久则生变。”张预注:“师老财竭,于国何利?”

⑩故不尽知用兵之害者,则不能尽知用兵之利也:不尽知,不完全了解。知,了解、认识。害,害处、危害。利,利益、好处。意为必须充分认识用兵的危险性。李筌注:“利害相依之所生,先知其害,然后知其利也。”

按，由于种种原因，《孙子兵法》在后世传抄流传过程中，难免有错简窜乱的现象发生。如此段，似应在本篇“故杀敌者，怒也……”段落之后，如此，全文方顺遂通达，合乎逻辑，浑然一体。

原文

善用兵者，役不再籍①，粮不三载②；取用于国③，因粮于敌④。故军食可足也。

译文

善于用兵打仗的人，兵员不一再征集，粮草不多次运送；武器装备由国内提供，粮食给养在敌国补充。这样，军队粮食供给也就充足了。

注释

①役不再籍：役，兵役。籍，本义为名册，此处用作动词，即登记、征集、按名籍征发。

②粮不三载：粮草不多次运送。三，多次、反复。载，运输、运送。陈皞注：“不困乎兵，不竭乎国，言速而利也。”

③取用于国：曹操注：“兵甲战具，取用国中。”兵器自制，平时使用娴熟，了解其性能，在战场上使用时方可得心应手。

④因粮于敌：粮草给养依靠在敌国就地解决。其主要途径是抄掠敌境，如本书《军争篇》所言“掠于饶野”“掠乡分众”，《九地篇》所言“重地则掠”，等等。因，依靠、凭借。李筌注：“具我戎器，因敌之食，虽出师千里，无匮乏也。”按，“取用于国”“因粮于敌”是孙子军事后勤思想中的核心内容。

原文

国之贫于师者远输[①]，远输则百姓贫[②]。近于师者贵卖[③]，贵卖则百姓财竭，财竭则急于丘役[④]。力屈财殚，中原内虚于家[⑤]。百姓之费，十去其七[⑥]；公家之费[⑦]，破车罢马[⑧]，甲胄矢弩[⑨]，戟楯蔽橹[⑩]，丘牛大车[⑪]，十去其六。

译文

国家之所以因用兵而导致贫困，就是由于远道转输，远道转输，就会使百姓陷于贫困。临近驻军的地区物价必定飞涨，物价飞涨，就会使得百姓之家财富枯竭，财富枯竭就必然急于加重赋役。力量耗尽，财富枯竭，国内便家家空虚。百姓的财产将会耗去十分之七；国家的财产，也会由于车辆的损坏，马匹的疲敝，盔甲、弓箭、戟盾、蔽橹的制作和补充以及丘牛大车的征调，而消耗掉十分之六。

注释

①国之贫于师者远输：之，虚词，无实义。师，指军队。远输，远道运输。此句意思是说国家之所以因用兵而导致贫困，是由于军粮的远道运输。

②远输则百姓贫：远道运送就会造成百姓的贫匮。张预注："以七十万家之力，供饷十万之师于千里之外，则百姓不得不贫。"百姓，金文中多作"百生"，指当时的世族大家。

③近于师者贵卖：近，临近。贵卖，指物价飞涨。意为临近军队驻地的物价就会飞涨。按，古代往往在军队驻地附近设置军市，以供交易。

④丘役：军赋。古代以丘为单位征集的赋税与劳役。丘，古

代的地方行政区划单位。《汉书·刑法志》:“四井为邑,四邑为丘。”

⑤中原内虚于家:中原,此处指国中。此句意为,国家百姓之家因远道运输而变得贫困、空虚。

⑥去:耗去、损失。

⑦公家之费:公家,国家。费,费用、开销。

⑧罢马:疲惫不堪的马匹。罢,同“疲”。

⑨甲胄矢弩:甲,护身的衣服。胄,头盔。矢,箭、箭镞。弩,弩机,一种依靠机械力量发射箭镞的弓,在当时为杀伤力颇大的新式武器。“积弩齐发”,是当时具有大规模杀伤作用的重要战法。

⑩戟楯蔽橹:戟,古代集戈、矛功能于一体的兵器。楯,同“盾”,盾牌。蔽橹,用于攻城的大盾牌。甲胄矢弩,戟楯蔽橹,是对当时攻防兵器与装备的泛指。

⑪丘牛大车:丘牛,从丘役中征集来的牛。大车,指载运辎重的牛车。曹操注:“丘牛,谓丘邑之牛。大车,乃长毂车也。”

原文

故智将务食于敌[①],食敌一钟[②],当吾二十钟;萁秆一石[③],当吾二十石。

译文

所以,明智的将帅总是务求在敌国解决粮草的供给问题。消耗敌国的一钟粮食,等同于从本国运送二十钟;耗费敌国的一石草料,相当于从本国运送二十石。

注释

①智将务食于敌：智将，明智与高明的将领。务，务求、力求。意为明智的将帅总是务求就食于敌国，以减轻自己后勤保障的沉重负担。李筌注："远师转一钟之粟，费二十钟方可达军。将之智也，务食于敌，以省己之费也。"

②钟：古代的容量单位，每钟六十四斗。曹操注："六斛四斗为钟。"

③萁秆一石：萁秆，泛指牛、马等牲畜的饲料。萁，同"萁"，豆秸。《说文》："萁，豆茎也。"石，古代的重量单位，每石一百二十斤。《汉书·律历志》："三十斤为钧，四钧为石。"

原文

故杀敌者，怒也[①]；取敌之利者，货也[②]。故车战，得车十乘已上[③]，赏其先得者，而更其旌旗[④]，车杂而乘之[⑤]，卒善而养之[⑥]，是谓胜敌而益强[⑦]。

译文

要使军队英勇杀敌，就应激发部队同仇敌忾的士气；要想夺取敌人的军需物资，就必须借助于物质奖励。在车战中，凡是缴获战车十辆以上的，就奖赏最先夺得战车的人。同时，要更换战车上的旗帜，混合编入自己的战车行列，对敌方战俘要予以优待和任用。这就是所谓每一次战胜敌人，就使自己变得更加强大。

注释

①杀敌者，怒也：言军队英勇杀敌，关键在于激励部队的士气。张预注："激吾士卒，使上下同怒，则敌可杀。"

②取敌之利者，货也：货，财货。这里指用财货进行奖励犒赏，以调动广大官兵克敌制胜的积极性。此句意为，要让军队夺敌资财，就必须先依靠财货奖赏。梅尧臣注："杀敌则激吾人以怒，取敌则利吾人以货。"《三略·上略》："军无财，士不来；军无赏，士不往。"

③已上：以上。已，同"以"。

④更其旌旗：意为在缴获的敌军战车上更换上我军的旗帜。张预注："变敌之色，令与己同。"更，变更、更换。旌旗，古代用羽毛装饰的旗帜，是重要的军中指挥号令的工具。

⑤车杂而乘之：杂，掺杂、混合。《国语·郑语》："先王以土与金木水火杂，以成百物。"韦昭注："杂，合也。"乘，驾、使用。意为将缴获的敌方战车和我方车辆掺杂在一起，用于作战。

⑥卒善而养之：意为优待被俘虏的敌军士卒，使之为己所用。张预注："所获之卒，必以恩信抚养之，俾为我用。"卒，俘虏、降卒。汉简本"善"作"共"，是孙子的原意；传世本作"善"，当是其书后世传抄过程中的"错讹"。说详篇后的"读孙札记"。

⑦胜敌而益强：指在战胜敌人的同时使自己变得更加强大。杜牧注："因敌之资，益己之强。"何氏注："因敌以胜敌，何往不强。"益，增加。

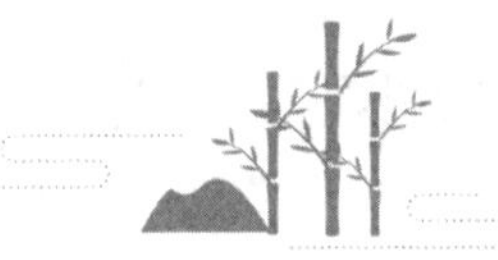

原文

故兵贵胜不贵久①。故知兵之将②，生民之司命③，国家安危之主也④。

译文

因此，用兵打仗贵在速战速决，而不宜旷日持久。懂得用兵之道的将帅，是民众生死的掌握者，是国家安危存亡的主宰者。

注释

①故兵贵胜不贵久：张预注："久则师老财竭，易以生变，故但贵其速胜疾归。"贵，重、推重的意思。《礼记·中庸》："去谗远色，贱货而贵德。"

②知兵之将：指深刻懂得用兵之法的优秀将帅。知，认识、了解的意思。

③生民之司命：意为普通民众命运的掌握者。李筌注："将有杀伐之权，威欲却敌，人命所系，国家安危，在于此矣。"生民，泛指一般民众。《孟子·公孙丑上》："率其子弟，攻其父母，自有生民以来，未有能济者也。"司命，星宿名，主死亡。《宋史·天文志》："司命二星在虚北……主死亡。"此处喻指命运的主宰。

④国家安危之主：国家安危存亡的主宰者。王皙注："将贤则民保其生，而国家安矣。"主，主宰之意。

读孙札记

1. 中国兵家文化的明线与暗线

《孙子兵法》体现的是强者的用兵原则，即其后裔孙膑所提倡的“战胜而强立”之道。在孙子看来，战略上最好的手段，就是进攻，再进攻，直至胜利！进攻是最好的防御！主张在最短的时间里，以最强大的力量，迅雷不及掩耳，摧枯拉朽，给敌人以毁灭性的打击，“堕其城，隳其国”，“伐大国，则其众不得聚；威加于敌，则其交不得合”！所以，毫无疑义，孙子的战争哲学是进攻至上，特色是刚强进取，基本手段是先发制人。这是中国兵家文化的一条明线、一个主流。

但与此同时，中国文化中“一阴一阳之谓道”的本质，决定了中国兵家文化中必然同时存在着一条暗线、一股潜流。这股潜流，就是由《老子》的哲学所推导出来的以防御为本质特征的战略指导原则。它强调防御的特殊地位，主张知雄守雌、知荣守辱，提倡“柔武”，柔弱胜刚强，基本的表现形式与手段为以柔克刚，后发制人。这两条线索互为关系，共存互补，从而使得中国历代战略文化生生不息，日臻成熟。

2. 孙子有所谓的“善俘”思想吗？

传世本《作战篇》有云：“故车战，得车十乘已上，赏其先得者，而更其旌旗，车杂而乘之，卒善而养之，是谓胜敌而益强。”全句的意思为：在车战中，凡是缴获战车十辆以上的，就奖赏最先夺得战车的人。同时，要更换战车上的旗帜，混合编入自己的战车行列，对敌方战俘要予以优待和任用。这就是所谓每一次战胜敌人,就使自己变得更加强大。从表面上看,这么解释似乎文从字顺,没有什么问题。但是,如果对照汉简本,我们就会发现问题来了,即"卒善而养之"之"善",汉简本乃作"共"。而"共"之文义,有"共有"的义项,如祸福与共。也可引申为掺杂、混合的意思。考究《孙子》全句的文义,很显然,汉简本言"共"是正确的,"共"与"杂"交错对文,均为掺杂与混合。孙子言此,乃是反复强调在作战中当将俘获的敌方人员、车辆加以利用,混合并掺杂编入己方的车队与军阵之中,共赴战事,从而增强自己的力量。这里,孙子说的是因敌之资以助己的问题,借力打力而已,实与优待俘虏风马牛不相及,张预等人"恩信抚养之"的说法乃望文生义、郢书燕说。由此可见,"共"在传世本作"善",当属《孙子兵法》流传过程中为后人所臆改,以迁就所谓"善俘"的主张[①]。

3. 孙子的战略思维误区

当然,任何高明的军事思想,任何卓越的作战原则,都存在着思维上的盲区,都不是无懈可击的,这就是所谓的"智者千虑,必有一失","有一利必有一弊"。在这方面,孙子的速战速决战争指导思想也不例外。它的局限性在于其观察、分析、把握问题上的片面化、绝对化倾向,缺乏全面辩证、有机统一的思维理性。就"因粮于敌"问题而言,他同样未能意识到它与"千里馈粮"的后方供应之间辩证统一、互为弥补的关系,而忽略两者的有机结合。

就军事斗争的基本规律而言,孙子一再强调进攻速胜固然

① 古代兵书中,"善俘"的主张是常见的,如《司马法·仁本》中有言:"见其老幼,奉归勿伤;虽遇壮者,不校勿敌;敌若伤之,医药归之。"

有相当合理、相对正确的一面，也大致符合春秋晚期的战争实际需要。但是，让人感到遗憾的是他并没能辩证地认识到军事行动中速决与持久的内在关系，有意无意地忽略了防御持久在战争中应有的地位、必要的意义，以致将速胜与持久的关系机械地截然对立起来，给人们留下凡是进攻速胜便是好的，凡是防御持久便是差的这一深刻印象。其实速胜与持久乃是对立的统一，不应该人为地割裂开来。因为虽然在战役与战斗的层次上采取速战速决的方针始终有必要，绝对不能有所动摇；然而，在战略的层次上，究竟是防御持久还是进攻速胜，则不是由战争指导者的主观意愿决定的，而必须由特定的历史条件特别是敌对双方各种力量的对比来决定，即战争指导者必须根据双方力量对比、战略态势、国际环境等实际情况，来具体决定到底是进攻速胜抑或是防御持久，当速则速，宜久则久，兵无常势，水无常形，不可意气用事，拘泥局囿。否则，欲速则不达，便是形而上学，便是画地为牢，到头来必定会遭到战争规律的无情惩罚。

对于弱势的一方，其要战胜强大的对手，自然不能指望速战速决，而只能采取积极防御的对策，这时候在战略上同对手持久抗衡就显得十分必要了。要像牛皮糖一样紧紧把敌人粘贴住，拖垮对手，磨得对手没有脾气，在这个过程中，利用时间换取空间，悄悄地完成双方优劣态势的转换，等到时机完全成熟之后再果断发起反击，赢得战争的胜利。抗日战争时期，毛泽东针对“亡国论”与“速胜论”两种错误观点，提出“持久战”理论，为抗日战争的最后胜利指明方向，就是典型的以弱胜强原则，也是对孙子兵学思想的继承与发展。

孙子的“因粮于敌”军事后勤保障思想，也需要一分为二地加以分析。以战养战，“因粮于敌”，出发点在于尽可能减轻后勤供给上的负担，以顺利达到进攻速胜的战略目的。这无疑有一定的合理性。

该如何贯彻“因粮于敌”这一原则？对此，孙子也提出了自己的看法。其基本立足点就是抢掠劫夺。在这一问题上，孙子的态度倒是十分坦白的。其具体的措施便是“重地则掠”——深入重地就要掠取粮草；“掠乡分众”——分兵抄掠敌国乡野，分配抢夺到的人畜和财物；“掠于饶野，三军足食”——在敌国富庶的乡野进行劫掠，以保障全军上下的粮秣供给。由此可见，孙子所讲的“因粮于敌”，实质所指乃是掠夺敌国的粮仓、敌国的民家，以保证军事行动的顺利进行。这里，孙子并无从敌国征集粮秣、收购粮秣的想法，更没有依靠和争取敌国民众箪食壶浆、自动捐献粮秣的考虑。手段相当单纯，用武力劫掠夺取而已。应该说，这种做法未免失之偏颇。

毫无疑问，孙子“因粮于敌”，借助劫掠，利用敌对国家物资以支持战争的后勤保障思想，曾在历史上产生过相当大的影响。不少军事家都将它视作深入敌区时解决给养难题的一个对策，并在实战中加以运用。同时他们也多少意识到单纯“掠于饶野”做法的局限性，注意丰富和发展孙子“因粮于敌”的思想内涵，主张争取民众，让民众自动赠粮送物，“民咸馈献”，或采取有偿征集，“设法购运”，以减少“因粮于敌”过程中人为的阻力。这样看待问题、处理事情的态度和做法，显然要比孙子的主张来得更为全面，更为得体。

“因粮于敌”的思想，孙子提倡于前，兵家阐发于后，但是其局限性也在所难免。诸如在荒漠草原作战，或遇到敌方坚壁清野，便无粮可因，或可因之粮不多。所以清初的《兵法百言》就认为，“因粮于敌”“间可救一时，非可常恃也”。比较正确的做法，应该是“内必屯田以自足，外必因粮于敌”，双管齐下，互为补充，各擅胜场，以至产生成效。

谋攻篇

题解

本篇主要论述如何谋划进攻之道以夺取军事胜利的“全胜”战略问题。在战争的准备业已就绪的前提下，根据战争成本的大小与克敌制胜的效益，来正确选择适宜的战略手段，列出优劣先后的次序。以“伐谋”为最高目标，以“攻城”为不得已的选择。体现了孙子战略手段与方案选择上的多样性。“上兵伐谋”“不战而屈人之兵”是孙子所汲汲追求的用兵艺术的最高境界。

孙子认为，“百战百胜”并非用兵的最佳手段，高明的战争指导者应该做到“屈人之兵而非战也，拔人之城而非攻也，毁人之国而非久也”，从而实现战略上的“全胜”。同时，孙子认识到要达到“不战而屈人之兵”这样的境界并不容易，所以他也立足于通过战场交锋来赢得胜利。为此，他提出了一系列正确的战术运用方针：“十围”“五攻”“倍分”“敌战”“少逃”“不若避”。

在本篇中，孙子还指出不谙军事的君主干预战场指挥的危害性，强调了“知胜”的五个基本条件，并在篇末揭示了“知彼知己，百战不殆”的著名军事规律，这一规律直到今天仍具有重大的启迪意义。

杜牧注:“庙堂之上,计算已定,战争之具,粮食之费,悉已用备,可以谋攻。”王皙注:“谋攻敌之利害,当全策以取之,不锐于伐兵攻城也。”均比较正确地揭示了《孙子》本篇的主要旨趣。

原文

孙子曰:凡用兵之法,全国为上,破国次之①;全军为上,破军次之②;全旅为上,破旅次之③;全卒为上,破卒次之④;全伍为上⑤,破伍次之。是故百战百胜,非善之善者也⑥;不战而屈人之兵,善之善者也⑦。

译文

孙子说:一般的战争指导法则是,使敌国举国降服为上策,而击破敌国就略逊一筹;使敌人全军完整地降服为上策,而击溃敌人的军就略逊一筹;使敌人全旅完整地降服为上策,而打垮敌人的旅就略逊一筹;使敌人的卒完整地降服为上策,而击败敌人的卒就略逊一筹;使敌人的伍完整地降服为上策,而击败敌人的伍就略逊一筹。因此,百战百胜,并不就是高明中最高明的;不经交战而能使敌人屈服,这才算是高明中最高明的。

注释

①全国为上,破国次之:以实力为后盾,使敌国举国降服为上策,而击破敌国就略逊一筹。曹操注:“兴师深入长驱,距其城郭,绝其内外,敌举国来服,为上。以兵击破,败而得之,其次也。”全,完整、全部。国,在春秋时指的是国都或大城邑。《国语·周语中》:“国有班事,县有序民。”韦昭注:“国,城邑也。”破,攻

破、击破的意思。按，国在这里也可以理解为国家，因为古人一般以国都代指整个国家。

②全军为上，破军次之：意为能使敌人的军完整地降服是上策，击破敌人的军则略逊一筹。以下“全旅”“破旅”，“全卒”“破卒”，“全伍”“破伍”等句，也是这一观点的不同表述。军，本义为驻屯，后来泛指军队，也是军队最高一级的编制单位。此处当是后义。《周礼·地官·小司徒》：“五旅为师，五师为军。”郑玄注：“军，万二千五百人。”但春秋战国时各国军队编制不尽相同，故文献中军的编制人数也各有差异。

③全旅为上，破旅次之：旅，古代军队编制单位。通常以五百人为一旅。《左传·哀公元年》：“有田一成，有众一旅。”杜预注：“五百人为旅。”

④全卒为上，破卒次之：卒，军队编制单位。《左传》杜预注：“百人为卒。”但春秋时各国军队卒的编制人数并不统一。例如，齐国之卒则为二百人，《管子·小匡》：“四里为连，故二百人为卒。”

⑤伍：古代军队最基本的编制单位，《周礼·地官·乡大夫》：“五人为伍。”按，古代各种军队编制均是从伍法起源，如十人制的什，二十五人制的两，五十人制的队，一百人或二百人的卒，都是从“伍”进上去的。“伍”可按前、中、后成“列”，也可按左、右、前、后、中成方阵。可见，“伍”是决定古代队形编制（阵法）的最基本要素（参见李零《吴孙子发微》第49页）。

⑥是故百战百胜，非善之善者也：善，好、高明之意。张预注：“战而后能胜，必多杀伤，故云非善。”

⑦不战而屈人之兵，善之善者也：屈，使其屈服、降服，使动用法。张预注：“明赏罚，信号令，完器械，练士卒，暴其所长，使

敌从风而靡，则为大善。”这是对孙子“不战而屈人之兵”主张之实现条件及效果的妥切阐述。

原文

故上兵伐谋①，其次伐交②，其次伐兵③，其下攻城，攻城之法④，为不得已⑤。修橹轒辒⑥，具器械⑦，三月而后成，距闉⑧，又三月而后已⑨。将不胜其忿而蚁附之⑩，杀士三分之一而城不拔者⑪，此攻之灾也⑫。

译文

所以，用兵的上策是运用谋略战胜敌人，其次是运用兵威慑服敌人，再次是击败敌人的军队，下策就是攻打敌人的城池，选择攻城实不得已。制造攻城的大盾和四轮大车，准备攻城的器械，要费时数个月才能完成；而构筑用于攻城的土山，又要花费几个月时间才能竣工。将帅克制不住自己愤怒的情绪，驱使士卒像蚂蚁一样去爬梯攻城，结果士卒损失了三分之一，而城池却仍旧未能攻克，这就是攻城所带来的灾难。

注释

①上兵伐谋：上兵，上乘的用兵之法。张预注：“兵之上也。”伐，进攻、攻打、较量。谋，谋略。伐谋，以谋略攻敌以赢得胜利。此句意为，用兵的最高境界是用谋略胜敌。梅尧臣注：“以智胜。”王皙注：“以智谋屈人最为上。”

②伐交：交，交合，两军对峙示威。曹操注：“交，将合也。”伐

交，在两军阵势已列，战衅将开之际，向敌显示己方的严整军容、强大实力，震慑对手，吓阻敌人，从而使敌人丧失斗志和信心，被迫退兵或无奈投降，即所谓“以威胜”（梅尧臣注）。成说将“伐交”解释为通过外交斗争，折冲樽俎、纵横捭阖以战胜敌人，这是不正确的，属于对孙子原意的误解。

③伐兵：通过军队间交锋一决胜负。兵，此处指进行野战。贾林注：“善于攻取，举无遗策，又其次也。故《太公》曰：争胜于白刃之前者，非良将也。”梅尧臣注：“以战胜。”

④法：途径、手段的意思。

⑤为不得已：言实出无奈而为之。

⑥修橹轒辒：制造大盾和攻城的四轮大车。修，制作、建造。曹操注：“治也。”橹，曹操注：“大楯也。”即藤革等材料制成的大盾牌。一说，“橹”即“楼橹”，一种攻城用的器具。轒辒，攻城用的四轮大车，用大木制成，外蒙生牛皮，可以容纳兵士十余人。杜牧注：“轒辒，四轮车，排大木为之，上蒙以生牛皮，下可容十人，往来运土填堑，木石所不能伤。”

⑦具器械：准备攻城用的各种器械。具，准备。《左传·隐公元年》：“缮甲兵，具卒乘。”器械，曹操注：“器械者，机关攻守之总名，飞楼云梯之属。”

⑧距闉：为攻城做准备而堆积的高出城墙的土山。曹操注：“距堙者，踊土稍高而前，以附其城也。”距，依杨炳安《孙子会笺》说，“距”与“拒”相通，皆有“备”“治”之义，故可理解为准备。闉，小土山。武经本作“堙”，义同。

⑨已：完成、竣工之意。

⑩将不胜其忿而蚁附之：胜，克制、制服。《国语·晋语四》：

"尊明胜患,智也。"忿,愤懑、恼怒。蚁附之,指驱使士兵像蚂蚁一般爬梯攻城。

⑪杀士三分之一而城不拔者:士,士卒。杀士三分之一,言使三分之一的士卒被杀。拔,攻占城邑或军事据点。曹操注:"将忿,不待攻城器,而使士卒缘城而上,如蚁之缘墙,杀伤士卒也。"按,顾颉刚《浪口村随笔》有言:春秋之前之"士"皆为武士。《孙子兵法》此语可为一重要佐证——言"杀士三分之一"而不言"杀卒三分之一",表明当时的"士"仍为武士。又,"二桃杀三士",这"三士"亦皆为武士。当时的文化人,则被通称为"儒"。

⑫此攻之灾也:攻,此处特指攻城。张预注:"攻逾二时,敌犹不服,将心忿躁,不能持久,使战士蚁缘而登城,则其士卒为敌人所杀三中之一,而坚城终不可拔,兹攻城之害也已!"

原文

故善用兵者,屈人之兵而非战也①,拔人之城而非攻也②,毁人之国而非久也③。必以全争于天下④,故兵不顿而利可全⑤,此谋攻之法也⑥。

译文

所以,善于用兵的人,使敌人屈服而不是靠硬打,攻占敌人的城池而不是靠强攻,毁灭敌人的国家而不是靠久战。一定要用全胜的方略争胜于天下,所以,自己的军队不至于疲惫受挫,而胜利却能够圆满赢得,这就是以谋略胜敌的原则。

①屈人之兵而非战也：言不采用直接交战的办法而迫使敌人屈服。张预注："善用兵者则不然，或破其计，或败其交，或绝其粮，或断其路，则可不战而服之。"

②拔人之城而非攻也：意为夺取敌人的城池而不靠硬攻的办法。孟氏注："言以威刑服敌，不攻而取，若郑伯肉袒以迎楚庄王之类。"

③毁人之国而非久也：非久，不旷日持久。指灭亡敌人之国而不是靠久战。曹操注："毁灭人国，不久露师也。"

④必以全争于天下：全，即上文"全国""全军""全旅""全卒""全伍"之"全"。此句意为，一定要根据全胜的战略争胜于天下。

⑤故兵不顿而利可全：顿，同"钝"，指疲惫、受挫折。利，利益。全，保全、万全。

⑥此谋攻之法也：这就是以谋略胜敌的最高原则。法，原则、宗旨。张预注："不战则士不伤，不攻则力不屈，不久则财不费。以完全立胜于天下，故无顿兵血刃之害，而有国富兵强之利，斯良将计攻之术也。"

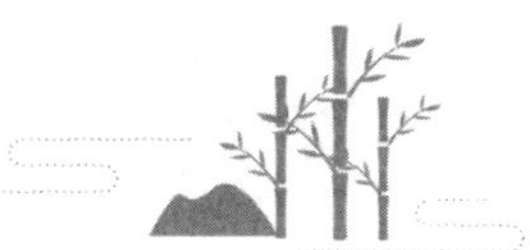

原文

故用兵之法：十则围之①，五则攻之②，倍则分之③，敌则能战之④，少则能逃之⑤，不若则能避之⑥。故小敌之坚，大敌之擒也⑦。

译文

因此用兵的原则是：拥有十倍于敌的兵力就包围敌人，拥有五倍于敌的兵力就进攻敌人，拥有两倍于敌的兵力就设法分散敌人，兵力与敌相等就要努力抗击敌人，兵力少于敌人就要退却，兵力弱于敌人就要避免决战。所以，弱小的军队如果一味坚守硬拼，就势必沦为强大敌人的俘虏。

注释

①十则围之：兵力十倍于敌就包围敌人。曹操注："以十敌一，则围之。"但是，这是就一般情况而言。在特定条件下，没有十倍于敌的优势兵力，同样可以对敌实施包围，并战而胜之。故曹操注又云："若主弱客强，操所以倍兵围下邳，生擒吕布也。"

②五则攻之：兵力五倍于敌就主动向其发起进攻。李筌注："五则攻之，攻守势殊也。"

③倍则分之：倍，加倍。分，分散。有两倍于敌的兵力，已有优势，但优势并不太明显，因此，这时候就设法分散敌人，以造成局部上的更大优势。梅尧臣注："彼一我二，可分其势。"

④敌则能战之：敌，指兵力相等，势均力敌。《尔雅·释诂》："敌，匹也。"《战国策·秦五》："四国之兵敌。"高诱注："强弱等也。"能，乃、则的意思。此处与"则"合用，以加重语气。此句言如果敌我力量相当，则当敢于抗击、对峙。曹操注："己与敌人众等，善者犹当设伏奇以胜之。"

⑤少则能逃之：少，兵力少。逃，退却、躲避。张预注："彼众我寡，宜逃去之，勿与战，是亦为将智勇等而兵利钝均也。若我治彼乱，我奋彼怠，则敌虽众，亦可以合战。若吴起以五百乘破秦五十万众，谢玄以八千卒败苻坚一百万，岂须逃之乎?!"

⑥不若则能避之：张预注："兵力谋勇皆劣于敌，则当引而避之，以伺其隙。"不若，不如，指实际力量不如敌人。按，"少"指数量上不如对手，"不若"乃指质量上不如敌方。

⑦小敌之坚，大敌之擒也：小敌，弱小的军队。之，若、如。《左传·宣公十二年》："楚之无恶，除备而盟。"坚，坚定、强硬，此处指固守硬拼。大敌，强大的敌军。擒，捉拿，此处指俘虏。此句通常的解释是小不可能勉强敌大。李筌注："小敌不量力而坚战者，必为大敌所擒也。"但亦有人认为，此句可释为：小的对手如果能集中兵力，即使大的对手也可擒获(参见李零《吴孙子发微》)。

原文

夫将者，国之辅也[①]，辅周则国必强[②]，辅隙则国必弱[③]。

译文

将帅是国家的辅佐。辅助周密，国家就一定强盛；辅助有缺陷，国家就一定衰弱。

注释

①国之辅也：国，指国君、国家。辅，原意为辅木。《左传·僖

公五年》:“辅车相依。”孔颖达疏:“盖辅车一处分为二名耳,辅为外表,车是内骨,故云相依也。”这里引申为辅助、辅佐。

②辅周则国必强:言辅助周密、相依无间,那么国家就强盛。周,周密。

③辅隙则国必弱:辅助有缺陷则国家必弱。王皙注:“周谓将贤则忠才兼备,隙谓有所缺也。”隙,缝隙,此处指有缺陷、不周全。

原文

故君之所以患于军者三[①]:不知军之不可以进而谓之进[②],不知军之不可以退而谓之退,是谓縻军[③]。不知三军之事,而同三军之政者[④],则军士惑矣[⑤]。不知三军之权,而同三军之任[⑥],则军士疑矣。三军既惑且疑,则诸侯之难至矣,是谓乱军引胜[⑦]。

译文

国君危害军事行动的情况有以下三种:不了解军队不能前进而硬使军队前进,不了解军队不能后退而硬令军队后退,这叫作束缚军队。不了解军队的内部事务,而去干预军队的行政,就会使得将士迷惑。不懂得作战上的权宜机变,而去干涉军队的指挥,就会使得将士产生疑虑。军队既迷惑又存有疑虑,那么诸侯国乘机进犯的灾难也就随之降临了。这就叫作自乱其军,自寻败亡。

注释

①君之所以患于军者三：患，危害、贻害。三，指三类情况、三种做法。

②谓之进：谓，告诉，此处是命令的意思。《诗·小雅·出车》："自天子所，谓我来矣。"郑玄笺曰："以王命召己，将使为将帅也。"可资参证。谓之进，犹言"使(命令)之进"。

③是谓縻军：这叫作束缚军队，剥夺军队行动自由权。縻，束缚、羁縻。

④不知三军之事，而同三军之政者：梅尧臣注曰："不知治军之务而参其政。"三军，泛指军队。周时一些大的诸侯国设三军，有的为上、中、下三军，有的为左、中、右三军。同，共，此处是参与、干预、干涉的意思。政，政务，这里专指军队的行政事务。

⑤军士惑矣：军士，指军队的吏卒。惑，迷惑、困惑。

⑥不知三军之权，而同三军之任：此句意为不知军队行动的权变灵活性质，而直接干预军队的指挥。权，权变、机动。任，指挥、统率。

⑦是谓乱军引胜：梅尧臣注："自乱其军，自去其胜。"最合文意。乱军，扰乱军队。引，去、失的意思。曹操注："引，夺也。"《礼记·玉藻》："引而去。"郑玄注："引，却也。"引胜，即却胜。一说"引"为引导、导致之意，引胜即导致敌人胜利。于说虽可通，但孙子此处实就己方军情发议，故应以前说为善。

另外，身份与地位往往决定立场与态度。孙子的身份是将帅，所以更多地从将帅的立场考虑问题，认为打胜仗才是硬道理，所以特别讨厌君主"将从中御"，束缚前敌将帅指挥的手脚。

换成君主,思路与重点也许大不一样,会更多关注君主专制集权的问题,唯恐将帅功高震主,尾大不掉,对君主的地位构成威胁。

原文

故知胜有五:知可以战与不可以战者胜,识众寡之用者胜①,上下同欲者胜②,以虞待不虞者胜③,将能而君不御者胜④。此五者,知胜之道也⑤。

译文

因此预知胜利的情况共有五种:知道可以同敌人打或不可以同敌人打的,能够胜利;了解多兵和少兵的不同用法的,能够胜利;全军上下意愿一致的,能够胜利;以有备之己对付无备之敌的,能够胜利;将帅有才能而国君不加掣肘的,能够胜利。凡此五项,就是预知胜负的方法。

注释

①识众寡之用者胜:能善于根据双方兵力对比情况而采取正确战法,就可以取胜。杜牧注:“先知敌之众寡,然后起兵以应之。如王翦伐荆,曰‘非六十万不可’,是也。”众寡,指兵力多少。

②上下同欲者胜:上下同心协力的能够获胜。同欲,意愿一致,指齐心协力。

③以虞待不虞者胜:有准备的己方对付没有准备之敌则能得胜。虞,有准备,有戒备。

④将能而君不御者胜:将帅有才能而国君不加掣肘的能够

获胜。李筌注:“将在外,君命有所不受者胜,真将军也。”杜佑注:“将既精能晓练兵势,君能专任事不从中御。”能,贤能、有才能。御,原意为驾驭,这里指牵制、制约。

⑤知胜之道也:认识、把握胜利的规律。道,规律、方法、要领。

原文

故曰:知彼知己者,百战不殆[①];不知彼而知己,一胜一负[②];不知彼不知己,每战必殆。

译文

所以说:既了解敌人,又了解自己,那么打上百仗都不会有任何危险;不了解敌人,却了解自己,那么,有时能胜利,有时会失败;既不了解敌人,又不了解自己,那么每次用兵都必然会有危险。

注释

①知彼知己者,百战不殆:孟氏注:“审知彼己强弱利害之势,虽百战,实无危殆也。”张预注:“知彼知己者,攻守之谓也。知彼则可以攻,知己则可以守。攻是守之机,守是攻之策。苟能知之,虽百战不危也。”殆,危险。

②一胜一负:杜佑注:“胜负各半。”这里是指无必胜之把握。按,这里值得特别注意的是,孙子讲“知彼知己,百战不殆”,而不说“知彼知己,百战百胜”。这实际上是孙子“慎战”观念的集中

体现。孙子身为兵家，尤其懂得“兵凶战危”的血腥道理，在他看来，避免危险，比夺取胜利更为重要，规避战争高于得胜班师。

读孙札记

1. 为何是“攻城为下”？

孙子所言之“谋攻”，既是以谋克敌，以谋制胜，更是就战争效益论的视野，有关战略手段的甄别与选择问题。在孙子看来，战胜对手的最优思路，就是“不战而屈人之兵”，“百战百胜，非善之善者也；不战而屈人之兵，善之善者也”。具体的方式就是“上兵伐谋”，用谋略搞定对手。这样，成本最小，效益最大，后患最少，是优中之最优。

但孙子很清醒，这样的情况不能说绝无仅有，但比较稀罕，概率很小，与中大奖的概率差不多，天上掉馅饼似的。所以，高明的决策者，要能够做到退而求其次，通过“伐交”的手段，赢得胜利，即通过秀肌肉，以威慑让敌人屈服。但这个做法，成本就要高一点了。因为军队虽然没有实际交锋，但已经出动了，到达战场了。军队一动，地动山摇，人要吃饭，马要吃草，车辆要折旧，各种开销会大得多。因此，较“伐谋”为次一等。

如果不能通过威慑手段实现自己的战略目标，那不得已要再退而求其次——“其次伐兵”，进行野战。这成本自然更大了，所谓“杀敌一千，自伤八百”。孙子认为，这还不是最糟糕的选择。最糟糕的是，在野战过程中无法全歼敌人，部分敌人成了漏网之鱼，逃入城内，依托坚城，负隅顽抗，而必须打下城池，这时就被迫做出最坏的选择——攻城。在冷兵器时代，在没有火药的情况下，攻城是最不经济、伤亡惨重、代价巨大的战法。对手居高临下，用开水、滚油浇下来，用石头砸下来，用箭镞射下来，“杀士三分之一而城不拔者”，那简直就是一场灾难。然而孙子认为，攻城虽然是最差的选择，但毕竟还是一种选择，比没有选择为好。

值得注意的是，孙子对“伐谋”“伐交”“伐兵”均是一笔带过，而“其下攻城”的“攻之灾也”，则浓墨重彩地具体说明，这可能出于两种情况：一是孙子认为避免攻城至为重要，需要费笔墨充分说明。二是很可能为《孙子》后学的议论与发挥，附在“其下攻城”《孙子》正文之后，在辗转重抄的过程中，将《孙子》的原文与其后学的注疏性文字混为一体，都当作正文抄录并流传了下来。

2. 孙子“伐交”的本义是什么？

对“伐交”含义的通行解释是：交为外交，所谓“伐交”，即进行外交斗争瓦解敌方的联盟，扩大、巩固自己的联盟，以争取战略上的主动，孤立敌手，迫使其屈服。目前几种比较流行且具有一定权威性的《孙子》译注以及研究著作，如郭化若《孙子译注》（上海古籍出版社）、吴九龙主编《孙子校释》（军事科学出版社，笔者亦为作者之一）、李零《吴孙子发微》（中华书局）、林伊夫等《武经七书新译》（齐鲁书社）等，基本上都持这样的观点。

应该说，将“伐交”诠释为打击破坏敌方的外交，使之陷于孤立，既有古文献的依据，在逻辑上也大致说得通。按《十一家注孙子》，可知大部分注家是将“伐交”释作“外交胜敌”的：

李筌曰："伐其始交也。苏秦约六国不事秦，而秦闭关十五年，不敢窥山东也。"

杜牧曰："非止将合而已，合之者皆可伐也。张仪愿献秦地六百里于楚怀王，请绝齐交。随何于黥布坐上杀楚使者，以绝项羽。曹公与韩遂交马语，以疑马超。高洋以萧深明请和于梁，以疑侯景，终陷台城。此皆伐交。"

陈皞曰："或云敌已兴师交合，伐而胜之，是其次也。若晋文公敌宋，携离曹、卫也。"

孟氏曰："交合强国，敌不敢谋。"

王皙曰："谓未能全屈敌谋，当且间其交，使之解散。彼交则事巨敌坚，彼不交则事小敌脆也。"

张预曰："或曰：伐交者，用交以伐人也。言欲举兵伐敌，先结邻国为掎角之势，则我强而敌弱。"

不仅《孙子》注家这样理解"伐交"，而且，其他古学者亦多持类似的意见。《汉书·息夫躬传》引"其次伐交"，颜师古注："知敌有外交连结相援者，则间误之，令其解散也。"故到了《武经总要》那里，乃将"伐交"作了明晰而扼要的界定："伐交者，绝敌之援，使不能合也。"(《武经总要》前集卷三)而同是宋代成书的佚名兵书《百战奇法》更专列"交战"为"百战"类型之一："凡与敌战，傍与邻国，当卑词厚赂结之，以为己援。若我敌人之前后，彼可倚，则敌人必败。法曰：衢地则合交。"从此之后，"伐交"为运用外交手段屈敌的观念遂为人们所普遍认同和接受，几乎没有任何的异议。迨至今日，更有人借鉴所谓的孙子"伐交"思想，就国际外交关系问题抒发己见，阐说高论。

粗一看，这样诠释孙子"伐交"意蕴，似乎亦文从字顺，合乎逻辑。然而，细加玩味，却知这种解释未尽惬当，仍存在着一定的矛盾扞格之处。因为从根本上来说，通过外交手段屈敌，仍属于“伐谋”的范围，即运用智慧、巧假谋略以瓦解敌人之联盟。如战国苏秦、张仪之流，朝秦暮楚，纵横捭阖，左右战国七雄或合纵，或连横，从而影响战国战略格局的演变，何尝不是“伐谋”艺术的大手笔？又如《十一家注孙子》中杜牧、陈皞等人所引用的晋文公“携离曹、卫”以破楚，曹操设计离间马超与韩遂关系，大败凉州之师，北齐高洋“以萧深明请和于梁，以疑侯景，终陷台城”诸史实，哪个不堪称斗智伐谋的精彩之举？均纯属梅尧臣所谓“以智胜”的典范。所以从某种意义上讲，通行的有关“伐交”的解释，与“伐谋”之间实犯有同义重复之弊，而孙子之“伐交”本义果若后人所理解的那样，则孙子本人亦难辞概念混淆、逻辑紊乱之咎。以孙子之圣智高明，似不至于产生这样低级的失误，其“伐交”之说实当另有真实的本义所在。

那么，孙子“伐交”的本义又究竟是什么呢？我们认为，要真正解决这个问题，仍需要以古代文献为依据，结合孙子所处时代的军事斗争形式与特点，系统深入考察，全面综合分析。

考“交”字文意，其实有相对、相合之义。《广雅·释诂二》：“交，合也。”晋代孔坦《与石聪书》亦云：“锋镝一交，玉石同碎。”应该说，古代个别的《孙子》注者是注意到“交”字这一义项，并已经初步理解了孙子“伐交”的本义的，如曹操注“伐交”有云：“交，将合也。”梅尧臣则更简洁地指出“伐交”即“以威胜”。遗憾的是，他们语焉不详，欲说还休，致使人们未能对此产生足够的注意，更没有顺着他们的正确思路揭橥出“伐交”的真实含义。

然而，曹操、梅尧臣有关孙子“伐交”的诠释，毕竟为我们今天探讨这一问题提供了可贵的启迪，指点了入门的途径。

我认为，正确理解“伐交”本义的关键，乃在于对“交”的原意做出如实可信的诠释。所谓“交”，按曹操的解释乃是“将合也”。这里的“将合”，指的当然是敌对两军“将合”，意即双方摆列好阵势，准备各自发起攻击的临战状态。这在《孙子》一书中并非孤证，《军争篇》云“交和而舍”，此处的“交和”同样也是“对峙将合”的意思，故曹操注云：“两军相对为交和。”杜牧注云：“交者，言与敌人对垒而舍。”又，《行军篇》：“若交军于斥泽之中。”此处的“交军”与上述“交”之含义相近，亦为两军遭遇对峙。由此可见，“交”字在《孙子》一书中有特定的含义，通常是指两军面对面相对峙、摆列好阵势、引而不发的一种军事态势。

理解了“交”的文义，再来考察“伐交”的本义，那么问题也就豁然开朗，迎刃而解了。所谓“伐交”，真实的含义即是在两军阵势已列、战衅将开之际，向敌显示己方严整的军容、强大的实力，以震慑对手，吓阻敌人，从而使敌人丧失战斗的信心与斗志，被迫退兵或无奈投降，这在有关兵学典籍中叫作“交绥而退”。换言之，“伐交”就是以列阵示威的方式挫败敌人的战略企图，迫使敌人屈服，从而以不直接进行战场交锋的途径取得胜利，实现“兵不顿而利可全”的用兵目的。梅尧臣用“以威胜”三字揭示“伐交”的实质，可谓一语中的。

结合春秋时期军事斗争表现形式和基本特色进行考察，亦可知孙子提倡以列阵示威迫敌屈服的做法是事有所本、理有所据的，这是他在对春秋时期战争经验进行总结的基础上所提出的高明军事斗争原则，而绝非空穴来风，无的放矢。它的直接来源就是夏、商、西周三代与春秋时期盛行的“观兵”威敌程式。所谓“观兵”，即军队列阵向敌人示之以兵威，胁迫敌人屈服。《左传·襄公十一年》：“诸侯会于北林，师于向，右还次于琐，围郑，观兵于南门。”杜预注云：“观，示也。”《国语·周语上》亦记载祭公谋父之言：“先王耀德不观兵。夫兵戢而时动，动则威，观则玩，玩则无震。”韦昭注云：“耀，明也。观，示也。明德，尚道化也。不示兵者，有大罪恶然后致诛，不以小事而示威武。”均说明观兵示人以兵威，迫敌屈服是当时普遍实行的军事斗争的重要形式。

春秋时期的战争大多是以迫使敌方屈服为基本宗旨，因而军事威慑多于战略决战。换言之，以军事威慑和政治谋略迫使对方接受自己的条件而屈服，乃是当时相当普遍的现象，真正以主力进行会战决定胜负的战争为数较少。这样的时代军事特色，决定了“观兵”示威屈敌的做法为当时的战争指导者所普遍热衷，乐此不疲。其中尤以管仲、齐桓公召陵观兵与楚庄王观兵周疆、问鼎之轻重两大事件最为著名：

齐侯陈诸侯之师，与屈完（楚国使臣）乘而观之……齐侯曰：“以此众战，谁能御之？以此攻城，何城不克？”对曰：“君若以德绥诸侯，谁敢不服？君若以力，楚国方城以为城，汉水以为池，虽众，无所用之。”屈完及诸侯盟。（《左传·僖公四年》）

楚子伐陆浑之戎，遂至于雒，观兵于周疆。定王使王孙满劳楚子。楚子问鼎之大小、轻重焉。对曰：“在德不在鼎。昔夏之方有德也，远方图物，贡金九牧，铸鼎象物，百物而为之备，使民知神、奸。故民入川泽、山林，不逢不若，螭魅罔两，莫能逢之。用能协于上下，以承天休。桀有昏德，鼎迁于商，载祀六百，商纣暴虐，鼎迁于周。德之休明，虽小，重也。其奸回昏乱，虽大，轻也。天祚明德，有所厎止。成王定鼎于郏鄏，卜世三十，卜年七百，天所命也。周德虽衰，天命未改。鼎之轻重，未可问也。”（《左传·宣公三年》。按，类似内容，亦见记载于《史记·楚世家》）

这两次“观兵”事件由于性质重要、情节丰富且富有戏剧性，故为史籍所详尽记载，更为后人所津津乐道。虽然它们由于种种原因未能很好地发挥出“观兵”行动应有的震慑对手、屈服敌人的作用，但已从一个侧面反映了“观兵”在春秋时期的普遍性。这对于孙子“伐交”思想的形成和提出，实具有启迪的意义。

孙子是善于总结和借鉴前人军事理论和战争实践经验的兵学大师，与借鉴齐桓公“九合诸侯，不以兵车”而系统提出“不战而屈人之兵”原则的情况相类似。他借鉴春秋大量“观兵”史实，加以提炼升华，从而形成以列阵威敌达到己方军事目的为内涵的“伐交”原则也是十分正常的现象。到了后世，由于战争形式的改变，“观兵”作为相对特殊的军事现象遂渐渐成为历史的陈迹，人们通常只能从以往史籍中略知古代“观兵”的存在，而较少能对“观兵”程式有切身的感性体验，至于“观兵”在军事上的具体作用和价值更是所知甚少。这样一来，孙子以古代“观兵”为具体参照系数而提出的“伐交”原则之本义遂很容易地为后人所曲解，变成了运用外交手段屈服敌人的“新潮”说法。郢书燕说，莫之为甚。虽有个别熟谙军事历史的方家，如曹操、梅尧臣等省识其中的奥妙，却因语焉不详而终不能扭转常人对“伐交”的曲解臆说。

当然，也有一些人觉得以“外交斗争”诠释“伐交”并不惬当，但由于功力不逮或自信不足，终不能恢复孙子“伐交”含义的本来面目，或杜撰臆说，离题更远，如张预注云：“兵将交战，将合则伐之。《传》曰：先人有夺人之心。谓两军将合，则先薄之。孙叔敖之败晋师，厨人濮之破华氏是也。”或左右摇摆，妄加折衷，如何氏注曰：“伐交者，兵欲交合，设疑兵以惧之，使进退不得，因来屈服。旁邻既为我援，敌不得不孤弱也。”

我认为，孙子“伐交”本义为列阵震慑敌人，迫其屈服，不但可以从文献史实中找到充分的依据，而且也合乎孙子《谋攻篇》的整个逻辑关系，用以解读《谋攻篇》“上兵伐谋，其次伐交，其次伐兵，其下攻城”的意蕴，实能豁然贯通，毫无沮滞。按笔者的理解，孙子此段论述的本义，乃是系统说明军事行动的逻辑程序关系，并加以自己的价值判断。在孙子看来，通过“伐谋”（包括外交角逐）而迫使敌人屈服，自然是最上乘的境界，故云“上兵伐谋”。如果“伐谋”不成，那就只好降格以求，进行“伐交”，将部队摆上来，让敌手看到我方强大的阵势后不寒而栗、自愧不如，因而屈服顺从。一旦列阵威慑还是没有什么效果，敌人依旧要同我方对抗，那么就再退而求其次，只好“伐兵”，也就是野战了，即通过野战歼灭敌人或迫敌投降，故梅尧臣直截了当地诠释为“以战胜”。如果敌人在野战失败后仍不认输，退守坚城，负隅顽抗，那么为了达到既定的战略目的，也只好设法攻城了。但攻城实在代价太大，纯属下策，所以有可能的话，还是应该尽量避免出现被迫攻城的情况。这样，孙子就完整地描述了一般战争行动互为关系、渐次递进的整个过程，并按自己“善用兵者，屈人之兵而非战也，拔人之城而非攻也，毁人之国而非久也。必以全争于天下，故兵不顿而利可全”的价值取向尺度，对不同阶段的军事斗争原则及其优劣得失做出了相应的判断：“上兵伐谋，其次伐交，其次伐兵，其下攻城。”很显然，“伐交”作为一个独立的战争行动程序，在孙子所想定的整个战争实施体系中是不可或缺的重要环节之一，它的次序和价值仅逊于“伐谋”而优于“伐兵”和“攻城”。

综上所述，孙子“伐交”的本义是通过布列阵势、显示实力，震慑敌人，而逼迫其退缩或降服，它是夏、商、西周三代与春秋时期通行的“观兵”威敌之法的理论总结和升华，是孙子想定战争程序中的有机组成部分。

3. 为什么是“知彼知己”，而不是“知己知彼”？

人们在引用《孙子兵法》文字时，经常会出现这样的情况："知己知彼"，如何如何。这显然是研读《孙子兵法》不够专心而造成的误读。

翻检任何版本系统的《孙子兵法》，正确的表述是“知彼知己”，而绝对不会是“知己知彼”。说“知己知彼”的，是我们这些当代人。孙子本人绝对不可能这么说。如果坊间展销的《孙子兵法》研究著述，把“知彼知己”讲成“知己知彼”，那么我建议，绝对不要购买，因为作者是十足的“砖家”，根本不懂《孙子兵法》。

《孙子兵法》的内涵呈示、文字表达，是非常严谨与科学的，每个字的次序、位置和表述都有严格的讲究，不能有任何的变动，如“道者，令民与上同意也”，绝对不能成为“道者，令上与民同意也”。后者是儒家，侧重于以民为本，强调“民之所欲，天必从之”，主张尊重民意，从民意出发办事。前者是兵家，提倡决策者有担当，有主张，有决断，决不随风附和，杜绝为民意所绑架，是让民众顺从自己、拥护自己、支持自己，让大家按照决策者的意愿去做。

“知彼知己”的道理亦相似。孙子认为，要战胜敌人，赢得胜利,前提条件就是既要了解敌人,做到“知彼”,也要了解自己,做到“知己”,两手都要硬,这是哲学上的矛盾两点论。但是,孙子更注重抓矛盾的重点论,在“知彼”与“知己”两个方面中,了解自己相对比较容易,因为自己有多少分量,有多少资源可调动,有哪些优势或短板,要搞清楚、弄明白,相对不怎么困难。真正具有挑战性的,是“知彼”,对手藏在暗处的真实的战略动机、真正的军事实力,要了解起来,就困难多了。更何况人家还要假痴不癫、声东击西、制造假象、设计骗局暗算我们。如何透过假象的迷雾,掌握事物的本相,可谓难上加难。

因此,“知彼”是第一位的,“知己”是第二位的,次序绝对不能颠倒,只能是“知彼知己”,而不可能是“知己知彼”。

形篇

题解

本篇主要论述如何依据敌我双方军事实力的强弱，灵活运用攻守两种不同的形式，以达到在战争中保全自己、消灭敌人的目的。战争归根结底是拼实力。这就是说，军事实力是军队综合战斗力的具体表现，也是战争的物质基础。在军事斗争中，奇谋妙计固然占有举足轻重的位置，但从根本上讲，强大的军事实力才是战争胜败天平上的真正砝码。因为不仅“伐兵”“攻城”离不开一定的军事实力的巧妙运用，就是“伐谋”“伐交”也必须以雄厚的军事实力为后盾。孙子清醒地认识到敌我力量对比对于战争胜负的决定性意义，主张在军队作战中努力确保自己立于不败之地，强调要寻求敌人的可乘之机，以压倒性的优势，予敌以致命的打击。这就是带有普遍意义的“先为不可胜，以待敌之可胜”的作战指导原则。为了在战争中确立自己的优势地位，孙子提出了一系列正确的对策：第一，“修道而保法”，从政治上加以保证。第二，认真对敌我双方的实力进行综合对比，在此基础上预测战争的胜负。“地生度，度生量，量生数，数生称，称生胜。”

第三，依据战场态势的变化，采取恰当的攻守策略。“守则不足，攻则有余”。孙子强调，在“胜兵先胜而后求战”方针的指导下，就可以“决积水于千仞之溪”，实现“自保而全胜”的战略意图。

本篇篇题汉简本作《刑》，“刑”为“形”之通假字，先秦两汉时人多以“刑”为“形”。武经本作《军形第四》，“形”上有“军”字，其当为后人援引曹操注文“军之形也”所增。形，古有器之一义。《周易·系辞上》：“见乃谓之象，形乃谓之器。”韩康伯注：“成形曰形。”孔颖达《正义》曰：“体质成形，是谓器物，故曰形乃谓之器，言其著也。”由此可见，“形”，不仅可指形于外者，也可指器物，即实质性的东西。孙子在这里引入“形”的概念（范畴），所要说明的正是军事实力及其外在表现，如众寡、强弱等等。

原文

孙子曰：昔之善战者，先为不可胜①，以待敌之可胜②。不可胜在己③，可胜在敌。故善战者，能为不可胜，不能使敌之可胜。故曰：胜可知而不可为④。

译文

孙子说：从前善于用兵打仗的人，总是先做到不会被敌人所战胜，然后再捕捉时机战胜敌人。不会被敌人战胜的主动权掌握在自己手中，能否战胜敌人则取决于敌人是否有隙可乘。所以善于用兵打仗的人，能够创造不被敌人战胜的条件，却不可能做到使敌人一定被我方所战胜。所以说：胜利可以预知，但却不可强求。

注释

①先为不可胜：先，提前、预先。为，造就、创造。不可胜，指我方不致被敌人战胜，即所谓牢牢“立于不败之地”的意思。

②以待敌之可胜：待，等待、寻找、捕捉的意思。敌之可胜，指敌人可能被我方战胜的时机。

③不可胜在己，可胜在敌：指创造不被敌人战胜的条件，在于自己主观的努力，而敌方是否能被战胜，则取决于敌方的失误，而非我方主观所能决定。王皙注：“不可胜者，修道保法也；可胜者，有所隙耳。”

④胜可知而不可为：胜利可以预知，但敌人有无可乘之隙，可战而胜之，则不能由我方来决定。张预注：“己有备则胜可知，敌有备则不可为。”从哲学上来说，就是主观愿望必须符合客观实际条件，人不能脱离客观实际，好高骛远，去追求遥不可及的理想。

原文

不可胜者，守也；可胜者，攻也[①]。守则不足，攻则有余[②]。善守者，藏于九地之下[③]；善攻者，动于九天之上[④]，故能自保而全胜也[⑤]。

译文

想要不被敌人战胜，在于防守严密；想要战胜敌人，在于进攻得当。实行防御，是由于兵力不足；实施进攻，是因为兵力有余。善于防守的人，隐蔽我方的活动如同深藏于地下；善于进攻的人，展开进攻就像自九霄而降。所以，既能够保全自己，又能夺取胜利。

注释

①不可胜者，守也；可胜者，攻也：意为使敌人不能战胜我方，在于我方防守得宜；而战胜敌人，则取决于我方进攻得当。王皙注："守者，以于胜不足；攻者，以于胜有余。"

②守则不足，攻则有余：采取防御，是由于处于劣势；采取进攻，是因为拥有优势。曹操注："吾所以守者，力不足也；所以攻者，力有余也。"按，汉简本此句作"守则有余，攻则不足"，意为在同等兵力的情况下，用于防御则兵力有余，用于进攻则感到兵力不足。亦通。战争的最基本样式，也就两种：进攻与防御。进攻与防御在兵力投入上，有一个基本的比例关系，即在人数上进攻一方需要超过防御一方，一般为三比一。

③善守者，藏于九地之下：九，虚数，泛指多数。清代学者汪中《述学·释三九》："古人措辞……约之以九以见其极多。"九地，用于形容极深的地下。此句言善于防守的人，能够隐蔽军队活动，如藏物于极深之地下，令敌方莫测虚实，无从下手。故梅尧臣注曰："九地，言深不可知。"此句另一种解释为：善于防守者，能够巧妙地利用各种地形作为坚固的防守屏障。曹操注："因山川丘陵之固者，藏于九地之下。"但似不如前说为善。

④善攻者，动于九天之上：九天，形容极高的天上。李白《望庐山瀑布》："日照香炉生紫烟，遥看瀑布挂前川。飞流直下三千尺，疑是银河落九天。"此句意为善于进攻的人，进攻时能做到行动神速、突然，如自九霄而降，令敌猝不及防，无从抵抗。梅尧臣注："九天，言高不可测。"又一说云：善攻者，善于利用天时天候主动地选择进攻时机。曹操注："因天时之变者，动于九天之上。"

⑤自保而全胜也：保全自己而战胜敌人。杜牧注："守者，韬声灭迹，幽比鬼神，在于地下，不可得而见之。攻者，势迅声烈，疾若雷电，如来天上，不可得而备也。"张预注："守则固，是自保也；攻则取，是全胜也。"

原文

见胜不过众人之所知[①]，非善之善者也；战胜而天下曰善，非善之善者也。故举秋毫不为多力[②]，见日月不为明目，闻雷霆不为聪耳[③]。古之所谓善战者，胜于易胜者也[④]。故善战者之胜也，无智名，无勇功[⑤]。故其战胜不忒[⑥]。不忒者，其所措必胜[⑦]，胜已败者也[⑧]。故善战者，立于不败之地，而不失敌之败也。是故胜兵先胜而后求战[⑨]，败兵先

译文

预见胜利不超越普通人的见识，这算不得高明中最高明的；通过激战而取得胜利，即使是普天下人都说好，也不算是高明中最高明的。这如同能举起秋毫算不得力大，能看见日月称不上目明，能听到雷霆算不上耳聪一样。古时候所说的善于打仗的人，总是战胜容易战胜的敌人。因此，善于用兵的人打了胜仗，既不显露智慧的名声，也不表现为勇武的战功。因此他们取得胜利，是不会有差错的。其之所以不会有差错，是由于他们的作战措施建立在必胜的基础之上，是战胜那些业已处在失败地位的敌人。因此善于用兵打仗的人，总是确保自己先立于不败之地，而同时从不放过任何击败敌人的机会。所以，胜利的军队总是先创造取胜的条件，而后才寻求同敌人决战；而失败的军

战而后求胜[10]。善用兵者,修道而保法[11],故能为胜败之政[12]。	队,却总是先同敌人交战,而后企求侥幸取胜。善于指导战争的人,总是积极致力修明政治,确保法制健全,从而能掌握战争胜负的决定权。

注释

①见胜不过众人之所知:曹操注:"当见未萌。"见,预见。不过,不超过。众人,普通人。知,认识。

②举秋毫不为多力:秋毫,鸟兽之毛至秋更生,细而末锐,称为"秋毫"。通常比喻极轻微的东西。多力,力量大。

③闻雷霆不为聪耳:能听到雷霆之声算不上耳朵灵敏。聪,听觉灵敏。

④胜于易胜者也:易胜者,容易战胜的敌手,指已经暴露弱点之敌。张预注:"交锋接刃,而后能制敌者,是其胜难也。见微察隐,而破于未形者,是其胜易也。故善战者,常攻其易胜,而不攻其难胜也。"

⑤故善战者之胜也,无智名,无勇功:言真正能打仗的人取得胜利,并不显露智谋的名声,并不呈现为勇武无双的赫赫战功,而于平淡中表现出来。即老子所谓"大方无隅,大器晚成,大音希声,大象无形"。故杜牧注云:"胜于未萌,天下不知,故无智名;曾不血刃,敌国已服,故无勇功也。"

⑥故其战胜不忒:张预注:"力战而求胜,虽善者亦有败时。既见于未形,察于未成,则百战百胜,而一无差忒矣。"忒,音"特",失误、差错。不忒,无差错,意为确有把握。《周易·豫》:"四时不忒。"郑玄注:"忒,差也。"

⑦其所措必胜：措，筹措、措施、措置。《礼记·中庸》："故时措之宜也。"郑玄注："时措，言得其时而用也。"此处指的是作战措施。

⑧胜已败者也：战胜业已处在失败地位的敌人。

⑨胜兵先胜而后求战：胜兵，胜利的军队。先胜，先创造不可被敌战胜的条件。此句意为，能取胜的军队，总是先创造取胜的条件，然后才同敌人决战。《尉缭子·攻权》云："兵不必胜，不可以言战；攻不必拔，不可以言攻。"与孙子的意思相合。

⑩败兵先战而后求胜：指失败的军队总是轻易开战，然后企求侥幸取胜。

⑪修道而保法：道，政治、政治条件。法，法度、法制。意为修明政治，确保各项法制得到贯彻落实。杜牧注："道者，仁义也；法者，法制也。善用兵者，先修理仁义，保守法制，自为不可胜之政，伺敌有可败之隙，则攻能胜之。"张预注："或曰：先修饰道义以和其众，后保守法令以戢其下，使民爱而畏之，然后能为胜败。"

⑫故能为胜败之政：政，同"正"，主、主宰的意思。《管子·水地》："龟生于水，发之于水，于是为万物先，为祸福正。"《老子》第四十五章："清静为天下正。"为胜败之政，即成为胜败的主宰。

原文

兵法：一曰度[①]，二曰量[②]，三曰数[③]，四曰称[④]，五曰胜。地生度[⑤]，度生量[⑥]，量生数[⑦]，数生称[⑧]，称生胜[⑨]。故胜兵若以镒称铢[⑩]，败兵若以铢称镒。胜者之战民也[⑪]，若决积水于千仞之谿者[⑫]，形也[⑬]。

译文

兵法的基本原则有五条：一是“度”，二是“量”，三是“数”，四是“称”，五是“胜”。敌我所处地域的不同，产生土地幅员大小的“度”的差异；幅员大小的“度”的不同，产生物质资源多少的“量”的差异；物质资源多少的“量”的不同，产生兵员多寡的“数”的差异；兵员多寡的“数”的不同，产生军事实力强弱的不同；敌我军事实力强弱的不同，最终决定了战争的胜负。胜利的军队较之于失败的军队，有如以“镒”比“铢”那样，占有绝对的优势。而失败的军队较之于胜利的军队，则就像用“铢”比“镒”那样，处于绝对的劣势。胜利者指挥军队进行战斗，就像在万丈悬崖上决开积水一样，呼啸奔腾，所向披靡，这就是军事实力的“形”。

注释

①一曰度：度，指度量土地面积。贾林注：“度，土地也。”

②二曰量：量，容量、数量，指计量物质资源。

③三曰数：数，数量、数目，指计算兵员的多寡。

④四曰称：称，衡量轻重。王皙注：“权衡也。”指敌对双方实力状况的衡量对比。

⑤地生度：生，产生。言双方所处地域的不同，产生土地幅员大小的“度”的差异。

⑥度生量：指幅员大小的不同，产生物质资源多少的“量”的差异。

⑦量生数:指物质资源多少的不同,产生兵员多寡的“数”的差异。

⑧数生称:指兵员多寡的不同,产生军事实力强弱的不同。

⑨称生胜:指双方军事实力强弱的不同,决定了战争胜负。

⑩故胜兵若以镒称铢:镒、铢,皆古代的重量单位。李筌注:“二十两为镒。”张预注:“二十两为镒,二十四铢为两。此言有制之兵对无制之兵,轻重不侔也。”以镒称铢,指两者相称,轻重悬殊。此处比喻力量相差悬殊,胜兵对败兵拥有实力上的绝对优势。

⑪胜者之战民也:战民,指统率指挥士卒作战。民,作“人”解,这里借指士卒、军队。战民,与下篇《势篇》“任势者,其战人也,如转木石”之“战人”含义同。春秋时,兵农合一,“作内政而寄军令”(《国语·齐语》),民众平时生产,战时征集从戎。

⑫若决积水于千仞之谿者:仞,古代的长度单位,七尺(一说八尺,见《说文》、《孟子》赵岐注)为仞。千仞,形容极高。

⑬形:喻指军事实力。《势篇》云:“强弱,形也。”

读孙札记

1. 是"守则不足，攻则有余"，还是"攻则不足，守则有余"？

《形篇》讨论"攻守"问题时，有一个十分重要的观点，即"守则不足，攻则有余"。十一家注本、武经本等各本皆同。即谓采取防御，是由于在兵力上处于劣势；采取进攻，是因为在兵力上拥有优势。从文义上看，这是说得通的。但是考察史籍，我们会发现有一个很难解的现象，这就是汉代人们言兵法、征引《孙子兵法》者大多言，攻不足守有余。像《汉书·赵充国传》言："臣闻兵法，攻不足者守有余。"《后汉书·冯异传》云："夫攻者不足，守者有余。"另外，《后汉书·皇甫嵩传》亦有类似的表述。那么，这中间的矛盾与扞格，又是怎么产生的呢？赵充国与冯异等人，所依据的《孙子兵法》文本又是什么？千百年来，人们对此聚讼纷纭，莫衷一是。

由于汉简本的发现，我们终于得以知道，在汉代流传的《孙子兵法》中，此句当作"守则有余，攻则不足"。意为在同等兵力的情况下，用于防御则兵力有余，用于进攻则会感到兵力不足。其文义恰与赵充国、冯异等人有关《孙子》的引文相同。换言之，赵充国、冯异等人所征引《孙子》之言实有所本。十一家注本、武经本等传世本作"守则不足，攻则有余"，乃是后世辗转传抄过程中所产生的错讹误植。而楚汉战争中，韩信背水阵之役之所以大获全胜，一举破赵，重要的原因在于韩信能够"变易主客"，遵循"守则有余，攻则不足"的用兵原则，在一场进攻的战役中，打了一次高明的防守战斗，从而弥补了己方兵力上的劣势，摆脱被动，牢牢地立于不败之地。

2. 传世本《孙子兵法》中为何删去了“无奇胜”的提法？

《形篇》有下列一段十分精彩的文字：“故善战者之胜也，无智名，无勇功。”意为真正能打仗的人取得胜利，并不显露智谋的名声，并不呈现为勇武殊俗的赫赫战功，而于平淡中表现出来。即老子所谓“大方无隅，大器晚成，大音希声，大象无形”。因此，杜牧注云：“胜于未萌，天下不知，故无智名；曾不血刃，敌国已服，故无勇功也。”

然而，对勘比照汉简本同段文字，“故善战者之胜也”，汉简本乃作“故善者之战”。更为重要的是，汉简本有“无奇胜”三字，甲本作“无奇□”，乙本作“□奇胜”，而这恰恰是传世各本所皆无的。

那么，“无奇胜”这三字是否该有？怎么来解答汉简本“无奇胜”三字到了传世本那里就不见踪影的缘由？并进而如何释读与判断汉简本与传世本两者之间，因“无奇胜”三字的有无而产生的优劣高下？这些成了当今《孙子》研究者无可回避的问题。

奇正，是中国古代兵法中的常用术语，“用兵之钤键，制胜之枢机”，这是古人对“奇正”地位和价值最富诗意的评论。“奇正”概念最早见于《老子》，但真正把它引入军事领域并作系统阐发的，则是孙子。在《势篇》中，孙子用精粹的语言揭示了“奇正”的基本含义：凡是开展军事行动，无论是进攻还是防御，在兵力使用上，要用正兵当敌，奇兵制胜，“凡战者，以正合，以奇胜”。在战术变换上，则要做到奇正相生，奇正相变，虚实莫测，变化无端。“战势不过奇正，奇正之变，不可胜穷也。奇正相生，如循环之无端，孰能穷之？”（《势篇》）在孙子看来，军事指挥员如果能根据战场情势而灵活理解和运用“奇正”战法，做到战术运用上正面交锋与翼侧攻击相结合，兵力使用上正兵当敌与奇兵制胜相互补，作战指挥上“常法”与“变法”交替使用得当，那么就算真正领会了用兵的奥妙，也为“造势”“任势”创造了必要的条件。

孙子确立“奇正”这一范畴后，后世兵家无不奉为圭臬，广为沿用和阐述。如《孙膑兵法(下编)·奇正》说：“形以应形，正也；无形而制形，奇也。”《尉缭子·勒卒令》说：“故正兵贵先，奇兵贵后。或先或后，制敌者也。”曹操《孙子注》说：“正者当敌，奇兵从旁击不备也。”而到了《唐太宗李卫公问对》那里，“奇正”的范畴则有了新的丰富和发展。它对“奇正”论述更完备，分析更透彻，提出了一个重要论断：“善用兵者，无不正，无不奇，使敌莫测。故正亦胜，奇亦胜。”这比孙子的“奇正”理论显然更全面，更深刻，但它依旧是追溯和发展《孙子》逻辑的结果。

很显然，如果按照《孙子兵法》整个思想体系范围来剖析，以孙子所提倡用兵打仗必须贯彻“奇正相生”的原则，做到“以正合，以奇胜”等种种迹象来讲，“无奇胜”三字与《孙子兵法》“奇正”理论相背离，传世本不见“无奇胜”显然有其合理性。

但是，问题在于“无奇胜”三字原本是在《形篇》之中，而《形篇》乃是《孙子兵法》全书中专论军事实力建设问题的。它全面系统地论述了军事实力在战争中的地位和作用，以及军事实力运用的原则和军事实力建设的方法、途径诸问题。孙子强调实力至上，以提倡发展实力为优先之务，乃是有其深刻思考的。战争归根结底是拼实力。这就是说，军事实力是军队综合战斗力的具体表现，也是战争的物质基础。

明乎《形篇》的宗旨，我们就可以理解为什么在属于较早期

《孙子》版本的汉简本《形篇》中，会有“无奇胜”这样的文句了。为了突出和强调军事实力建设的至高无上性，孙子可以将“正合奇胜”“出奇制胜”“奇正相生”等一般原则暂时放置一边，提倡一切从根本做起，固本而强基，主张人们不要玩弄小聪明，老老实实，脚踏实地，把加强实力作为重中之重。在这种张扬实力优先原则的背景下，《形篇》中遂有了貌似与“奇正”原则相悖、实则精神实质一致的“无奇胜”这类文字了。

换言之，“无奇胜”一语在《形篇》中出现，实际上就是孙子为了最大限度突出军事实力的中心地位之文字修饰手法，既是合理的，也是别出心裁的。应该说，这样的特定篇章之特定表述——“无奇胜”的提法并非个案，在《孙子兵法》一书中所在多有。如《形篇》言“胜可知而不可为”，《虚实篇》言“胜可为也。敌虽众，可使无斗”，云云，就是类似的例子。它们看起来自相矛盾、扞格乖舛，其实内在统一，浑然一体，仅仅是外在形式表达上的各有侧重而已。传世本的传抄整理者，未能深谙孙子的苦心孤诣，只知其一，不知其二，看到“无奇胜”一词，马上联想起孙子所主张的“正合奇胜”用兵原则，进而判断“无奇胜”与“奇正相生”相背悖乖戾，于是在传世本定型过程中，自以为是地将它删去。其实，他们这么做，恰恰是弱化了《孙子兵法》哲理的深刻性、睿智度，或多或少使孙子深邃的辩证法思想趋于平淡化，买椟还珠，可谓是《孙子兵法》一书的“罪人”。而让我们感到欣幸的是，银雀山汉墓竹简本《孙子》的面世，遂使“无奇胜”这一精言妙语重见天日，使我们对《孙子兵法》一书哲学上的深刻辩证法又有了更为深切的体悟。

势篇

题解

本篇与前篇《形篇》为姊妹之篇，主要阐述在强大的军事实力的基础上，充分发挥将帅杰出的指挥才能，积极创造和利用有利的作战态势，主动灵活、出奇制胜地打击敌人，夺取战争的胜利。所谓“势”，孙子认为就是兵势，亦即根据一定的作战意图而灵活部署兵力和掌握运用作战方式方法所造成的一种客观作战态势。换言之，“势”指的是军事力量合理的积聚、运用，充分发挥威力，表现为有利的态势和强大的冲击力。本篇是孙子“势”论的集中体现，包含有“势”的定义，主要外在表现形态，实施的条件(“奇正”)，以及具体的手段(“示形动敌”)，等等。孙子认为要形成有利的作战态势，关键在于妥善解决战术上的“奇正”变化运用问题，指出“战势不过奇正”，用兵作战必须做到“以正合，以奇胜”，而“奇正”关系又是变化无端的。所以，高明的将帅，必须根据战场情势的变化而灵活变换“奇正”战法。孙子还充分考虑了“势”与“节”的关系，主张在“任势”时，要善于控制距离，捕捉战机予敌以打击。在“任势”问题上，他认为只有发挥人的主观能动性，“择人而任势”，才能收到显著的效果。同时，孙子指出了“造势”“任势”的主要手段——“示形”“动敌”，即用谋略迷惑敌人，调动敌人，从而达到“出奇制胜”的目的。孙子的“势”论，内容丰富，逻辑严谨，形象生动，充满辩证思维的理性精神，在军事学术史和哲学思想发展史上都具有重要的价值。

本篇篇题，武经本作“兵势第五”，“兵”字恐为后人因曹操注解题作“用兵任势也”而臆增。势，态势、气势、形势，是中国古典兵学中的一个重要范畴。古代兵家均重视“势”的地位与作用，《吕氏春秋·不二》：“孙膑贵势。”《六韬》亦强调，古之善战者，“其成与败，皆由神势”。故李筌注曰：“陈以形成，如决建瓴之势。”张预亦有云：“兵势已成，然后任势以取胜，故次《形》。”

原文

孙子曰：凡治众如治寡[①]，分数是也[②]；斗众如斗寡[③]，形名是也[④]；三军之众，可使必受敌而无败者[⑤]，奇正是也[⑥]；兵之所加，如以碫投卵者[⑦]，虚实是也[⑧]。

译文

孙子说：通常而言，管理大部队如同管理小部队一样，这属于军队的组织编制问题；指挥大部队作战如同指挥小部队作战一样，这属于指挥号令的问题；整个部队遭到敌人的进攻而不致失败，这属于“奇正”的战术变化问题；军队对敌实施打击，如同以石击卵一样，这属于“避实击虚”原则的正确运用问题。

注释

①治众如治寡:治,治理、管理,意为管理人数众多的部队如同管理人数极少的部队一样。

②分数是也:分数,此处指部队的组织编制。曹操注:“部曲为分,什伍为数。”刘寅《武经七书直解》:“偏裨卒伍之分,十百千万之数。”可见,分乃是就分门别类而言;数,指人员数量。杜牧注:“分者,分别也。数者,人数也。”

③斗众如斗寡:斗众,指挥人数众多的部队作战。斗,使……斗,使动用法。

④形名是也:目可见者为形,耳可闻者为名。此处指的是军队的指挥号令。曹操注:“旌旗曰形,金鼓曰名。”陈皞注:“夫军士既众,分布必广,临陈对敌,递不相知,故设旌旗之形,使各认之。进退迟速,又不相闻,故设金鼓以节之。”

⑤必受敌而无败者:必,“毕”的同音假借,意为完全、全部。张预注:“三军虽众,使人人皆受敌而不败者,在乎奇正也。”甚是。

⑥奇正:古代兵法中的常用术语,其含义非常广泛。以常法为正,变法为奇;一般为正,特殊为奇。它包括正确使用兵力和灵活变换战术两个方面。具体地说,在兵力使用上,守备、钳制的为正兵;机动、突击的为奇兵。在作战方式上,正面攻、明攻为正,迂回、侧击、暗袭为奇。在作战方式上,按一般原则作战为正,采取特殊战法为奇。在战略上,堂堂正正进军为正,突然袭击为奇。

⑦以碫投卵者:碫,磨刀石。《说文》:“碫,厉石也。”此处泛指坚硬的石头。以碫投卵,比喻以坚击脆,以实击虚。梅尧臣注:“以实击虚,犹以坚破脆也。”

⑧虚实：古代兵法中的常用术语，指军事实力上的强弱、优劣。有实力为“实”，反之为“虚”；有备为“实”，无备为“虚”；休整良好为“实”，疲敝懈怠为“虚”；主动有利为“实”，被动不利为“虚”；等等。总之，无者为“虚”，有者为“实”；空者为“虚”，坚者为“实”。“虚”指兵力分散而薄弱，“实”指兵力集中而强大。表现在具体军情上，大凡怯、饥、乱、劳、寡、不虞、弱为“虚”，勇、饱、治、逸、众、有备、强为“实”。这里含有以强击弱、以实击虚的意思。

原文

凡战者，以正合，以奇胜[①]。故善出奇者，无穷如天地，不竭如江河[②]。终而复始，日月是也；死而复生，四时是也[③]。声不过五，五声之变[④]，不可胜听也[⑤]。色不过五，五色之变[⑥]，不可胜观也。味不过五，五味之变[⑦]，不可胜尝也。战势不过奇正[⑧]，奇正之变，不可胜穷也。奇正相生[⑨]，如循环之无端[⑩]，孰能穷之[⑪]？

译文

一般的作战，总是以正兵当敌，用奇兵取胜。因此，善于出奇制胜的人，其战法有如天地那样变化无穷，江河那样奔腾不息。终而复始，就像日月的运行；去而复来，如同四季的更替。声音不过五个音阶，然而五音的变化，却不可尽听。颜色不过五种色素，然而五色的变化，却不可尽观。滋味不过五样味道，然而五味的变化，却不可尽尝。作战的方式不过奇、正两种，可是奇、正的变化，却永远未可穷尽。奇、正之间的相互转化，就像顺着圆环旋转似的，无始无终，又有谁能够穷尽它啊?!

注释

①以正合，以奇胜：合，交战、合战。胜，制胜、取胜。此句意为，以正兵合战，用奇兵制胜。曹操注："正者当敌，奇兵从旁击不备也。"张预注："两军相临，先以正兵与之合战，徐发奇兵，或捣其旁，或击其后，以胜之。"

②无穷如天地，不竭如江河：言奇正变化有如宇宙万物之变化无穷，江河水流之滔滔不竭。竭，竭尽。

③死而复生，四时是也：去而复来，如春、夏、秋、冬四季之更替。张预注："日月运行，入而复出；四时更互，盛而复衰。喻奇正相变，纷纭混沌，终始无穷也。"

④五声之变：五声，五音。古代把宫、商、角、徵、羽五个基本音阶称为五声（五音），以区分声音之高低强弱。《左传·昭公二十五年》："章为五声。"杜预注："宫、商、角、徵、羽。"变，变化。

⑤不可胜听也：意为听之不尽。胜，尽、穷尽的意思。

⑥五色之变：中国古代以青、黄、赤、白、黑五种基本色素为正色。《左传·昭公二十五年》："发为五色。"杜预注："青、黄、赤、白、黑。"

⑦五味之变：五味，指甜、酸、苦、辣、咸五种味道。《左传·昭公二十五年》："气为五味。"杜预注："酸、咸、辛、苦、甘。"

⑧战势不过奇正：战势，指具体的兵力部署和作战方式。此句言作战方式归根结底就是奇正的运用。

⑨奇正相生：意为奇正之间相互依存、相互转化、变化无穷。

⑩如循环之无端：循，顺着。环，圆环。无端，无始无终。此句意为，奇正变化转换，就如顺着圆环旋转一般，永无尽头。

⑪孰能穷之：孰，谁、何者。穷，穷尽。之，指奇正相生变化。张预注：“奇亦为正，正亦为奇，变化相生，若循环之无本末，谁能穷诘？”

原文

激水之疾[①]，至于漂石者，势也；鸷鸟之疾[②]，至于毁折者[③]，节也[④]。是故善战者，其势险，其节短；势如彍弩[⑤]，节如发机[⑥]。

译文

湍急的流水飞快地奔泻，以至能使巨石漂移，这就是流速迅捷的“势”；鸷鸟高飞猛击，以至能捕杀鸟雀，这就是短促急疾的“节”。因此，善于指挥作战的人，所造成的态势险峻逼人，进攻的节奏短促有力；险峻的态势就像张满的弓弩，迅疾的节奏犹似击发弩机。

注释

①激水之疾：激，湍急。疾，快、迅猛、急速。

②鸷鸟：凶猛的鸟，如鹰、雕、鹫之类。《说文》：“鸷，击杀鸟也。”

③毁折：毁损。此处指猛禽捕捉擒杀鸟雀。

④节也：节，节制、节度、审度长短。指动作爆发得既迅捷猛烈，又拿捏分寸，恰到好处。张预注：“鹰鹯之擒鸟雀，必节量远近，伺候审而后击。”

⑤势如彍弩：彍，弩弓张满的意思，同“彉”。《说文》：“彉，弩满也。”彍弩即张满待发的弓弩。

⑥节如发机:《说文》:"主发谓之机。"机,即弩之机括(弩牙),类似现代枪械上的扳机。发机,即引发弩机的机括,将弩箭突然射出。

原文

纷纷纭纭[①],斗乱而不可乱也[②];浑浑沌沌[③],形圆而不可败也[④]。乱生于治[⑤],怯生于勇[⑥],弱生于强[⑦]。治乱,数也[⑧];勇怯,势也;强弱,形也。故善动敌者[⑨],形之[⑩],敌必从之;予之,敌必取之;以利动之,以卒待之[⑪]。

译文

战旗纷乱,人马杂沓,在混乱之中作战要做到军队整齐不乱;浑浑沌沌,迷迷蒙蒙,要布阵周密,保持态势而不致失败。向敌诈示混乱,是由于己方组织编制的严整;向敌诈示怯懦,是由于己方具备着勇敢的素质;向敌诈示弱小,是由于己方拥有强大的兵力。严整或者混乱,是由组织编制是否有序所决定的;勇敢或者怯懦,是由作战态势的优劣所造成的;强大或者弱小,是由双方实力的对比所显现的。所以善于调动敌人的指挥者,伪装假象以迷惑敌人,敌人便会听从调动;用小利来引诱敌人,敌人就会前来争夺;用这样的办法积极调动敌人,再预备重兵伺机掩击它。

注释

①纷纷纭纭:纷纷,紊乱无序。纭纭,众多且混乱。此处指旌旗杂乱的样子。

②斗乱而不可乱也:斗乱,谓在纷乱状态中指挥作战。不可

乱，言做到从容镇静，有序不乱。

③浑浑沌沌：混乱迷蒙的样子。形容战场上尘土飞扬，迷茫一片。

④形圆而不可败也：形圆，指摆成圆阵，保持态势，周到部署，首尾连贯，与敌作战应付自如。

⑤乱生于治：于，此处作根据解。意为示敌混乱，是由于有严整的组织。又一说，混乱产生于严整之中。

⑥怯生于勇：示敌怯懦，是由于自己具备勇敢的素质。杜牧注："欲伪为怯形以伺敌人，先须至勇，然后能为伪怯也。"又一说，"怯"可以由"勇"产生。

⑦弱生于强：示敌弱小，是由于本身拥有强大的实力。杜牧注："欲伪为弱形以骄敌人，先须至强，然后能为伪弱也。"梅尧臣、王皙、何氏、张预诸注皆近杜注。另一说，"弱"可以由"强"产生。按，李零《吴孙子发微》释"乱生于治"等三句为："部队投入战斗，一开始往往是整齐的、勇敢的和强大的，但投入战斗后问题往往就暴露出来，逐渐向对立面转化。"其说可资参考。

⑧治乱，数也：数，即前文之"分数"，指军队的组织编制。此句意为，军队的整治或混乱，取决于组织编制是否有序。

⑨动敌：调动敌人。

⑩形之：形，用作动词，即示形，示敌以伪形，指以假象迷惑、欺骗敌人，使其判断失误，为我所乘。

⑪以卒待之：用重兵伺机破敌。梅尧臣注："动而从我，则以精卒待之。"卒，士卒，此处可理解为伏兵、重兵。

原文

故善战者,求之于势,不责于人[①],故能择人而任势[②]。任势者,其战人也[③],如转木石。木石之性[④],安则静,危则动[⑤],方则止,圆则行。故善战人之势[⑥],如转圆石于千仞之山者,势也。

译文

因此,善于用兵打仗的人,总是努力创造有利的态势,而不对部属求全责备,所以他能够选择人才去创造和利用有利的态势。善于利用态势的人指挥部队作战,就如同滚动木头、石头一般。木头和石头的特性是,置放在平坦安稳之处就静止,置放在险峻陡峭之处就滚动;方的容易静止,圆的滚动灵活。所以,善于指挥作战的人所造成的有利态势,就像将圆石从万丈高山上推滚下来那样,无法阻挡,这就是所谓的"势"。

注释

①求之于势,不责于人:责,求、苛求。《说文》:"责,求也。"成语有"求全责备"。此句言当追求有利的作战态势,而不是苛求下属。

②故能择人而任势:选择简拔人才,创造利用态势。择,选择。任,任用、利用、掌握驾驭的意思。一说,"择"训"释",意为不强求人力。按,古人往往假"择"为"释",可参见泷川资言《史记会注考证》下册第2043页(上海古籍出版社1986年版)。

③其战人也:指挥士卒作战。与前文《形篇》中之"战民"义同。

④木石之性:木石的特性。性,性质、特性。

⑤安则静,危则动:安,安稳,这里指平坦的地势。危,高峻、

危险。《庄子·田子方》:“尝与汝登高山,履危石。”此处指地势高峻陡峭。张预注:“木石之性,置之安地则静,置之危地则动……自然之势也。”

⑥势:是指在“形”(军事实力)的基础上,发挥将帅的主观能动性,从而造成的有利积极的作战态势。王皙注:“石不能自转,因山之势而不可遏也;战不能妄胜,因兵之势而不可支也。”

读孙札记

1. 分数·形名·奇正·虚实

孙子在开篇首先使用了一个排比句,这个排比句总共谈了四个概念:“分数”“形名”“奇正”和“虚实”。这些概念,一个比一个费解,孙子花费的笔墨也越来越多。前面两个一笔带过,“奇正”则在《势篇》浓墨重彩,“虚实”则又在后面开辟了专门的篇章进行讨论,这就是《虚实篇》。

“分数”其实是针对“众寡”而言的,目的是通过有效的组织管理,把人数庞大的军队管理得井井有条。“众”和“寡”是孙子在《计篇》就已经提及的范畴,是就军队规模和士卒数量而言的。《谋攻篇》中,孙子说“识众寡之用者胜”,将其作为“知胜之道”之一。在《行军篇》中,孙子谈到部队的建设问题时说“兵非益多”,认为真正有战斗力的部队,不一定规模大,士卒多。相反,如果超过了国家的承受能力,那只能是穷兵黩武,反而会给国家和人民带来灾难。

而且，在孙子看来，“众”和“寡”之间还可以实现转换。比如说，孙子的“形人”之术及兵力机动、虚实之变等，都是力求实现“以十攻一”这种效果，形成众寡之间的转换。再如，孙子认为正确对待战俘，把一些战俘收编，所谓“卒善而养之”，也可以实现“胜敌而益强”的效果，这和在战场上大量杀伤敌人一样，也是可以实现众寡之间的转换的。这样就可以有效地依靠局部的兵力优势来击败敌人。

当然，在孙子看来，通过“分数”也是可以实现这种众寡转换的。与前面的转换不同的是，这是就部队的管理而谈，而不是就战场上的指挥作战而谈。所谓“分”和“数”，历史上有很多解释，最具权威和最被广泛采用的是曹操的注释：“部曲为分，什伍为数。”

所谓“部曲”，并不是孙子之世的军事编制，而是汉代的军事编制。“‘部’是400人，‘曲’是200人。”①曹操以汉代的编制情况来注释《孙子》，无非是想直观地告诉当时的人们“什么叫分数”。“什伍”之法则由齐国的管仲创制，目的就是“作内政而寓军令”，保持国防体制编制的相对稳定性。

接下来的“形”和“名”则是就部队机动指挥而言。何谓“形名”？曹操注曰：“旌旗曰形，金鼓曰名。”古代作战没有什么高科技，没有电子通信设备，有很长一段时间都是用金鼓、旌旗来作为指挥行军作战的手段。白天多用旌旗，晚上多用金鼓。

总体而言，“部曲”和“形名”是就理顺组织体制和指挥体制

---

① 李零：《唯一的规则——〈孙子〉的斗争哲学》，生活·读书·新知三联书店2010年版，第123页。

而言的，孙子着墨不多。接下来的“奇正”和“虚实”才是孙子重点讨论的内容。我们需要注意到两点：第一，孙子这个排比句，就“分数”和“虚实”等，都进行了简单描述，但都是就目的而谈的，不是讨论具体的方法问题。第二，孙子这种由“分数”到“虚实”的渐次排序是非常有讲究的，并不是胡乱排列的。“分数”和“形名”属于刚性，属于硬件建设，“奇正”和“虚实”则相对柔性，是软件建设。“分数”讲的是组织和体制，等兵马的员额定了之后就需要以“形名”进行管理，其目的就是要形成战斗中的战术组合和战术变化，这就是“奇正”。而“奇正”的关键是争取战场的主动权，实现虚实相生，所以要讨论“虚实”。刚性的硬件部分容易理解，所以，孙子在篇中没有就“分数”“形名”展开具体的论述；柔性的软件部分不易理解与拿捏，更需要睿智地加以阐释，于是为了突出重点，孙子将《势篇》所重点讨论的内容定位为“奇正”，“虚实”则又另外专辟一章进行详细探讨，因此就有了《虚实篇》。

需要注意的是，孙子将“分数”“形名”“奇正”和“虚实”一字排开，是为了讨论“造势”和“任势”的问题。孙子为什么讲这些内容？道理很简单：所谓“造势”和“任势”，其实也是一种“治众”和“斗众”的指挥艺术。所以，“形名”“分数”和“奇正”“虚实”一样，都是“造势”和“任势”的内容。通观《孙子》十三篇，作者在这种“治众”和“斗众”上费了不少笔墨，诸如《军争篇》“勇者不得独进，怯者不得独退”、《九地篇》“携手若使一人”等，其实都是在讲“治众”和“斗众”的艺术，其目的都是求得整体上的“势”。因此，孙子才会在《势篇》讨论“造势”问题时，首先将“分数”和“形名”这些问题提出来进行讨论。

2.“形”与“势”的辩证关系

孙子重视军事实力，可他又认为光有军事实力还不够，还要把军事实力淋漓尽致地运用起来，发挥出来，也即使静态的“力”转化为动态的“势”。在孙子看来，所谓“势”，就是“兵势”，它作为中国古典兵学的一个重要范畴，主要是指军事力量合理的组合、积聚和运用，充分发挥其威力，表现为有利的态势和强大的冲击力。换句话说，“势”是战争指导者根据一定的作战意图，匠心独运，灵活地部署使用兵力和正确地变换战术所造成的有利的作战态势。为此，孙子本人曾用十分形象的比喻来说明“势”的特征：“势”就像将大石头从万丈高山的山顶上推滚下来，或像湍急的流水以飞快的速度奔泻，以至于把河床上的石头给冲得漂浮起来。“善战人之势，如转圆石于千仞之山者，势也”，“激水之疾，至于漂石者，势也”。在这样强大的“势”的冲击面前，任何敌人都无法抵挡，遇之者毁，触之者折，抗之者灭，“故智者从之而不释，巧者一决而不犹豫。是以疾雷不及掩耳，迅电不及瞑目；赴之若惊，用之若狂；当之者破，近之者亡，孰能御之?!”[①]

概略地说，“形”为实力，“势”为对实力的巧妙发挥与高明运用。在哲学上，这就是主客观的辩证统一。经营实力，这是尊重客观实际，尊重客观规律性，所谓“巧妇难为无米之炊”，要战胜对手，首先要做大、做强自己，“先为不可胜”，牢牢立于不败之地，否则一切都无从谈起。但是，拥有实力，只意味着胜利有了可能性，并不等于胜利有了现实性。实力如水，它有可能是一潭死水，要激活它，使它变为活水，能够推磨、发电，需要主观上的

①《六韬·龙韬·军势》。

努力，有一个发挥主观能动性的环节。这在军事上就是“造势”与“任势”，两者缺一不可。

孙膑的“田忌赛马”故事最能说明这种主客观之间的辩证统一关系：孙膑献策田忌，让田忌赛马时以上驷对中驷，以中驷对下驷，以下驷对上驷，比赛的结果，田忌输一局，赢两局，赢了。这说明，谋略有用，发挥主观能动性有用，在双方实力相差无几，处于僵持、平衡的状态时，智慧、谋略能起到四两拨千斤、牵一发而动全身的关键性作用，成为压垮骆驼的最后一根稻草。而如果田忌的马都是下驷，那么，不管怎么战略运筹，不管如何排列组合，比赛的结果还是会以零比三输掉。

3.“节”的理解

什么是“节”，从孙子自己所给的答案来看，所谓“节”更像是“节奏”，而“节短”就是节奏非常紧凑、快速。孙子说“鸷鸟之疾，至于毁折者”是“节”，也像是就节奏的快慢来说的。飞鸟捕捉食物一定要动作迅捷，只有这样才能让猎物来不及反应，逃脱不掉。而求快求速，也是孙子的一贯主张，相关理论主要见诸《作战篇》。

孙子认为，真正会打仗的，一定要努力达成“势险”和“节短”。表面上看，这二者很像是一回事，其实不然。事实上，它们是互相配合的，是战场争胜的一个有机过程。

孙子担心我们不明白这个道理，用射箭作比喻说明了“蓄势”（其实就是“造势”）和“任势”的道理。他说：“势如彍弩，节如发机。”“彍弩”就是力图达成“势险”。只有那些有力气的人才能拉开弓弩，把箭射出去。如果把弓拉开了，就可以把箭矢射出去，那么一定要动作迅捷，否则蓄势的功夫都白费了。所以，孙子其实是用射箭的道理告诉了我们什么是“任势”：所谓“任势”，就是要求指挥员在使用军事打击力量的时候，一面要学会蓄势，一面要懂得出击的时候做到迅速和突然。简单来说，打仗之前做好充分的宣传工作就是一种“造势”和“蓄势”。如果宣传工作到位，能够把部队的士气充分调动起来，把士兵对于敌人的仇恨最大限度地激发起来，开战之后，士兵自然会一往无前。再如，战争之前的武器装备准备工作也是“蓄势”和“造势”，装备维护保养好，弹药准备充分，一旦打起来，才会有足够的火力。

虚实篇

题解

本篇集中论述了战争活动中“虚”“实”关系相互对立、相互转化这一具有普遍规律性的问题，揭示了军事上“避实击虚”的一般原则，并提出了在作战中如何掌握虚实，如何转化虚实，如何运用虚实的基本要领。孙子强调要通过对“虚”“实”关系的全面认识和辩证把握，来夺取战争的主动权，即“致人而不致于人”。要做到这一点，关键在于如何争取优势，主动灵活地打击敌人。为此，孙子提出了著名的作战指导原则——“避实而击虚”。而这一原则在作战行动中的具体化，就是要做到：一、示形于敌，迷惑和欺骗敌人，诱使其暴露弱点，然后予以打击。二、集中优势兵力猛烈果断地打击敌人，即所谓的“以十攻一”。三、因敌变化而取胜，在作战过程中不机械、不呆板，根据敌情变化，随时调整部署，始终保持主动。四、察知战场地理，了解战场天候，“知战之地，知战之日”，并采取策、作、形、角等方法，全面掌握敌情。五、正确选择主攻方向，做到牵一发而动全身，“出其所不趋”，“攻其所必救”。孙子认为，只要能充分发挥人的主观能动性，采取正确的作战指导原则和作战措施，那么，战争的胜利不但“可知”，而且也是完全“可为”了。

本篇文字较长，但条理分明，层层递进，名句迭出，妙语横生，变化无穷，出神入化，将避实击虚的规律阐述得淋漓尽致，完备无瑕，既符合人们思维逻辑的认知过程，又符合军事家谋敌杀敌的行动过程，同时又给人们以智慧的启迪与美的享受，真可谓一篇千古奇文。《唐太宗李卫公问对》云：“观诸兵书，无出《孙武》，《孙武》十三篇，无出《虚实》，夫用兵，识虚实之势，则无不胜焉。”这一评价，洵非虚言。

虚实，“虚”即空虚，指兵力分散而薄弱；“实”即充实，指兵力集中而强大。虚实，同时也指作战行动中虚虚实实、示形佯动等手段。曹操注：“能虚实彼己也。”李筌注：“善用兵者，以虚为实；善破敌者，以实为虚。”杜牧注：“夫兵者，避实击虚，先须识彼我之虚实也。”皆是旧时注家对孙子“虚实”含义的正确理解。

此篇篇题各本皆作《虚实》，唯汉简本其木牍作《实虚》。当以《虚实》名篇为确。查各家注皆言《虚实》，而无以《实虚》相称者，且上篇已明言“以碫投卵者，虚实是也”。篇次如张预注：“《形篇》言攻守，《势篇》说奇正。善用兵者，先知攻守两齐之法，然后知奇正；先知奇正相变之术，然后知虚实。盖奇正自攻守而用，虚实由奇正而见。故次《势》。”

原文

孙子曰：凡先处战地而待敌者佚[①]，后处战地而趋战者劳[②]。故善战者，致人而不致于人[③]。能使敌人自至者，利之也[④]；能使敌人不得至者，害之也[⑤]。故敌佚能劳之[⑥]，饱能饥之[⑦]，安能动之[⑧]。

译文

孙子说：凡先占据战场等待敌人来犯的就安逸主动，而后抵达战场仓促应战的就疲惫被动。所以善于指挥作战的人，总是能够调动敌人而不被敌人所调动。能够使敌人自动进到我方预定地域的，是用小利引诱的缘故；能够使敌人不能抵达其预定地域的，则是设置重重困难阻挠的缘故。敌人休整良好，就设法使他们疲劳；敌人粮食充足，就设法使他们饥饿；敌人驻扎安稳，就设法使他们移动。

注释

①先处战地而待敌者佚：处，占据、占领。佚，即“逸”，指安逸、从容。贾林注：“先处形胜之地以待敌者，则有备豫，士马闲逸。”

②后处战地而趋战者劳：趋，奔赴，这里是仓促、猝然的意思。趋战，仓促应战。此句意为，作战中后抵达战地仓促应战，则疲劳被动。梅尧臣注：“先至待敌则力完，后至趋战则力屈。”

③致人而不致于人：致，招致、引来。致人，调动敌人。致于人，为敌人所调动。杜牧注：“致，令敌来就我，我当蓄力待之，不就敌人，恐我劳也。”张预注：“致敌来战，则彼势常虚；不往赴战，则我势常实。此乃虚实彼我之术也。”按，这句话的核心含义是争取作战中的主动权，系孙子作战指导思想的精髓。

④能使敌人自至者，利之也：利之，以利引诱。意为能使敌

人自投罗网，乃是以利相引诱的缘故。

⑤能使敌人不得至者，害之也：害，妨碍、阻挠的意思。此句意为，能使敌人不能到达战地，乃是牵制敌人的结果。李筌注："害其所急，彼必释我而自固也。"

⑥敌佚能劳之：能，此处是乃、就的意思。劳，使其疲劳，使动用法。梅尧臣注："挠之使不得休息。"甚是。

⑦饱能饥之：饥，使其饥饿、饥困，使动用法。王皙注："谓敌人足食，我能使之饥乏耳。"

⑧安能动之：言敌人若稳固守御，我方就设法使它移动。曹操注："攻其所必爱，出其所必趋，则使敌不得不相救也。"

原文

出其所不趋[①]，趋其所不意[②]。行千里而不劳者，行于无人之地也[③]。攻而必取者，攻其所不守也[④]；守而必固者，守其所不攻也[⑤]。故善攻者，敌不知其所守；善守者，敌不知其所攻[⑥]。微乎微乎，至于无形[⑦]！神乎神乎，至于无声[⑧]！故能为敌之司命[⑨]。

译文

要出击敌人无法驰援的地方，要奔袭敌人未曾预料之处。行军千里而不劳累，是因为行进的是敌人没有防备的地区。进攻而必定能够取胜，是因为进攻的是敌人无法防御的地点；防御而必能稳固，是因为扼守的是敌人攻打不动的地方。所以善于进攻的，能使敌人不知道该如何防守；善于防御的，能使敌人不知道该怎么进攻。微妙啊！微妙到看不出任何形迹！神奇呀！神奇到听不见丝毫声息！所以能够成为敌人命运的主宰。

注释

①出其所不趋:意为出兵进攻要指向敌人无法救援的地方,即击其空虚。曹操注:“使敌不得相往而救之也。”不,在此处当作“无法”“无从”之意解,实与《孙膑兵法·威王问》“必攻不守,兵之急者邪”之“不”义同。

②趋其所不意:指兵锋要指向敌所不曾预料之处。与上句同义重复,表示强调。

③行千里而不劳者,行于无人之地也:张预注:“掩其空虚,攻其无备,虽千里之征,人不疲劳。”无人之地,喻敌虚懈无备之处。陈皞注:“夫言空虚者,非止为敌人不备也。但备之不严,守之不固,将弱兵乱,粮少势孤,我整军临之,彼必望风自溃。是我不劳苦,如行无人之地。”

④攻而必取者,攻其所不守也:言我出击必能取胜,乃由于出击的是敌人戒备虚懈、无从防守之处。李筌注:“无虞易取。”王皙注:“攻其虚也。谓将不能,兵不精,垒不坚,备不严,救不及,食不足,心不一尔。”

⑤守而必固者,守其所不攻也:言我防守必能稳固,乃由于所守的是敌无法攻取的地方。王皙注:“守以实也。谓将能,兵精,垒坚,备严,救及,食足,心一尔。”

⑥“故善攻者”至“敌不知其所攻”句:梅尧臣注:“善攻者,机密不泄;善守者,周备不隙。”王皙注:“善攻者,待敌有可胜之隙,速而攻之,则使其不能守也。善守者,常为不可胜,则使其不能攻也。”皆为精审。

⑦微乎微乎,至于无形:微,微妙、高明的意思。《荀子·议

兵》:“诸侯有能微妙之以节。”杨倞注:“微妙,精尽也。”此句谓虚实运用微妙到极致,则无形可睹。

⑧神乎神乎,至于无声:神,神奇、神妙、不可思议。《易·系辞》:“阴阳不测之谓神。”此句言虚实运用神奇之至,则无声息可闻。

⑨故能为敌之司命:司命,命运的主宰者。《管子·国蓄》:“五谷食米,民之司命也。”

原文

进而不可御者,冲其虚也[1];退而不可追者,速而不可及也[2]。故我欲战,敌虽高垒深沟,不得不与我战者,攻其所必救也[3];我不欲战,画地而守之[4],敌不得与我战者,乖其所之也[5]。

译文

前进而使敌人无法抵御的,是由于袭击敌人懈怠空虚的地方;撤退而使敌人不能追击的,是因为行动迅速而使得敌人追赶不及。所以我军要交战时,敌人即使高垒深沟也不得不出来与我交锋,这是因为我们攻击了敌人所必救的地方;我军不想交战时,即使是画地防守,敌人也无法同我交锋,这是因为我们诱使敌人改变了进攻方向。

注释

①进而不可御者,冲其虚也:御,抵御。《易·蒙卦》:“上九,击蒙,不利为寇,利御寇。”冲,攻击、袭击。《战国策·齐策一》:“使轻车锐骑冲雍门。”虚,虚懈、薄弱之处。

②退而不可追者，速而不可及也：速，迅速、神速。及，赶上、追上。何氏注："兵进则冲虚，兵退则利速，我能制敌而敌不能制我也。"张预注："兵之情主速，风来电往，敌不能制。"

③必救：必定救援之处，喻指利害攸关之地。张预注："敌人虽有金城汤池之固，不得守其险而必来与我战者，在攻其所顾爱，使之相救援也。"亦即同书《九地篇》"先其所爱"之意。

④画地而守之：画，界线，此处指画出界线。《论语·雍也》："力不足者，中道而废，今女画。"通常对此句的解释为：指在地上随便画出一条界线即可防守而不必筑垒设防，比喻防守非常容易。但李零认为"画地"本为一种画地为方，不假城池，禁鬼魅虎狼的防身巫术，后来兵家用来指营垒的规划。指出孙子在此处指划定范围，不用沟垒，喻其至易。李说颇有新意，可资参考。李筌之注也是这个意思："拒境自守也。若入敌境，则用《天一遁甲》真人闭六戊之法，以刀画地为营也。"

⑤乖其所之也：意为调动敌人，将其引往他处，改变了其进攻的方向。曹操注："乖，戾也。戾其道，示以利害，使敌疑也。"乖，违、背离、相反。《论衡·薄葬》："各有所持，故乖不合。"此处是改变、调动的意思。之，往、去。

原文

故形人而我无形[①]，则我专而敌分[②]；我专为一，敌分为十，是以十攻其一也[③]。则我众而敌寡，能以众击寡者，则吾之所与战者约矣[④]。吾所与战之地不可知[⑤]，不可知，则敌所备者多，敌所备者多，则吾所与战者寡矣[⑥]。故备前则后寡，备后则前寡；备左则右寡，备右则左寡；无所不备，则无所不寡[⑦]。寡者，备人者也[⑧]；众者，使人备己者也[⑨]。

译文

要使敌人显露实情而我军不露痕迹，这样，我军兵力就可以集中而敌人兵力却不得不分散；我军兵力集中在一起，敌人的兵力分散在十处，这样，我们就能以十倍于敌的兵力去进攻敌人了。从而造成我众而敌寡的有利态势，那么同我军正面交战的敌人也就有限了。我们所要进攻的地方敌人无从知道，既无从知道，那么他们所需防备的地方就多了；敌人防备的地方越多，那么我们所要进攻的敌人就越单薄。因此，防备了前面，后面的兵力就薄弱；防备了后面，前面的兵力就薄弱；防备了左侧，右侧的兵力就薄弱；防备了右侧，左侧的兵力就薄弱；处处加以防备，就处处兵力薄弱。兵力之所以薄弱，是因为处处分兵防备；兵力之所以充足，是因为迫使敌人处处分兵防备。

注释

①故形人而我无形：形人，使敌人现形。形，此处作动词，使其显露的意思。我无形，即我方无形迹，“形”在此处为名词。意为使敌人显露实情而我方却能隐蔽真形。梅尧臣注：“他人有形，我形不见，故敌分兵以备我。”

②我专而敌分：杜佑注：“我专一而敌分散。”专，专一、集中、

凝聚,此处乃指集中兵力。分,分散兵力。

③是以十攻其一也:言我方在局部上对敌拥有以十击一的绝对优势。

④吾之所与战者约矣:梅尧臣注:“以专击分,则我所敌少也。”约,少、寡的意思。杜牧注:“约,犹少也。”

⑤吾所与战之地不可知:言我方准备与敌作战之地点敌无从知晓,无法预测。所与战之地,指准备与敌交战的地点。

⑥“不可知”至“则吾所与战者寡矣”句:意为我欲战之地敌既无从知晓,则不得不多方防备,如此,则敌之兵力势必分散;敌兵力既已分散,则与我方交战之敌就寡弱,较为容易被战胜。

⑦无所不备,则无所不寡:此句言倘若不分主次平均使用力量,处处设防,必然是处处兵力寡弱,陷入被动。

⑧寡者,备人者也:敌方兵力之所以相对薄弱,在于分兵备敌。张预注:“所以寡者,为兵分而广备于人也。”

⑨众者,使人备己者也:我方兵力之所以占有相对优势,是因为迫使敌人分兵备战。孟氏注:“备人则我散,备我则彼分。”张预注:“所以众者,为势专而使人备己也。”

原文

故知战之地，知战之日，则可千里而会战[1]。不知战地，不知战日，则左不能救右，右不能救左，前不能救后，后不能救前，而况远者数十里，近者数里乎[2]？以吾度之[3]，越人之兵虽多[4]，亦奚益于胜败哉[5]？故曰：胜可为也[6]。敌虽众，可使无斗[7]。

译文

所以，如能预知交战的地点和时间，那么即使跋涉千里也可以去同敌人会战。不能预知在什么地方和什么时间打，那么就会导致左翼救不了右翼、右翼救不了左翼、前面不能救后面、后面不能救前面的情况，何况想要在远达数十里、近在数里的范围内做到应付自如呢？依我分析，越国的军队虽多，但对于取得战争的胜利又有什么补益呢？所以说，胜利是可以造就的。敌军虽多，可以使他们无法同我军较量。

注释

①故知战之地，知战之日，则可千里而会战：如能预先掌握战场的地形条件与交战时间，则可以奔赴千里与敌交战。梅尧臣注："若能度必战之地，必战之日，虽千里之远，可克期而与战。"

②"不知战地"至"近者数里乎"句：张预注："不知敌人何地会兵，何日接战，则所备者不专，所守者不固。忽遇劲敌，则仓遽而与之战，左右前后犹不能相援，又况首尾相去之辽乎？"所言甚是。

③度：估计、推测的意思。《诗经·小雅·巧言》："他人有心，予忖度之。"

④越人之兵虽多：越人之兵，越国的军队。春秋时期，晋、楚长期争霸，晋拉拢吴以牵制楚，楚则如法炮制，利用越来抗衡吴，

吴、越之间多年征战不已，两国遂为世仇。孙子为吴王论兵法，自然要以越国为吴国的主要假想敌。

⑤亦奚益于胜败哉：奚，何、岂、哪能够。益，帮助、补益。于，对于。

⑥胜可为也：为，造成、创造、争取的意思。胜可为，言胜利可以积极造就。

⑦敌虽众，可使无斗：言敌人虽多，但只要创造条件，就能够使他们无法同我方较量。

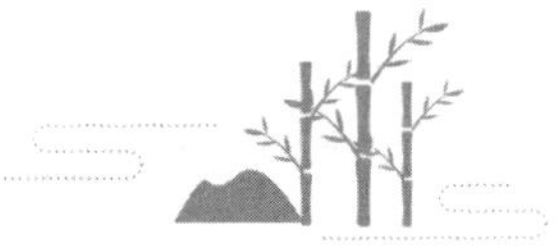

原文

故策之而知得失之计[①]，作之而知动静之理[②]，形之而知死生之地[③]，角之而知有余不足之处[④]。故形兵之极，至于无形[⑤]。无形，则深间不能窥，智者不能谋[⑥]。因形而错胜于众[⑦]，众不能知；人皆知我所以胜之形[⑧]，而莫知吾所以制胜之形[⑨]。故其战胜不复[⑩]，而应形于无穷[⑪]。

译文

所以，要通过认真的筹算，来分析敌人作战计划的优劣；要通过挑动敌人，来了解敌人的活动规律；要通过佯动示形，来试探敌人生死命脉的所在；要通过小规模交锋，来了解敌人兵力的虚实强弱。所以佯动示形到了最高的境界，就再也看不出什么行迹。看不出行迹，那么，即使是深藏的敌军间谍也窥探不了我军底细，即使是老谋深算的敌人也想不出对策。根据敌情变化而灵活运用战术，即使把胜利摆在众人面前，众人仍然不能看出其中的奥妙；人们只知道我用来战胜敌人的办法，却无从知道我是怎样运用这些办法出奇制胜的。所以每一次取胜，都不是简单的重复，而是适应不同的敌情，变化无穷。

注释

①策之而知得失之计:策,筹算、策度,用筹策计算。《老子》第二十七章:“善数不用筹策。”得失之计,敌方计谋之优劣得失。张预注:“筹策敌情,知其计之得失。”甚是。

②作之而知动静之理:作,兴起,这里是挑动的意思。动静之理,指敌人的活动规律。此言我方挑动敌人,借以了解其活动的一般规律。

③形之而知死生之地:形之,以伪形示敌。死生之地,指敌人之优势所在或薄弱致命环节。地,同下句“处”,均非实指战地。此句言以示形于敌的手段,来了解敌方的优劣。

④角之而知有余不足之处:角,较、量、较量。曹操注:“角,量也。”王皙注:“角,谓相角也。角彼我之力,则知有余不足之处。”有余,指实(强)之处。不足,指虚(弱)之处。张预注:“有余强也,不足弱也。角量敌形,知彼强弱之所。”

⑤故形兵之极,至于无形:形兵,指部署过程中的伪装佯动。此句意为,我方示形佯动臻于完善、炉火纯青、出神入化,则行迹俱无。

⑥深间不能窥,智者不能谋:间,间谍。深间,指隐藏极深的间谍。窥,刺探、窥视。示形佯动达到最高境界,则敌之深间也无从窥探底细,聪明的敌人也束手无策。

⑦因形而错胜于众:因,由、通过、依靠。因形,根据敌情而灵活应变。错,同“措”,放置、安置的意思。

⑧人皆知我所以胜之形:此言人们只见到我克敌制胜的情况。形,形状、形态,此处指作战的方式方法。

⑨而莫知吾所以制胜之形：言众人无从得悉如何克敌制胜的内在奥妙与规律。制胜之形，取胜的奥妙、规律。曹操注："不以一形之胜万形。"张预注："立胜之迹人皆知之，但莫测吾因敌形而制此胜也。"甚是。

⑩故其战胜不复：复，重复。取胜的方法不重复，指作战方法随机制宜，灵活机动，不拘一格。

⑪应形于无穷：应，适应。形，形状、形态，此处特指敌情。杜牧注："敌每有形，我则始能随而应之以取胜。"王皙注："夫制胜之理惟一，而所胜之形无穷也。"

原文

夫兵形象水[①]，水之形，避高而趋下[②]；兵之形，避实而击虚[③]。水因地而制流，兵因敌而制胜[④]。故兵无常势，水无常形[⑤]，能因敌变化而取胜者，谓之神[⑥]。故五行无常胜[⑦]，四时无常位[⑧]，日有短长，月有死生[⑨]。

译文

用兵的规律就像流水，流水的属性，是避开高处而流向低处；作战的规律，是避开敌人的坚实之处而攻击敌人的弱点。水的流向受地形的制约，作战则根据敌情而制定取胜的方略。所以，用兵打仗没有固定刻板的态势，正如水的流动不曾有一成不变的形态一样，能够根据敌情变化而灵活机动取胜的，就叫作用兵如神。所以五行相生相克无定数，四季推移变换永无止息，白天有短有长，月亮也有缺有圆。

注释

①兵形象水：言用兵的规律如同水的运动规律一样。孟氏注："兵之形势如水流，迟速之势无常也。"兵形，用兵打仗的方式方法，也可以理解为用兵的一般规律。

②水之形，避高而趋下：水之形，水的活动形态。此句言水的活动趋向是避开高处流向低洼之地。

③兵之形，避实而击虚：言用兵的原则是避开敌人坚实之处，攻击其空虚薄弱且又关键重要的地方。所谓"虚实"，是一个重要的兵学范畴。它的含义十分广泛，一般而言，无者为虚，有者为实；空者为虚，坚者为实。"虚"指的是兵力分散而薄弱，"实"指的是兵力集中而强大。表现在具体军情上，大凡怯、饥、乱、劳、寡、不虞、羸弱为"虚"，勇、饱、治、逸、众、有备、强盛为"实"。总之，凡是构成一支军队战斗力的各种因素，譬如兵力的大小、优劣、众寡、强弱、分合，部队的劳逸、饥饱、治乱、懈备，部署上的疏密、坚瑕，兵势上的锐钝，士气上的高低，心理上的勇怯，行迹上的真伪，处境上的安危，地形上的险易，等等，统统属于"虚实"的范畴。对"虚实"的掌握是否得当，运用是否高明，转化是否成功，直接关系着战争的胜负。显而易见，避实击虚是作战指导取得成功的关键所在。

从空间上讲，避实击虚，是避开敌人的强点，打击敌人薄弱而又关键的部位，牵一发而动全身，置敌于死地。如官渡之战中的曹军焚烧袁绍囤积在乌巢的粮秣。从时间上讲，避实击虚，是敌人士气旺盛、斗志昂扬之时当加以躲避，不与锋头正劲之敌作正面冲撞，待其士气懈怠之时再予以痛击，即所谓"避其锐气，击其惰归”,“无邀正正之旗,勿击堂堂之陈”。

④水因地而制流,兵因敌而制胜:制,制约、决定。制胜,制服敌人以取胜。此句意为,水之流向受地形的制约,作战中的取胜方法则依据敌情来决定。

⑤兵无常势,水无常形:此句言用兵打仗无固定刻板的态势或模式,犹如流水一样并无一成不变的形态。势,态势。《易·坤卦象辞》:“地势坤,君子以厚德载物。”常势,固定永恒的态势。常形,一成不变的形态。

⑥能因敌变化而取胜者,谓之神:意为若能依据敌情变化而灵活处置以取胜,则可视之为用兵如神。梅尧臣注:“随而变化,微不可测。”张预注:“兵势已定,能因敌变动应而胜之,其妙如神。”

⑦五行无常胜:意为金、木、水、火、土五行相生相克无定数。

⑧四时无常位:此言春、夏、秋、冬四季推移变换永无止息。四时,指春、夏、秋、冬四季。常位,固定不变的位置。

⑨日有短长,月有死生:意为白昼因季节变化而有长有短,月亮因循环往复而有盈亏晦明。日,白昼。死生,月亮循环往复之“生霸”和“死霸”,通指月亮运转时盈亏晦明之变化。“霸”字亦作“魄”,是月之光明。生霸是指月生光明,死霸是指月亮由明转晦。古人将每个月之月相变化,依次称作:初吉,既生霸;既望,既死霸。详可见王国维《生霸死霸考》(载《海宁王静安先生遗书》。又,俞樾亦有《生霸死霸考》)。此处《孙子》言五行、四时及日月变化,其含义均如曹操注所云:“兵无常势,盈缩随敌。”

读孙札记

1.“胜可知而不可为”与“胜可为也。敌虽众,可使无斗”的关系?

《形篇》言“胜可知而不可为”,这乃是就客观规律性立论。指胜利可以预见,却不可凭主观意愿强求,而必须具备一定的客观物质基础。此处言“胜可为也。敌虽众,可使无斗”,乃是就主观能动性立论,即是说当具备一定的客观条件时,只要将帅充分发挥主观能动性,就能创造胜利。两者之间并不矛盾。孙子的思想具有非常深刻的朴素辩证法,这就是一个显著的例证。

2.“无所不备,则无所不寡”所体现的孙子重点意识

古人认为,“不谋全局者,不足谋一域”。因为“一域”不能代替全局,“一域”之得更不能弥补全局之失。换言之,全局决定着一域的存亡,所以任何事业是否成功的关键正在于能否认识全局、驾驭全局。而谋全局需要的是高屋建瓴、宏观控制的大见识、大魄力,处处高人一筹,时时占得先机。

历史上,那些成功的战略家总是善于从错综复杂的局面中清醒地分析敌我双方的优劣态势,充分考虑当时的战略地缘关系、综合实力以及战略布局与互动,在此基础上确定自己的战略目标,站在最高层次上寻求全盘皆活的战略转机。尤其是夺取和掌握战略主动,营造有利于未来发展的良好战略环境。

《孙子兵法》的精髓,就是善于从全局的高度,去认识决定战争胜负的要素,把握克敌制胜的奥妙,驾驭治军用兵的方法。无论是政治与军事主从关系的分析、经济与战争依赖性质的阐述,还是敌我战略优劣态势的判断、作战指导原则各个层面的协调,它都具有鲜明的整体性、系统性、全局性、互补性的特征，如战略预测上的“五事七计”，治军手段上的“令文齐武”，作战方法上的“奇正相生”，战争观念上的“仁诡相济”，等等，无一不是从系统综合的视野切入，由全局呼应的途径造就，处处体现出纲举目张、举重若轻的大局意识和见微知著、睹始知终的预见能力。

这种全局意识，对于我们今天从事任何工作都是弥足珍贵的文化启迪。就任何一个追求事业成功的人士而言，大局观可以说是一种不可或缺的基本素质。只有看到事物的内在联系性，才不至于在应对时顾此失彼，左支右绌；只有认识关系的错综复杂性，才不至于在处理时挂一漏万，畸轻畸重；只有意识到趋势的多样变化性，才不至于在前瞻时一厢情愿、进退维谷。要以联系的观点审时度势，以辩证的态度观照一切，以互补的手段多管齐下，以稳妥的步骤循序渐进。防止因偏执一端而轻躁冒进，避免因忽略细节而功亏一篑。真正明白牵一发而动全身的道理，深刻理解红花还须绿叶扶的要义。很显然，立足全局，明了大势，观照整体，和谐协调，是推进事业并牢牢立于不败之地的前提条件，也是强本固基、可持续发展的重要保证。

但是，观照全面，不等于事无巨细，平均使用力量，恰恰相反，抓住重点，强调主次，是做好一切工作的前提。最糟糕的情况，是“眉毛胡子一把抓，芝麻西瓜满地捡”，“样样都懂，样样稀松”。大路货，万金油，加个不多，缺个不少。

《孙子兵法》不愧为“兵学圣典”，对这层道理有十分深刻的阐释。在孙子看来，即使有极大的优势，但是如果不能把好钢用在刀刃上，不讲主次，四面开花，腹背受敌，那么这种优势也就像今天某些果汁饮料一样，完全稀释了，变得淡而无味，毫无口感可言，其优势将不复存在，而处于极大的被动，所谓“备前则后寡，备后则前寡；备左则右寡，备右则左寡；无所不备，则无所不寡”。面面俱到，等于面面不俱到；什么都是重点，就没有了重点。正确的方法是，在充分观照全面、有效照顾整体的同时，合理地配置有限的资源，突出重点，高明选择战略主攻与突破方向，集中优势兵力，中心突破，以点带面，创造最经济、最优先的效益，达成自己预定的战略目标，这就是“故为兵之事，在于顺详敌之意，并敌一向，千里杀将”，“并气积力，运兵计谋，为不可测”。用通俗的话来说，就是“一招鲜，吃遍天”。在治学研究上也一样，与其全面平庸，不如片面深刻。

正是基于这样的认识，《孙子兵法》全书既坚持全面论，更强调重点论。其所有命题，均以两点之中抓重点的方式来表述，如：攻守一体，以攻为重点；“奇正相生”，以奇为优先；主客相对，以客为侧重；常变并行，以变为主体。“全胜”“战胜”不可或缺，而以“战胜”为重中之重；“避实”“击虚”相辅相成，而以“击虚”为根本选择。

《孙子兵法》这种思维模式，是符合辩证法的基本原理的，在哲学上，同一个事物内部往往存在着矛盾的两个方面，而矛盾的主要方面决定着事物的性质，决定和制约着矛盾的次要方面。因此，要处理和解决矛盾，就必须从处理与解决矛盾的主要方面入手，从而事半功倍，水到渠成，以四两拨千斤，以抓纲而举目。从这个意义上说，我们不能把两点论与重点论简单地对立起来，不能将观照全局与强调中心机械地割裂开来，面对风云变幻的形势，面对千头万绪的工作，面对纷至沓来的矛盾，面对形形色色的压力，切不可不择主次、平均使用力量去应对，必须沉着镇静，以静制动，突出中心工作，解决关键问题，循序渐进，化整为零，真正做到“有所为，有所不为”。

3. “兵形象水”“兵无常势，水无常形”的“水”之寓意

“兵形象水”“兵无常势，水无常形”，是重要的军事名言，经常被人们提及和引用。其基本意思是说用兵的规律无固定刻板的态势或模式，犹如流水一样并无一成不变的形态。所以，用兵强调的是“不以法为守，而以法为用；常能缘法而生法，与夫离法而会法”（《何博士备论·霍去病论》），必须根据战场形势的变化而及时采取变化，否则就必然遭遇失败。

事实上，在千变万化的战场上，能把握稍纵即逝的战机的将领，才能做到孙子所说的“因敌制胜”，成为战场上的王者。否则，就会像马谡一样，胶柱鼓瑟，丧师辱国，为天下笑。说实在的，马谡在街亭之战中，都是按《孙子兵法》的原则部署兵力、展开行动的。如将部队部署在土山上，声称“居高击下，势如破竹”，这符合孙子的处军之道“居高而向阳”。人家提意见，切切以为不可：山上没有水源，一旦被魏国军队所包围，断水就会使己方军队不战自溃。然而，马谡又搬出《孙子》的条文将人家正确的建议堵了回去：“投之亡地然后存，陷之死地然后生。”而他恰恰忘了《孙子》最重要的精髓与灵魂：“兵无常势，水无常形。”如果他遇上的对手是一般人物，他这么打也许就赢了，但很不幸的是，他遭遇的对手是名将张郃。

孙子以“水”喻指兵势，这其实正是孙子兵学哲理深刻性的鲜明体现，也是兵家与道家之间渊源深厚、关系密切的具体象征。兵、道同源，这一点，从《道藏》中收录《孙子兵法》可见一斑，因此，李泽厚才会写《孙老韩合说》一文来揭示其共生互补的内

在联系。《老子》和《孙子兵法》都遵循了中国文化的“阴阳”“正反”之道，其基本范畴与概念都是对立的矛盾统一，这与儒家的情况是有所不同的。儒家的大多数概念与范畴，是侧重于同义叠加，如忠信、仁义、廉洁等，而道家与兵家的几乎所有概念都是对立的：多少、长短、高下、前后、攻守、奇正、虚实、迂直、得失、主客等等，充满着辩证与对立的矛盾统一性质。

水在老子与孙子的哲学体系中，同样具有至高无上的价值取向。古人重视“水”，老子等道家尤其推崇水之德。老子强调“上善若水”，认为世界上最柔弱的就是水，而正是这种柔弱的水才能产生最惊人的力量，也最令人可怕，“天下莫柔弱于水，而攻坚强者，莫之能胜”。孙子也以“水”为喻，用它来形容用兵制胜的最上乘境界：“兵无常势，水无常形，能因敌变化而取胜者，谓之神。”在老子与孙子的眼中，水本身没有形状，装在杯子里就是杯子的形状，装在茶壶里就是茶壶的形状，看起来似乎软弱可欺，任人宰割，其实不然。水的力量看似柔弱，其实是绵里藏针，在特定的时候就会忽然爆发。平静的湖水极具诱惑力，可以诱使人们一步步走向深渊，直到遭到灭顶之灾，这是水外表软弱内里刚强的一面。所以，八卦中的“水”是“坎”，中间是阳，外边是阴。这一点和“火”截然相反。火是外表可怕，中间空虚。火焰的最里面是温度最低的地方。而且，火的外露的特点驱使人们离开它，不至于被烧伤。所以八卦中，“火”是“离”，“离中虚”，中间是虚弱的。

显而易见，“水”的喻义，使得兵家与道家紧密地结合在一起了，故古人多有视《老子》为兵书者，如唐代王真就撰有《道德经论兵要义述》一书。读《孙子兵法》，不能不注意到这一点。

4.“五行无常胜”的含义与《孙子兵法》成书之时代

按，古人将金、木、水、火、土视为组成一切物质的最基本要素。始有“相生说”，即五行之间相互促进：“木生火，火生土，土生金，金生水，水生木。”而后有“相胜说”，即“五行”之间相互排斥、迭次相克：“水胜火，火胜金，金胜木，木胜土，土胜水。”不论“相生”抑或“相胜”，五行间的关系是固定的。另外，当时还有“五行不常胜”说，乃墨家后学的观点。《墨子·经下》云：“五行毋常胜，说在宜。”其含义是五行相遇固不免相胜，但并非一定不移。因种种机遇，能生出变化来，大概是多者可以胜少者。《墨子·经说》：“火烁金，火多也。金靡炭，金多也。”就是无“常胜”之意。《孙子》云“五行无常胜”，意近墨家后学“无常胜”之说。

很显然，《孙子》本篇以“兵无常势，水无常形，能因敌变化而取胜者，谓之神”作结，已文义全尽，可高明收官了。传世本后面那些文字，似乎是画蛇添足，叠床架屋，反而成了累赘。不仅如此，还会带来认定《孙子兵法》成书年代问题上的困扰。因为，墨家后学“五行毋常胜”说所反映的是战国中期以后的思想，这已是当今学术界的普遍共识。而《孙子兵法》言“五行无常胜”，则当在墨子后学同时或更晚。这个现象的存在，表明《孙子兵法》的成书，或许是一个比较漫长的过程，有后人不断增益补充的内容掺入其中。具体而言，“五行无常胜”至“日有短长，月有死生”这段文字，要么是战国中后期的孙子后学托孙子之名的增益添补，要么是后人读《孙子兵法》时所作的旁注文字在辗转传抄过程中的窜入。但不管怎样，早在汉初，它们已成为《孙子兵法》的正文而留传下来，因为银雀山汉墓竹简本上这些字样业已存在了。

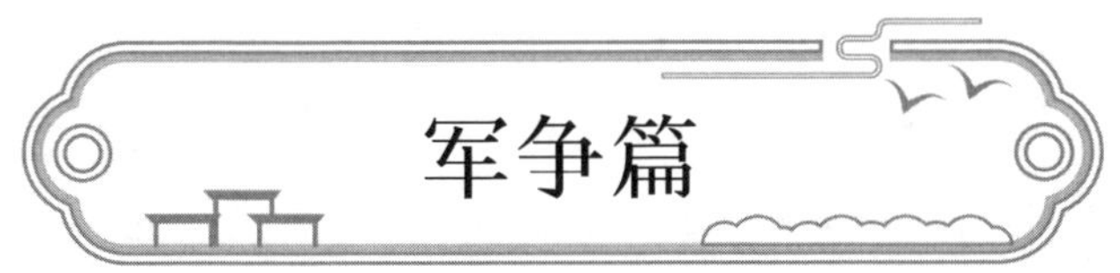

军争篇

题解

本篇主要论述在一般情况下夺取制胜条件的基本规律，其中心思想是如何趋利避害，保证军队在开进和接敌过程之中，争取先机，力争掌握战场的主动权，立于不败之地。与接下来的《九变篇》主要论述作战“变法”问题有所不同的是，《军争篇》集中讨论了军事行动中的“常法”问题。如军事后勤保障上的“常法”：“军无辎重则亡，无粮食则亡，无委积则亡。”作战指导上的常法：“兵以诈立，以利动，以分合为变。”发挥军队战斗力的常法：著名的“治气”“治心”“治力”“治变”等“四治”理论。统一号令和严格战场纪律的“常法”：“夫金鼓、旌旗者，所以一人之耳目也。人既专一，则勇者不得独进，怯者不得独退，此用众之法也。”以及用兵制胜的一般性“常法”——所谓的用兵八法，等等。由此可见，本篇所有文字都是围绕作战“常法”问题而层层递进、依次展开的，是探讨争夺先机之利的精彩篇章，在《孙子》全书中占有突出的地位。

孙子十分重视对有利作战地位的争取，并从辩证思维的高度，论证了“军争”的有利面和不利面，主张要善于做到“以迂为直，以患为利”。强调要充分了解“军争”并做好准备，即察知“诸侯之谋”，得“山林、险阻、沮泽之形”与重用“乡导”。在争夺主动权的过程中，孙子要求指挥者坚持和运用“兵以诈立，以利动，以分合为变”的原则，做到“悬权而动”。孙子还充分重视统一号令的意义，提倡军队进退攻守必须具备明确的标识和要求。为了确保掌握战争主动权，孙子主张在军队行动过程中，贯彻“四治”的具体要求，其中“避其锐气，击其惰归”的主张，已成为著名的军事原则，为后人所重视和广泛运用。本篇结尾处，孙子归纳总结了八条“用兵之法”。这些原则，虽然带有一定的阶级、时代的局限性，但从总体来看，大多经受住了历史的检验，成为我国优秀军事文化传统中的重要精神内核。

军争，指两军争利争胜，即敌我双方争夺取胜的有利条件——有利的态势和先机之利。篇题之下，曹操注：“两军争胜。”李筌注：“争者，趋利也。虚实定乃可与人争利。”王皙注：“争者，争利。得利则胜。”张预注：“以军争为名者，谓两军相对而争利也。先知彼我之虚实，然后能与人争胜，故次《虚实》。”以上各家注均符合孙子的本旨。汉简本篇题木牍上《军□》列在《实虚》之前，当非《孙子兵法》一书本来次序。又，樱田本篇题作《争》。按，篇内多处言及“军争”，且张预注亦云“军争”，故篇题当有“军”字，樱田本未可从。

原文

孙子曰：凡用兵之法，将受命于君，合军聚众[①]，交和而舍[②]，莫难于军争[③]。军争之难者，以迂为直，以患为利[④]。故迂其途而诱之以利[⑤]，后人发，先人至[⑥]，此知迂直之计者也[⑦]。

译文

孙子说：大凡用兵的法则，将帅接受国君命令，从征集民众、组织军队，直到同敌人对阵，在这期间没有比争夺制胜条件更为困难的。而争夺制胜条件最困难的地方，在于要把迂回的弯路变为直路，要把不利转化为有利。所以，要用小利引诱敌人，使敌人的近直之利变为迂远之患，这样就能比敌人后出动而先抵达必争的战略要地，这就是掌握了以迂为直的方法。

注释

①合军聚众：合，聚集、集结。《诗·大雅·民劳》郑玄笺：“合，聚也。”此句意为，征集民众，组织军队。梅尧臣注：“聚国之众，合以为军。”按，春秋时期，“兵农合一”，民众平时为民，战时为兵。这种军队临战征集制，正好从一个侧面反映了《孙子兵法》成书于春秋晚期的事实。

②交和而舍：意为两军剑拔弩张，对垒而处。交，接、接触。《易·泰卦》：“天地交而万物通也。”和，和门，即军门。曹操注：“军门为和门。”交和，曹操注：“两军相对为交和。”《战国策·齐策一》：“与秦交和而舍。”舍，止、止宿。

③莫难于军争：张预注：“与人相对而争利，天下之至难也。”于，比。军争，两军争夺制胜条件，即有利的态势和先机之利。

④以迂为直，以患为利：迂，曲折、迂远。直，近便的直路。

《诗·小雅·大东》:“周道如砥,其直如矢。”此句张预注:“变迂曲为近直,转患害为便利。”甚是。

⑤故迂其途而诱之以利:“其”“之”均指敌人。迂,此处为使动用法。前句就我方而言,此句则就敌方而言。军争时既要使己“以迂为直,以患为利”,也要善于使敌以直为迂,以利为患。而要达到这一目的,在于以利引诱敌人,使其行迂趋患,陷入困境。

⑥后人发,先人至:比敌人后出动,却先抵达目的地。《荀子·议兵》:“上得天时,下得地利,观敌之变动,后之发,先之至,此用兵之要术也。”

⑦此知迂直之计者也:知,这里是掌握的意思。计,这里是方法、手段的意思。

原文

故军争为利,军争为危[①]。举军而争利则不及[②],委军而争利则辎重捐[③]。是故卷甲而趋[④],日夜不处[⑤],倍道兼行[⑥],百里而争利,则擒三将军[⑦],劲者先,疲者后,

译文

所以军争既有有利的一面,同时也有危险的一面。假如全军携带所有辎重去争利,就无法按时抵达预定地域;如果丢下辎重装备去争利,就会损失辎重装备。因此,卷甲疾进,日夜兼程,走上百里路去争利,那么三军的将领就可能被敌所俘,健壮的士卒先到,羸弱的士卒掉队,其结果是只有十分之一的兵力

其法十一而至⑧；五十里而争利，则蹶上将军⑨，其法半至⑩；三十里而争利，则三分之二至⑪。是故军无辎重则亡，无粮食则亡，无委积则亡⑫。

能够到位；走五十里路去争利，则前军将领会受挫折，只有一半的兵力能够到位；走上三十里路去争利，则只有三分之二的兵力能赶到战场。须知军队没有辎重就不能生存，没有粮食就不能生存，没有物资就不能生存。

注释

①军争为利，军争为危：为，这里作“是”“有”解。《孟子·滕文公上》：“将为君子焉，将为野人焉。”赵岐注：“为，有也。”此句言军争既有有利的一面，也有危险的一面。梅尧臣注：“军争之事，有利也，有危也。”

②举军而争利则不及：举军，带着所有辎重装备行动。此言若仅看到军争有利的一面而携带全部辎重装备去争夺，则必为辎重装备所累，行动迟缓，不能及时赶到预定地点。梅尧臣注：“举军中所有而行则迟缓。”

③委军而争利则辎重捐：梅尧臣注：“委军中所有而行则辎重弃。”意为如果丢下辎重装备轻兵前进，则会损失辎重装备。杜牧注：“举一军之物行，则重滞迟缓，不及于利；委弃辎重，轻兵前追，则恐辎重因此弃捐也。”委，舍弃、丢弃。辎重，包括军用器械、营具、粮秣、服装等。捐，弃、损失。

④卷甲而趋：卷，收、藏的意思。《论语·卫灵公》：“邦有道，则仕；邦无道，则可卷而怀之。”刘宝楠《正义》：“卷，收也。”

⑤日夜不处：处，可解作“止”“息”，见《说文》。此句言夜以继日，不得休息。

⑥倍道兼行：倍道，以加倍的速度行进。兼行，日夜不停地进军。

⑦百里而争利，则擒三将军：擒，俘虏、擒获。三将军，指上、中、下三军的主帅。此句意为，若奔赴百里，一意争利，则三军的将领会成为敌之俘虏。

⑧劲者先，疲者后，其法十一而至：十一，即什一、十分之一。意为士卒强壮者先到，疲弱者掉队，这种做法的结果是只有十分之一的兵力能够到位。贾林注：“路远人疲，奔驰力尽，如此则我劳敌佚，被击何疑。百里争利，慎勿为也。”

⑨五十里而争利，则蹶上将军：言奔赴五十里而争利，则前军将领会受挫折。蹶，失败、折损。曹操注：“蹶，犹挫也。”上将军，指前军、先头部队的统帅。贾林注：“上，犹先也。”

⑩其法半至：通常的结果是部队只有半数到位。

⑪三十里而争利，则三分之二至：言奔赴三十里以争利，则士卒仅有三分之二到位。

⑫军无辎重则亡，无粮食则亡，无委积则亡：张预注：“无辎重则器用不供，无粮食则军饷不足，无委积则财货不充，皆亡覆之道。”甚是。委积，泛指物资储备。《周礼·地官·遗人》：“掌邦之委积，以待施惠。”郑玄注：“少曰委，多曰积。”

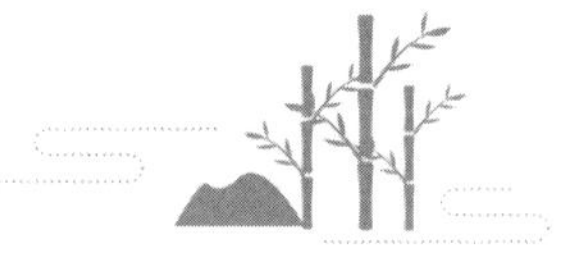

原文

故不知诸侯之谋者，不能豫交[①]；不知山林、险阻、沮泽之形者[②]，不能行军；不用乡导[③]者，不能得地利。故兵以诈立[④]，以利动[⑤]，以分合为变[⑥]者也。故其疾如风[⑦]，其徐如林[⑧]，侵掠如火[⑨]，不动如山[⑩]，难知如阴[⑪]，动如雷震[⑫]。掠乡分众[⑬]，廓地分利[⑭]，悬权而动[⑮]。先知迂直之计者胜[⑯]，此军争之法也。

译文

所以，不了解诸侯列国的战略意图，不能与其结交；不熟悉山林、险阻、沼泽的地形，不能行军；不重用向导，便不能得到地利。所以用兵打仗必须依靠诡诈多变来争取成功，依据是否有利来决定是否行动，按照分散或集中兵力的方式来变换战术。所以，军队行动迅速时就像疾风骤起，行动舒缓时就像林木森然不乱，攻击敌人时像烈火炽焚，实施防御时像山岳耸峙，隐蔽时如同乌云蔽日，冲锋时如同雷霆万钧。分遣兵众，掳掠敌方的乡邑，分兵扼守要地，扩展自己的领土，权衡利害关系，然后相机行动。懂得以迂为直的将帅就能取得胜利，这是争夺制胜条件的原则。

注释

①不知诸侯之谋者，不能豫交：谋，图谋、谋划。豫，通“与”，参与。《左传·隐公元年》：“豫凶事，非礼也。”豫交，即结交诸侯。一说“豫”作“预”，《广雅·释言》：“豫，早也。”亦通。此句言如不知诸侯列国的谋划、意图，则不宜与其结交。

②沮泽：指水草丛生的沼泽地带。《礼记·王制》：“居民山川沮泽。”孔颖达《正义》引何胤云：“沮泽，下湿地也。”

③乡导：即向导，熟悉当地情况的带路者。

④兵以诈立：梅尧臣注："非诡道不能立事。"立，成立，此处指成功、取胜，《论语·为政》："三十而立。"此句言用兵打仗当以诡诈多变、权谲机动取胜。

⑤以利动：言用兵打仗以利益大小为行动准则。张预注："见利乃动，不妄发也。"

⑥以分合为变：分，分散兵力。合，集中兵力。此句言用兵打仗应视不同情况而灵活处置兵力，或分散，或集中。张预注："或分散其形，或合聚其势，皆因敌动静而为变化也。"

⑦其疾如风：意为行动迅捷，如飘风之疾。张预注："其来疾暴，所向皆靡。"

⑧其徐如林：此言部队从容推进，行列整肃，犹似森然不乱之林木。梅尧臣注："如林之森然不乱也。"徐，舒缓，《左传·昭公二十年》："清浊大小，短长疾徐。"

⑨侵掠如火：攻击敌军恰似烈火之燎原，不可向迩，不可抵御。张预注："言势如猛火之炽，谁敢御我？"侵，越境进犯。掠，掠夺物资。侵掠，这里意为攻击敌军。

⑩不动如山：言屯兵防守有似山岳之不可撼动。杜牧注："闭壁屹然，不可摇动也。"甚是。

⑪难知如阴：言隐蔽真形，使敌莫测，有如阴云蔽日，不辨辰象。李筌注："其势不测如阴，不能睹万象。"

⑫动如雷震：张预注："如迅雷忽击，不知所避。"

⑬掠乡分众：言分兵数路以掳掠敌国乡邑。陈皞注："夫乡邑村落，因非一处，察其无备，分兵掠之。"掠，一说当作"指"。

⑭廓地分利：此言开土拓境，分兵占领扼守有利之地形。张预注："开廓平易之地，必分兵守利，不使敌人得之。"廓，开拓、扩

展。《方言》:“张小使大谓之廓。”《荀子·修身》:“狭隘褊小,则廓之以广大。”

⑮悬权而动:言权衡利弊得失而后采取行动。曹操注:“量敌而动也。”即所谓“合于利而动,不合于利而止”。权,原义为秤锤,这里指衡量、权衡利害关系。

⑯先知迂直之计者胜:张预注:“凡与人争利,必先量道路之迂直,审察而后动,则无劳顿寒馁之患,而且进退迟速,不失其机,故胜也。”

原文

《军政》曰[①]:“言不相闻,故为金鼓[②];视不相见,故为旌旗[③]。”夫金鼓、旌旗者,所以一人之耳目也[④]。人既专一[⑤],则勇者不得独进,怯者不得独退,此用众之法也[⑥]。故夜战多火鼓,昼战多旌旗,所以变人之耳目也[⑦]。

译文

《军政》里说道:“语言指挥不能被听到,所以设置金鼓;动作指挥不能被看见,所以设置旌旗。”这些金鼓、旌旗,是用来统一部队上下的视听的。全军上下既然一致,那么,勇敢的士兵不会单独冒进,怯懦的士兵也不敢单独后退了。这就是指挥大部队作战的方法。所以夜间作战多用火光、锣鼓,白昼作战多用旌旗,这都是出于适应士卒耳目视听上的需要。

注释

①《军政》：上古兵书，已失传。王晳注：“古军书。”梅尧臣注：“军之旧典。”其性质当与《左传》所征引的《军志》相同，皆为“古代王者司马兵法”中的一种专书。

②言不相闻，故为金鼓：为，设、置。金鼓，古代用来指挥军队进退的器具，擂鼓进兵，鸣金收兵。

③视不相见，故为旌旗：旌旗，泛指旗帜。《周礼·春官·司常》：“凡军事，建旌旗。”

④所以一人之耳目也：意为金鼓、旌旗之类，是用来齐一部卒的视听、统一军队的行动的。人，指士卒、军队。一，统一、齐一。《韩非子·五蠹》：“法莫如一而固。”古籍中多有以金鼓、旌旗统一军队行动的记载，如《左传·成公二年》：“师之耳目，在吾旗鼓。”

⑤人既专一：专一，一致、同一。此句谓士卒皆听从号令，服从指挥。

⑥此用众之法也：用众，动用、驱使众人，也即指挥人数众多的军队。法，法则、方法。

⑦夜战多火鼓，昼战多旌旗，所以变人之耳目也：变，适应。此句意为，根据白天和黑夜的不同情况来变换指挥信号，以适应士卒的视听需要。

原文

故三军可夺气①，将军可夺心②。是故朝气锐，昼气惰，暮气归③。故善用兵者，避其锐气，击其惰归，此治气者也④。以治待乱⑤，以静待哗⑥，此治心者也⑦。以近待远，以佚待劳，以饱待饥，此治力者也⑧。无邀正正之旗⑨，勿击堂堂之陈⑩，此治变者也⑪。

译文

对于敌人的军队，可以挫伤其士气；对于敌军的将帅，可以扰乱其心志。军队刚投入战斗时士气饱满，过了一段时间，士气就逐渐懈怠，到了最后，士气就完全衰竭了。所以善于用兵的人，总是先避开敌人初来时的锐气，而等到敌人士气懈怠、衰竭时再去打击他们，这就是掌握运用军队士气的方法。用自己的严整来对付敌人的混乱，用自己的镇静来对付敌人的轻躁，这是掌握将帅心理的手段。用接近战场的我方部队来对付远道而来的敌人，用安逸休整的我方部队来对付疲于奔命的敌人，用粮饷充足的我方部队来对付饥饿不堪的敌人，这是把握军队战斗力的秘诀。不要去拦击旗帜整齐的敌人，不要去进攻阵容壮大的敌人，这是掌握灵活机变的原则。

注释

①故三军可夺气：夺，此处作“失”解。《荀子·富国》：“罕兴力役，无夺农时，如是则国富矣。”气，指旺盛勇锐之士气。此句意为，可以挫伤敌三军士气。

②将军可夺心：指可以设法使敌军将帅的意志和决心动摇。张预注：“心者，将之所主也。夫治乱勇怯，皆主于心。故善制敌者，挠之而使乱，激之而使惑，迫之而使惧，故彼之心谋可以夺也。”《左传·昭公二十一年》引《军志》：“先人有夺人之心，后人有

待其衰。”按,《论语》有“三军可夺帅,匹夫不可夺志”之语,文字风格与《孙子兵法》此语相似,说明两书的时代特征一致,这也从一个侧面印证《孙子兵法》当成书于春秋后期。

③朝气锐,昼气惰,暮气归:归,止息。这里指士气衰竭。此句言士气变化的一般规律:开始时锐不可当,继而渐趋懈怠,最终完全衰竭。梅尧臣注:“朝,言其始也;昼,言其中也;暮,言其终也。”

④避其锐气,击其惰归,此治气者也:意为此乃掌握运用士气变化的通常规律。张预注:“朝喻始,昼喻中,暮喻末,非以早晚为辞也。凡人之气,初来新至则勇锐,陈久人倦则衰。故善用兵者,当其锐盛则坚守以避之,待其惰归则出兵以击之。此所谓善治己之气,以夺人之气者也。”

⑤以治待乱:以严整有序之己对付混乱不整之敌。贾林注:“以我之整治待敌之挠乱。”治,整治。待,对待、对付。《左传·宣公十二年》:“内官序当其夜,以待不虞。”

⑥以静待哗:言以沉着镇静之己对付轻躁喧动之敌。贾林注:“以我之清净待敌之喧哗。”哗,鼓噪喧哗,指骚动不安。《尚书·费誓》:“公曰:‘嗟,人无哗,听命。’”

⑦此治心者也:此乃掌握利用将帅心理的通常法则。张预注:“善治己之心以夺人之心者也。”

⑧此治力者也:此乃掌握运用军队战斗力的基本方法。张预注:“近以待远,佚以待劳,饱以待饥,诱以待来,重以待轻,此所谓善治己之力以困人之力者也。”

⑨无邀正正之旗:邀,遮留、阻截、截击。《三国志·魏书·刘放传》:“帝欲邀讨之,朝议多以为不可。”正正,严整的样子。曹操注:“正正,齐也。”张预注:“正正,谓形名齐整也。”此言勿发兵截

击旗帜齐正、队伍整治之敌。

⑩勿击堂堂之陈：陈，同“阵”。堂堂，壮大。曹操注：“堂堂，大也。”张预注：“堂堂，谓行陈广大也。”言不要去攻击阵容壮大、实力雄厚的敌人。

⑪此治变者也：言此乃掌握机动应变的一般方法。

原文

故用兵之法：高陵勿向[①]，背丘勿逆[②]，佯北勿从[③]，锐卒勿攻[④]，饵兵勿食[⑤]，归师勿遏[⑥]，围师必阙[⑦]，穷寇勿迫[⑧]。此用兵之法也。

译文

所以用兵的法则是：敌人占领高地就不要仰攻，敌人背靠丘陵就不要正面迎击，敌人假装败退就不要跟踪追击，敌人的精锐不要去攻击，敌人的诱饵不要理睬，对正在撤往本国途中的敌军不要拦截，包围敌人一定要留缺口，对于陷入绝境的敌人不要过分地逼迫。这些都是用兵的法则。

注释

①高陵勿向：意为敌人如果占据了高地，我军就不要进攻。梅尧臣注：“敌处其高，不可仰击。”向，指仰攻，杜牧注：“向者，仰也……言敌在高处，不可仰攻。”张预注：“敌处高为陈，不可仰攻。人马之驰逐，弧矢之施发，皆不便也。”

②背丘勿逆：此言敌人如果背倚丘陵险阻，我们就不要去正面进攻。背，倚托的意思。杜牧注：“背者，倚也。”逆，迎击。

③佯北勿从：言敌人若是伪装败退，我军就不要追击。张预注：“敌人奔北，必审真伪。”佯，伪装、假装。北，败逃、败走。《说文·匕部》：“北，乖也。从二人相背。”后由乖违义引申为部队战败溃逃，彼此不相照应。从，追随、跟随。

④锐卒勿攻：杜牧注：“避实也。”意为敌人的精锐部队，我军不要去攻击。张预注：“敌若乘锐而来，其锋不可当，宜少避之，以伺疲挫。”

⑤饵兵勿食：此谓敌人若以小利作饵引诱我们，则不要理睬。梅尧臣注：“鱼贪饵而亡，兵贪饵而败。敌以兵来钓我，我不可从。”饵，诱饵，这里指以利相诱。《汉书·贾谊传》：“施五饵三表以系单于。”

⑥归师勿遏：此言对于正在退还本国的敌军，不要去正面阻截。孟氏注：“人怀归心，必能死战，则不可止而击也。”遏，拦阻、阻截、截击。

⑦围师必阙：对敌进行包围作战，当留有缺口，避免使敌作困兽之斗。曹操注：“《司马法》曰：围其三面，阙其一面，所以示生路也。”张预注：“围其三面，开其一角，示以生路，使不坚战。”阙，同“缺”，缺口。

⑧穷寇勿迫：谓对陷入绝境之敌，不要加以逼迫，以免其垂死挣扎。梅尧臣注：“困兽犹斗，物理然也。”穷，困厄。

读孙札记

1.“军争为利,军争为危”试解

“军争为利,军争为危”,意思比较清楚,即争夺战略上的先机之利有获利的一面,同时也存在着不利或危险的一面。孙子这么说,充分表明了他从矛盾两点论出发,兼顾到正与反、得与失、利与弊等方面。

但值得注意的是,在紧接着的文字中,孙子其实谈的都是“军争为危”的表现形式与严重后果,什么“举军而争利则不及,委军而争利则辎重捐”,“百里而争利……”,“五十里而争利……”,“三十里而争利……”,总之,说的全是军争容易引起之弊,军争容易导致之害,反而对所谓的“军争为利”则不着一字。

其实,这不奇怪,孙子的哲学,更注重于阐发重点,在孙子看来,人们趋利,是下意识的,逐利而行,乃是常态,所以对军争之利的关注与理解,乃是天然的本能,无须他再多费笔墨,喋喋不休。主要的问题,是人们对“避害”缺乏足够的自觉意识,好处面前,诱惑面前,丧失定力,不能警觉利益背后的陷阱,见利忘害,一味地追逐利益,如同飞蛾扑火,死不旋踵。所以,需要特别予以提醒,不让诱惑冲昏头脑,保持清醒,战战兢兢,如履薄冰,从而确保战略利益得以最大化实现。从这个角度切入,孙子才对“军争为危”,做出了深入的分析与论述。由此可见,孙子的战略思维是何等的辩证,何等的深刻!

2.“故不知诸侯之谋者,不能豫交”

《孙子兵法》中有一个很特殊的现象,即凡是孙子所认为的最重要的兵学原则，往往在十三篇中出现两次。如为了强调认识论上的科学性、重要性，他一再主张“知彼知己”，一见于《谋攻篇》“知彼知己者，百战不殆”，再见于《地形篇》“知彼知己，胜乃不殆；知天知地，胜乃不穷”。再如，他立足于“慎战”，反对好大喜功，穷兵黩武，于是两次提出“合于利而动，不合于利而止”的主张，一见于《九地篇》，再见于《火攻篇》，可谓苦口婆心，谆谆善诱。这不是简单的重复，不是什么错简，也不是什么衍文，而是一种强调，一个核心命题的浓墨重彩渲染，孙子实有其深意存焉！

同样，孙子认为“知诸侯之谋”，了解敌方或第三方的战略意图，在此基础上下定正确的决心，制定正确的对策，对于战胜攻取，达成己方既定的战略目标，也具有特殊而关键的意义，是战略运筹上的重中之重。因此，“不知诸侯之谋者，不能豫交；不知山林、险阻、沮泽之形者，不能行军；不用乡导者，不能得地利”，也两度在书中出现，分别见于《军争篇》与《九地篇》，孙子理论构思上的匠心独运，曲尽其妙，于此可见一斑。

在1972年山东临沂银雀山汉墓出土的竹简《孙子兵法》的五篇佚文中，《吴问》或许是相对比较重要的一篇。是篇记叙了吴王阖闾与孙子之间就有关晋国政局走向问题所作的详尽分析与精辟预测。吴王向孙子提出了“六将军专守晋国之地。孰先亡？孰后存？”的询问，而孙子则根据自己对春秋大势的观察和对历史经验的分析研究，就晋国未来的政局变迁做出了高明切实的战略预测。

今天，我们可以进一步深究，为什么吴王所关心的对象是晋国，而不是楚国、秦国、宋国、郑国、鲁国、越国，或孙子的故国齐国呢？当时柏举之战还不曾开打，争霸中原对吴国来讲，还是十分遥远的愿景，与自己遥不相及的晋国政治动态，又有何相干？如果考察春秋时期的战略格局演变、大国关系的互动，我们便能认识到，吴王阖闾与孙子关心晋国政治生态，将了解与掌握晋国政局走向置于优先考虑的位置，乃是势所必然、理有固宜的做法。

春秋大国争霸的主线是晋、楚相争。在这个过程中，远交近攻，从侧翼制衡与打击对手，是大国在争霸中原时最热衷于玩的一手，这方面晋国做得尤为老练，几乎进入了炉火纯青、出神入化的境界。其中，联吴制楚，是晋国军事外交上的重要一环。

晋国出于同楚国争霸的需要，采纳楚亡臣申公巫臣联吴制楚的建议，主动与吴国缔结战略同盟，让吴国从侧面打击楚国，以牵制楚国势力的北上。吴王寿梦二年（公元前584年），晋景公派遣申公巫臣出使吴国，随行的有一定数量的兵车和步卒（“以两之一卒适吴，舍偏两之一焉”），让他带着特殊的使命，一步步地实现晋国扶植吴国、借吴制楚的战略目标——“与其射御，教吴乘车，教之战阵，教之叛楚”（《左传·成公七年》）。

日渐强大起来的吴国，正需要寻找大国作自己的后台，以增加自己在列国角逐中的筹码。现在晋国主动找上门来，自己何乐而不为，于是就欣然接受晋国的主张，坚决摆脱了对楚国的臣属关系，并积极动用武力，同楚国争夺淮河流域，使楚国陷于两面作战而疲于奔命，逐渐成为楚国的强劲对手、心腹之患。“吴始伐楚。伐巢、伐徐……子重、子反于是乎一岁七奔命。蛮夷属于楚者，吴尽取之。”（《左传·成公七年》）

巫臣通使吴国，还给吴国带来了中原地区先进的军事文化和战术，促成吴国军事实力的增强。原来吴国地处南方水网地带，军事上以水战为主，陆战只有少量的步兵。巫臣给吴国带去兵车，并“教吴乘车，教之战阵”，这样一来，吴国开始拥有自己的车战兵团，兵种配置更加齐全，能够适应各种复杂的战场情况，从而逐渐抵消了楚国在兵种和战法上的固有优势。

由此可见，吴国与晋国之间，具有一种十分牢固的战略同盟关系。这种战略同盟关系，自吴王寿梦开始到吴王阖闾，已长达七十年有余。吴国要谋求进一步的发展，自然要优先洞察和把握主要同盟者的政治动向，这样才能赢得战略上的主动，不至于在押宝上押错对象。这完全符合《孙子兵法》所倡导的“不知诸侯之谋者，不能豫交”之原则。所以，吴王与孙子才会这么关心晋国的政治生态变化，这叫作未雨绸缪、谋定而后动，恰恰是孙子兵学“先计而后战”思想在军事外交决策方面的生动体现。换言之，孙子的“不知诸侯之谋者，不能豫交”基本原则，通过《吴问》篇的内容而得到了形象化的诠释，而春秋时期晋、吴战略同盟关系的重要性与有效性，也凭借《吴问》篇的主旨乃从一个侧面获得了必要的佐证。

3.“古司马兵法”与《孙子兵法》的历史文化渊源：以孙子引用《军政》为例

“古司马兵法”作为“周之政典”，包含的范围有夏、商、西周三代特别是西周时期一切与军事有关的法典法规，如今之所知《军志》《军政》《令典》《大度之书》之类；而今本《司马法》则是以“古司马兵法”部分内容为基础，经春秋时齐国司马穰苴“申明”，并由战国齐威王诸大夫“追论”而成的一部兵书之残篇遗存。

《孙子兵法》作为一部兵书，它的思想资源主要源头之一，不能不是历经千百年积淀而成的“古司马兵法”，所谓“前孙子者，孙子不遗”[①]，孙子之“不遗”的正是篇帙浩繁、内容丰富、形式多样、随时增益的“古司马兵法”。

我们说《孙子兵法》在成书的过程中，曾大量引用了“古司马兵法”的内容，这不仅是合理的推测，而且可以得到大量文献数据的具体证实。这种引用，大致可以划分为四大类：

一是注明出处。如《军争篇》所云：“《军政》曰：‘言不相闻，故为金鼓；视不相见，故为旌旗。’”如前所述，《军志》《军政》《令典》《大度之书》等均系“古司马兵法”大类之下具体的军事典章等文献典籍，《孙子兵法》对《军政》的引述，实际上就是对“古司马兵法”的引录。

二是以“法曰”“兵法曰”“用兵之法”的方式征引。如《形篇》云：“兵法：一曰度，二曰量，三曰数，四曰称，五曰胜。”《军争篇》中的“用兵之法：高陵勿向，背丘勿逆，佯北勿从，锐卒勿攻，饵兵勿食，归师勿遏，围师必阙，穷寇勿迫。”等等。这些“用兵之法”，并非孙武本人的创造，而当为他对“古司马兵法”的借鉴和引用。如“穷寇勿追，归众勿迫”，注《后汉书》的李贤并没有把它们归入孙子的名下，而是在《皇甫嵩传》中径直注明它们出自“司马法”，从而明晰了这两句话的真正出处。

三是不注明具体出处的原文照录。这些引用最具典型意义地证明了“古司马兵法”在《孙子兵法》成书过程中所发挥的作用，即点破了《孙子兵法》与“古司马兵法”之间存在着的因袭抄录关系之本相。这一点，在《文选》李善注、《后汉书》李贤注以及李筌的《阃外春秋》等文献中均有所体现。

---

① 明代茅元仪《武备志》。

考《文选》李善注，今本《孙子兵法》中的不少内容，其出处均被李善本人断定为《司马兵法》。如《文选》卷二〇《关中诗》注引《司马兵法》："兵者诡道，故能而示之不能。"《文选》卷五七《马汧督诔》注引《司马兵法》："善守者，藏于九地之下；善攻者，动于九天之上。"又，同篇注引《司马兵法》："火攻有五。"《文选》卷九《射雉赋》注引《司马兵法》："始如处女。"这些引文，皆可见于今本《孙子兵法》，其中第一则见于《计篇》，第二则见于《形篇》，第三则见于《火攻篇》，第四则见于《九地篇》。

类似的现象也见于李筌的《阃外春秋》和《后汉书》李贤注。如"守则不足，攻则有余"一语见于《形篇》，《汉书·赵充国传》引用此语作："兵法：攻不足者守有余。"而李筌在《阃外春秋》卷四中，则径自将它记录为"《军志》曰：攻不足而守有余"，明确无误地把赵充国所称引的"兵法"具体坐实为《军志》，即"古司马兵法"大系之中的一部文献。

这样就产生了一个问题：《孙子兵法》经西汉刘向、任宏校书后即已有了定本，三国曹操作注后，删繁就简[①]，恢复了《孙子》之原始面貌，十三篇更是成为流行的兵学典籍，风靡于世。《隋书·经籍志》曾著录"魏武帝注本""张子尚注本""王凌集解本"等[②]。唐朝的著名学者李善、李贤、李筌等人，他们所见到的《孙子兵法》无疑当为业已经曹操诸人整理后的定本，可是他们征引上述多则今本《孙子兵法》的文字，又为何不注明系出自《孙子兵法》，而偏偏要别出心裁，说成是引自"古司马兵法"呢？

---

① 曹操《孙子注·序》有言："而后世人未之深亮训说，况文烦富，行于世者失其旨要，故撰为《略解》焉。"

② 参见《隋书》卷二九《经籍志三》。

其实要揭开这个谜底也不是太困难。李善、李贤、李筌等人作为严谨的学者，在征引史料时，自然要采用最原始的依据，以力求避免出现弃最原始的材料于不顾，而引用较晚材料的现象。在他们看来，“火攻有五”“始如处女”“守则不足，攻则有余”等文字材料，虽然见于《孙子兵法》的记载，可是它们并不属于孙子本人的发明，而是直接抄自于“古司马兵法”，后者才是这些材料真正原始的出处。所以在征引的过程中，李善等人便径自注明其最原始的出典，以求恢复事物的本相，这正是他们从事学术研究时“淹贯博洽”“以原用事所出”的基本宗旨在古籍注疏释读问题上的客观体现。而他们这么做的结果，恰好从文献源流学的角度起到了返璞归真、正本清源的作用，为我们提供了《孙子兵法》诸多内容（从思想到文字）来自“古司马兵法”的确凿证据，使《孙子兵法》继承和沿袭“古司马兵法”的历史本来面貌得以恢复。

四是大意概括式的征引。吕思勉先生云：“盖古人辑佚之法，与后世异。后人辑佚，必著出处，任其辞意不完，散无友纪，逐条排列。古人则必随义类聚，以意联缀，又不著其所自来。”[①]其实不仅辑佚是如此，其著述也一样是概括前人文献之大意，辗转沿袭，纳入己作之中。这一现象同样存在于《孙子兵法》对“古司马兵法”的汲取移用方面。如《军争篇》曹操注引《司马法》：“围其三面，阙其一面，所以示生路也。”这在《孙子兵法》中被概括提炼为“围师必阙”四字。又如“古司马兵法”关于将帅机断指挥权的论述有“阃外之事，将军裁之”“进退惟时，无曰寡人”[②]等，在《九变篇》中被总结为“君命有所不受”这一重要原则，强调“战

① 吕思勉《先秦史》第二章“古史材料”。

② 前一句为《公羊传·襄公十九年》疏引《司马法》，后一句为《谋攻篇》曹操注引《司马法》。

道必胜，主曰无战，必战可也；战道不胜，主曰必战，无战可也。故进不求名，退不避罪，唯人是保，而利合于主，国之宝也”。[①]虽然彼此文字有所出入，但意义一致，亦应视作是“古司马兵法”对《孙子兵法》成书影响的表现之一。

4.“穷寇勿迫”所体现的战略大智慧

“用兵八法”，是孙子继承前人兵学原则的集中体现，是所谓的“常法”，用岳飞的话讲，即“阵而后战，兵法之常”。

在这用兵的八条“戒律”中，“穷寇勿迫”最容易引起后人在解读和应用时的分歧，可谓聚讼纷纭，莫衷一是。不少人认为，对穷途末路的敌人，宜发扬“痛打落水狗”的精神，穷追猛打，尽敌为上，除恶务尽，不能放虎归山，养虎为患，以防止其死灰复燃，卷土重来。于是乎“宜将剩勇追穷寇，不可沽名学霸王”，也就成了对敌斗争的主旋律。

但是，如果换一个角度看问题，我认为孙子“穷寇勿迫”的原则不无道理。政治生态学的基本原则之一，是除恶不能务尽。留有对手，留有敌人，恰恰是我们自身存在与发展的前提。一个人，一个团队，一支军队，一个国家，不怕有对手，最怕的就是打遍天下无敌手，留了个白茫茫大地真干净。这时候，你就会忘乎所以，得意忘形，趾高气扬，被胜利冲昏头脑，最后在阴沟里翻船。也就是说，人们在逆境中往往能咬牙坚持，出问题往往是在顺境之中。这就是孟子所言“无敌国外患者，国恒亡”的道理！

所以，高明的战略家总是能留有余地，对敌手不汲汲于赶尽杀绝，懂得水涨船高的奥妙，拿捏分寸，恰到好处，收放自如，见

①《地形篇》。

好就收,因为他们知道,善于妥协,乃是最大的战略智慧。

事实正是如此,“不善人者,善人之资”,要生存,要发展,必须保留对手,形成互动。正是因为有百事可乐的存在,才有可口可乐的长存不衰;正是因为有空中客车的强劲挑战,才有波音飞机的持续进步。

5.“上将军”中“军”字,当为衍文

传世本《军争篇》:“五十里而争利,则蹶上将军,其法半至。”此处“上将军”,《菁华录》谓应作“上军将”。汉简本无“军”字,只作“厥(蹶)上将”。张预注:“蹶上将,谓前军先行也。”贾林注:“上,犹先也。”上将,即上军(前军)的主将。此言若军队奔赴五十里地汲汲争利,则前军的主将会受挫。《史记·孙子吴起列传》:“孙子谓田忌曰:‘……兵法,百里而趣利者蹶上将。’”所引亦称“上将”,而无“军”字。显然,传世本“上将军”中的“军”字乃衍文,《孙子》原文当为“上将”。贾林、张预之注已注意到这个问题,但毕竟是缺乏文献依据的断制,现则凭借汉简本的原始文字而能得以最终确立了。类似的例子也见于《势篇》。传世本“可使必受敌而无败者”,然而,此处“必”字,注家多释为“毕”义。张预注云:“人人皆受敌而不败者。”是其所本当为“毕”字。而王皙注则云:“必当作毕字。”是其所据本作“毕”。那么,其所据本为何者?在银雀山汉墓竹简出土前是无法考究的。现在这一疑窦则赖汉简本的发现而得以涣然冰释了——因为在汉简本之中,“必”正作“毕”。

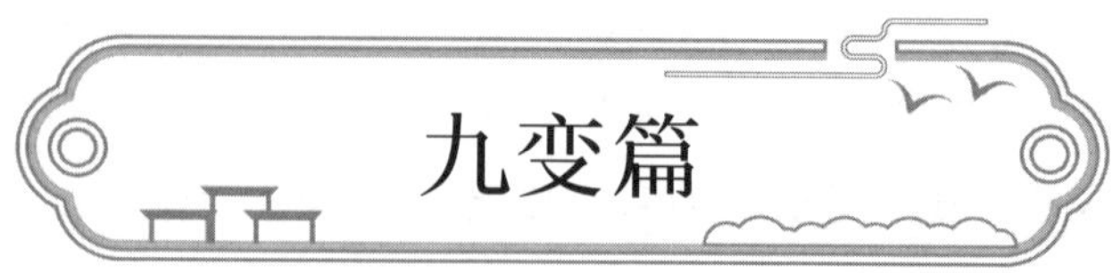

九变篇

题解

本篇是《孙子兵法》的第八篇，文字篇幅在全书中虽然属最短小的一篇，但思想十分深邃，文辞隽永优美，富有深刻的哲理，对于人们从事任何社会活动都富有重要的启示价值。其中心命题，是战略制定与运用要富有柔性，要留有回旋的空间，而不宜过于刚直与执一。孙子阐述了在作战过程中如何根据特殊的情况，灵活变换战术以赢得战争的胜利，集中体现了孙子随机应变、灵活机动的作战指挥思想。孙子主张将帅应该根据五种不同的地理条件实施灵活的指挥，并明确提出以“五不”为中心内容的随机应变处置军事问题的基本原则。要求将帅必须做到全面、辩证地看问题，见利思害，见害思利，从而趋利避害，防患于未然。孙子还深刻地阐述了有备无患的备战观点，指出不能寄希望于敌人“不来”“不攻”，而应该立足于自己做好充分的准备，具备坚强的实力。为了真正贯彻“九变”的灵活作战指导原则，孙子特别重视将帅队伍的建设，所以在本篇的结尾处，孙子语重心长地叮嘱做将帅的人：要防止自己性格上“必死”“必生”“忿速”“廉洁”

“爱民”等五种缺陷，避免导致“覆军杀将”的五种危害。

“九变”既是篇名，又是全篇中心思想的集中反映。九，多的意思。清代学者汪中《述学·释三九》云：“生人之措辞，凡一二之所不能尽者，则约之以三以见其多；三之所不能尽者，则约之九以见其极多。”又云：“三者，数之成也；积而至十，则复归于一。十不可以为数，故九者，数之终也。”可见古人以九为数之极。变，改易、机变。《周易·系辞上》：“一阖一辟谓之变。”孔颖达《正义》云：“一阖一辟谓之变者，开闭相循，阴阳递至。”篇题“九”“变”连用，指的是军事行动中灵活机动、应变自如。王皙注：“九者，数之极。用兵之法，当极其变耳。”张预注：“变者，不拘常法，临事适变，从宜而行之之谓也。”以上各家注均符合孙子原旨。

此篇篇题十一家注本、武经本皆作《九变》。本篇篇次，张预注：“凡与人争利，必知九地之变，故次《军争》。”从之。

原文

孙子曰：凡用兵之法，将受命于君[①]，合军聚众，圮地无舍[②]，衢地交合[③]，绝地无留[④]，围地则谋[⑤]，死地则战[⑥]。涂有所不由[⑦]，军有

译文

孙子说：大凡用兵的法则是，将帅接受国君的命令，征集民众组织军队，出征时在“圮地”上不可驻扎，在“衢地”上应结交邻国，在“绝地”上不要停留，遇上“围地”要巧设奇谋，陷入“死地”要殊死战斗。有的道路不要通行，有的敌军不要

所不击[8],城有所不攻[9],地有所不争[10],君命有所不受[11]。故将通于九变之地利者,知用兵矣[12]。将不通于九变之利者,虽知地形,不能得地之利矣[13]。治兵不知九变之术[14],虽知五利[15],不能得人之用矣[16]。

攻打,有的城邑不要攻取,有的地方不要争夺,有的国君命令不要执行。所以将帅如果能够精通各种机变的利弊,就懂得用兵了。将帅如果不能精通各种机变的利弊,那么,即使了解地形,也不能得到地形之利。指挥军队而不知道各种机变的方法,那么即便知道"五利",也不能充分发挥军队的战斗力。

注释

①将受命于君:谓将帅从君主那里接受出征作战的命令。受命,接受命令。《左传·闵公二年》:"帅师者,受命于庙,受脤于社,有常服矣。"

②圮地无舍:圮,毁坏、倒塌之意。《说文》:"圮,毁也。"《尔雅·释诂》:"圮,败也。"圮地,指难于通行的地区。《九地篇》:"行山林、险阻、沮泽,凡难行之道者,为圮地。"舍,止,此处指宿营。梅尧臣注:"山林、险阻、沮泽之地,不可舍止,无所依也。"

③衢地交合:衢地,指四通八达之地。《说文》:"四达谓之衢。"《九地篇》:"四达者,衢地也。"交合,指结交邻国以为后援。张预注:"四通之地,旁有邻国,先往结之,以为交援。"

④绝地无留:绝地,指交通困难,又无水草粮食,部队难以生存之地。李筌注:"地无泉井、畜牧、采樵之处。"此句意为,遇上绝地,不要停留。

⑤围地则谋:围地,指四面险阻、进退困难、易被包围之地。

《九地篇》:“所由入者隘,所从归者迂,彼寡可以击吾之众者,为围地。”谋,曹操注:“发奇谋也。”即设奇计以摆脱困境。

⑥死地则战:死地,指走投无路的绝地,非力战难以求生。李筌注:“置兵于必死之地,人自为私斗。”《九地篇》:“疾战则存,不疾战则亡者,为死地。”又曰:“无所往者,死地也。”

⑦涂有所不由:言有的道路不要通过。汉简本《四变》此句下有释文为:“徐(途)之所不由者,曰:浅入则前事不信,深入则后利不接。动则不利,立则囚。如此者,弗由也。”贾林注:“途且不利,虽近不从。”甚是。涂,即“途”,道路。由,从、通过。《论语·雍也》:“谁能出不由户?何莫由斯道也?”

⑧军有所不击:指有的敌军不宜攻击。汉简本《四变》此句下释文曰:“军之所不击者,曰:两军交和而舍,计吾力足以破其军,獾(获,繁体“獲”,形近)其将。远计之,有奇势巧权于它……如此者,军唯(虽)可击,弗击也。”

⑨城有所不攻:意为有的城邑不应攻取。汉简本《四变》此句下释文曰:“城之所不攻者,曰:计吾力足以拔之,拔之而不及利于前,得之而后弗能守,若力□之,城必不取。及于前,利得而城自降,利不得而不为害于后。若此者,城唯(虽)可攻,弗攻也。”张预注:“拔之而不能守,委之而不为患,则不须攻也。又若深沟高垒,卒不能下,亦不可攻。”

⑩地有所不争:意为有些地方可以不去争夺。汉简本《四变》释文曰:“地之所不争者,曰山谷水□无能生者……如此者,弗争也。”张预注:“得之不便于战,失之无害于己,则不须争也。又若辽远之地,虽得之,终非己有,亦不可争。”

⑪君命有所不受：意为君主之命令有的可以不接受。君命不受之前提，即汉简本《四变》所谓“君令有反此四变(指上述“涂有所不由”等四种情况)者，则弗行也”。曹操注：“苟便于事，不拘于君命也。”贾林注：“决必胜之机，不可推于君命。苟利社稷，专之可也。”

⑫故将通于九变之地利者，知用兵矣：王皙注：“非贤智不能尽事理之变也。”通，通晓、精通。《易·系辞》：“曲成万物而不遗，通乎昼夜之道而知。”此句意为，将帅如果能通晓九种地形的利弊及其处置方法，就懂得如何用兵作战了。

⑬将不通于九变之利者，虽知地形，不能得地之利矣：意为将帅如果不通晓九变的利弊，即使了解地形，也不能从中获得帮助。梅尧臣注：“知地不知变，安得地之利！”

⑭治兵不知九变之术：术，手段、方法。《孟子·告子下》：“教亦多术矣。”九变之术，指九变的利弊得失及其处置方法。梅尧臣注：“知利不知变，安得人而用。”

⑮五利：指“涂有所不由”至“君命有所不受”等五事之利。

⑯不能得人之用矣：指不能够充分发挥军队的战斗力。王皙注：“虽知五地之利，不通其变，如胶柱鼓瑟耳。”

原文

是故智者之虑[①]，必杂于利害[②]。杂于利而务可信也[③]，杂于害而患可解也[④]。

译文

所以，聪明的将帅考虑问题，必须充分兼顾利害两个方面。在不利情况下要看到有利的一面，大事便可顺利进行；在有利情况下要看到不利的因素，就能顺利消除祸患。

注释

①智者之虑：聪明的将帅思考问题。虑，思虑、思考。

②必杂于利害：必须充分考虑和兼顾到有利与弊害两个方面。曹操注："在利思害，在害思利。"杂，《说文·衣部》："杂，五彩相合。从衣集声。"引申为掺杂、混合。《国语·郑语》："先王以土与金、木、水、火杂，以成百物。"韦昭注："杂，合也。"后又引申为兼顾。

③杂于利而务可信也：意为如果考虑到事情有利的一面，则可实现战略目标。王皙注："曲尽其利，则可胜矣。"务，任务、事务。《广韵·遇韵》："务，事务也。"此处指"争胜于天下"的大事。信，通"伸"，舒展、伸张，引申为完成、实现。《易·系辞下》："尺蠖之屈，以求信也。"

④杂于害而患可解也：意为在有利情况下考虑到不利的因素，便可顺利消除祸患。解，化解、消除。《荀子·臣道》："遂以解国之大患，除国之大害。"

原文

是故屈诸侯者以害[①]，役诸侯者以业[②]，趋诸侯者以利[③]。

译文

所以，要用敌国最厌恶的事情去伤害它，迫使它屈服；要用感到危险的事情去困扰它，迫使它听从我们的驱使；要用小利去引诱敌国，迫使它被动奔走。

注释

①屈诸侯者以害：指用敌国所厌恶的事情去伤害它，从而使它屈服。屈，屈服、屈从，此处为使动用法。《诗经·鲁颂·泮水》："顺彼长道，屈此群丑。"诸侯，此处指敌方、敌国。

②役诸侯者以业：指用危险的事情去劳烦敌国，使它疲于奔命。梅尧臣注："挠之以事则劳。"役，使、驱使的意思。《荀子·正名》："夫是之谓以己为物役矣。"业，曹操注："业，事也。"此处特指危险的事情，与《诗经·商颂·长发》中"有震且业"之"业"义近。

③趋诸侯者以利：指用小利引诱调动敌人，使之疲于奔命。张预注："动之以小利，使之必趋。"又一说，以利打动敌人使之归附追随自己。趋，奔赴、奔走，此处为使动用法。

原文

故用兵之法，无恃其不来，恃吾有以待也[①]；无恃其不攻[②]，恃吾有所不可攻也。

译文

所以用兵的原则是，不要寄希望于敌人不来，而要依靠自己做好充分的准备；不要寄希望于敌人不进攻，而要依靠自己拥有使敌人无法进攻的力量。

注释

①无恃其不来，恃吾有以待也：意为不要寄希望于敌人不来，而要依靠自己做好充分的准备。梅尧臣注："所恃者，不懈也。"恃，依赖、倚仗的意思。《庄子·列御寇》："河上有家贫，恃纬萧而食者。"有以待，指已做好充分的准备。

②无恃其不攻，恃吾有所不可攻也：意为不可寄希望于敌人不进攻，而要依靠自己具备强大实力，使得敌人不敢贸然发起进攻。

原文

故将有五危：必死，可杀也[①]；必生，可虏也[②]；忿速，可侮也[③]；廉洁，可辱也[④]；爱民，可烦也[⑤]。凡此五者，

译文

将帅有五种致命的弱点：只知道死拼蛮干，就可能被诱杀；只顾贪生活命，就可能被俘虏；急躁易怒，就可能中敌人轻侮的奸计；一味廉洁好名，就可能陷入敌人污辱的圈套；不分主次爱民，就可能导致烦劳而不得安宁。

将之过也，用兵之灾也。覆军杀将⑥，必以五危⑦，不可不察也。	以上五点，是将帅的过错，也是用兵的灾难。军队遭到覆灭，将帅被敌擒杀，一定是由这五种危险引起的，这不可不予以高度的警惕。

注释

①必死，可杀也：指将帅如果轻生决死，固执硬拼，就会有被杀的危险。曹操注："勇而无虑，必欲死斗，不可曲挠，可以奇伏中之。"必，固执、坚持的意思，与《论语·子罕》"毋意，毋必，毋固，毋我"中的"必"字义同。

②必生，可虏也：谓将帅如果一味贪生怕死，临阵畏怯，就有被俘虏的危险。张预注："临陈畏怯，必欲生返，当鼓噪乘之，可以虏也。"

③忿速，可侮也：言将帅如果急躁易怒，遇敌轻进，就有中敌人轻侮之计的危险。张预注："刚愎褊急之人，可凌侮而致之。"忿，愤怒、愤懑。速，快捷、迅速，这里指急躁、偏激。

④廉洁，可辱也：意为将帅如果过于清廉，自矜名节，患得患失，那么，就有受辱的危险。曹操注："廉洁之人，可污辱致之也。"

⑤爱民，可烦也：意为将帅如果溺于"爱民"（即古人常说的"妇人之仁"），而不知从全局把握问题，就容易为敌所乘，有被烦劳的危险。杜牧注："言仁人爱人者，惟恐杀伤，不能舍短从长，弃彼取此，不度远近，不量事力，凡为我攻，则必来救。如此，可以烦之，令其劳顿，而后取之也。"张预注："民虽可爱，当审利害。若无微不救，无远不援，则出其所必趋，使烦而困也。"烦，相烦、烦劳。

⑥覆军杀将：言使军队覆灭、将帅被杀。覆，覆灭、倾覆。覆、杀，此处均为使动用法。

⑦必以五危：必，一定、肯定。以，由、因的意思。五危，即上述“必死”“必生”“忿速”“廉洁”“爱民”等五事。张预注：“言须识权变，不可执一道也。”

读孙札记

1. 怎样科学、正确看待孙子“君命有所不受”的立场与观点？

孙子在讨论“君将关系”时主张“将能而君不御者胜”①，在《九变篇》中，孙子又说：“君命有所不受。”孙子这种有关君将关系的认识，在古代社会是极富震撼力的。

北宋大学者苏轼在《孙武论》中曾这样说道：“天子之兵，莫大于御将……（将）立毫芒之功以借其口而邀利于其上，如此而天下不亡者，特有所待耳。”②苏轼此语对孙子提出了鲜明的批评。当然，苏轼此语毫无疑问是站在最高当权者的立场上的，意在贬斥孙子，并进而提醒国君注意对武将的控制。苏轼的一番议论道出了数千年古代社会发展史的一个侧面：在古代社会中，“君将关系”一直是个关系重大、不得不谨慎处理的问题。在苏轼之后，仍然有一些学者站在最高统治者的立场，对孙子提出批

①《谋攻篇》。

②《东坡全集·孙武论下》。

判。《历代名贤确论》[①]等书中，作者借苏轼的这种批评之语，作了一些进一步的发挥，继续保持对“扶将而弱君”的批判的态度。

当然，相关君将关系的论题在古代应该属于一个非常敏感的问题，参加讨论的人并不多见。在这些讨论中，也有一些人支持孙子而反对苏轼，其中以明代学者邱濬和贺复徵为代表。针对苏轼的批评，邱濬在《大学衍义补》中说：“人君择将，当以无用之先详审征验，然后用之。既用之后，付以便宜之权，俾其随机制胜可也。”这段话很好地诠释了孙子的相关君将关系的主张，也有力地反驳了苏轼的言论。贺复徵也表达了类似的解读方法：“此贤主之所施于能将。将兵权常在将，将将权常在君。”[②]贺氏从君、将各自作用和领导层次出发，认为孙子思想中没有扶将而弱君的观念。相反，如果贤君和能将各自很好地履行职守，则将权和君权不仅不会产生矛盾，反而会起到有益的相互促进作用。

那么，我们今天究竟应该如何正确看待孙子的君将观呢？

首先，我们必须看到，孙子的“君命有所不受”并不是要挑战君主的权威。其本义乃在求得一个对于军队作战的领导权，和防止在战事爆发时受到不必要的干预而影响到作战指挥。孙子非常清楚为将者在国家中的地位和作用——将对于君而言只是一个辅佐。故此孙子说：“夫将者，国之辅也，辅周则国必强。”[③]“将能而君不御者胜”也全是从战争胜负出发，是争夺战场上的作战机断指挥权，而非争夺国家的领导权。孙子此言，完全是据

①《历代名贤确论》，作者失考。相关论述详见《历代名贤确论》卷九五。此外，诸如《宋代名臣奏议》等书收录了苏轼的这篇文章，但相关讨论并不多见。

②《文章辨体汇选》卷四九。

③《谋攻篇》。

于春秋许多战争实践而希望国君对军队的事情尽量少加干预，有其特定的历史背景，也有其相对的合理性。

其次，我们考察孙子的这番言论，必须结合历史现实，充分注意到当时的历史条件。在那个时期，通信不够发达，战争规模也不是很大，孙子提出这种观点是情有可原的。在那个时代，如果每事必报，必然会增加一些不必要的环节，进而延误战机。但在今天，作战环境和作战条件都已经发生了很大变化，通信手段也比以前先进很多，这种时候如果过分强调“君命有所不受”，就可能不是明智之举。尤其是在大规模作战中，更不可以此来作为违抗军令和擅作主张的借口。正确的做法是，一方面要与决策部门保持密切联系，认真贯彻好统帅部门的意志和决策；另一方面也要做好通信传输中的保密工作，防止在上传下达过程中泄露军情。

2.“廉洁，可辱也”所蕴含的哲学精髓

孙子在《计篇》中曾经提出了将帅的“五德”：智、信、仁、勇、严。细究起来，《九变篇》中包括“廉洁”在内的“五危”，其实是可以和“五德”一一对应的。这种“五危”，诚如钮先钟所言，是“五德”在具体运用上造成的偏差所致。[①]孙子认为，优秀的品德也会给自己带来软肋，给自己带来一定的危害。比如说：勇敢本来是一个美德，但如果总以必死来自律，则很可能会陷入敌人的圈套白白送命；智本来也是美德，但如果总以智相求，换取生还的机会，那就会缺乏冒险精神，直至在战场上甘做俘虏；信本来是美德，但如果总是循规蹈矩，眼看既定目标无法实现，就盲目追

① 钮先钟：《孙子三论》，广西师范大学出版社2003年版，第83页。

求速度，终会被戏耍；严本是美德，但是如果过于爱惜羽毛，一味追求严于律己，那就是死要面子活受罪，最终自取其辱，并且会非常在意外界的看法、别人的评价，容易被虚名所累，最终招致祸端，以致为敌所乘；仁本是美德，但如果不分场合，婆婆妈妈，最终就会造成自缚手脚、寸步难行的局面，陷入不可收拾的困局之中。像视死如归、善于保全、斗志激昂、廉洁自律、爱民善卒，都是公认的美德，但如果大家不加辨证分析，都肯定，都赞同，都强调，都提倡，都推动，那么就很容易将事物推到极端，而一旦事情到了极端，则必然走向反面。

更重要的是，从“杂于利害”的哲理看，任何事物都包含着正反两种因素，利中有害，害中有利。最坏的东西，也有其合理的成分，所谓“天无弃物”“天无弃人”；一样的道理，最优秀的事物，也有它的短板，也有它的软肋。即使是号称治国安邦的儒家经典文化，其不足之处也客观存在，无可否定。《礼记·经解》对此就有很好的诠释：“《诗》之失，愚；《书》之失，诬；《乐》之失，奢；《易》之失，贼；《礼》之失，烦；《春秋》之失，乱。”可见，老子所说的“祸兮，福之所倚；福兮，祸之所伏”，乃是颠扑不破的真理。

行军篇

题解

本篇主要论述军队在不同的地理条件下如何行军作战、如何驻扎安营，以及怎样根据不同情况，透过具体表象看本质，观察、分析、判断敌情，从而做出正确应对之策等一系列问题。孙子认为，“处军相敌”是作战指挥中的重要问题，事关战争大局，强调在行军作战中，首先要将军队处置好，而“处军”的重要内容，便是要善于利用有利的地形，避开不利的地形。为此，他列举了山地、江河、沼泽、平原等四种地形的不同“处军”原则，并进而将利用地形的基本特点归纳为“凡军好高而恶下，贵阳而贱阴，养生而处实”。这是孙子对前人和时人利用地形经验的科学总结。在“处军”得宜的前提下，孙子强调“相敌”的重要性，即主张充分了解敌情，正确分析判断敌情。他从实战经验中概括出三十余种侦察判断敌情的方法。这些方法透过现象看本质，体现了孙子军事思想中的朴素辩证法色彩。孙子在本篇中还提出了一个重要的作战指导思想，即认为打仗并非兵力愈多愈好，而关键在于能否集中兵力（“并力”），准确判断敌情（“料敌”），取胜于敌("取人")。反对少谋无虑、轻敌冒进。同时,孙子还扼要论述了治军的基本原则:"令之以文,齐之以武。"主张教罚并用,宽严结合,以求得"与众相得",夺取战争的胜利。

《行军篇》为《孙子兵法》的第九篇,从本篇起,直到最后的《用间篇》,《孙子兵法》的侧重点,由宏观的战略学理阐释层面,转向了具体而微观的战术指挥的操作层面。孙子不但是伟大的战略学家,而且也是一位了不起的战术大师。

行军,在这里不同于现代军语中的概念,而指如何部署、动用军队。"行"指军队的行军布阵,"军"指军队的屯驻、驻扎或展开。"行",音"杭",行列、阵势。《周礼·夏官》:"行司马。"郑玄注:"行,谓军行列。"《老子》第六十九章:"是谓行无行。"王弼注:"行,谓行陈也。""军,屯、驻扎。"《国语·晋语》:"军于庐柳。"韦昭注:"军,犹屯也。"本篇题意,曹操注:"择便利而行也。"王皙注:"行军当据地,便察敌情也。"张预注:"知九地之变,然后可以择利而行军,故次《九变》。"诸家之注,均言有所得。

原文

孙子曰：凡处军[①]相敌[②]，绝山依谷[③]，视生处高[④]，战隆无登[⑤]，此处山之军也。绝水必远水[⑥]；客绝水而来[⑦]，勿迎之于水内，令半济而击之[⑧]，利；欲战者，无附于水而迎客[⑨]；视生处高，无迎水流[⑩]；此处水上之军也。绝斥泽[⑪]，惟亟去无留[⑫]；若交军于斥泽之中[⑬]，必依水草而背众树[⑭]；此处斥泽之军也。平陆处易而右背高[⑮]，前死后生[⑯]；此处平陆之军也。凡此四军之利[⑰]，黄帝之所以胜四帝也[⑱]。

译文

孙子说：凡是处置部署军队和观察判断敌情，都应该注意，通过山地，要靠近有水草的山谷，驻扎在居高向阳的地方，不要仰攻敌人占据的高地。这是在山地部署机动军队的原则。横渡江河，必须在远离江河处驻扎；敌人渡水来战，不要在江河中予以迎击，而要等他们渡过一半时再进行攻击，这样才有利；如果要同敌人决战，不要紧挨水边布兵列阵；在江河地带驻扎也应当居高向阳，不可居于下游。这是在江河地带部署机动军队的原则。在盐碱沼泽地带，应该迅速通过，不要停留；倘若同敌人相遇于盐碱沼泽地带，那就一定要靠近水草并背靠树林。这是在盐碱沼泽地带部署机动军队的原则。在平原地带，要占领平坦开阔地域，而侧翼则应依托高地，做到前低后高。这是在平原地带部署机动军队的原则。运用以上四种军队部署原则所带来的好处，正是黄帝之所以能战胜其他四帝的原因。

注释

①处军：指行军扎营、处置军队，即在不同的地形条件下，军队行军、作战、驻扎诸方面的处置方法。处，处置、部署的意思。

②相敌：意为观察、判断敌情。相，视、看、观察的意思。《左传·隐公十一年》：“量力而行之，相时而动。”

③绝山依谷：指通过山地要傍依溪谷行进。杜牧注：“绝，过也；依，近也。言行军经过山险，须近谷而有水草之利也。”张预注：“凡行军越过山险，必依附溪谷而居。一则利水草，一则负险固。”绝，渡过、穿越。《汉书·成帝纪》：“不敢绝驰道。”颜师古注：“绝，横渡也。”依，傍依、靠近。王晳注：“依，谓附近耳。”

④视生处高：视，看、审察，这里是面向的意思。生，生处、生地，此处指向阳地带。曹操注：“生者，阳也。”李筌注：“向阳曰生。”高，高地。处高，居高的意思，即依托高地。视生处高，指的是军队驻扎，要面南朝阳，居隆高之地。杜牧注：“言须处高而面南也。”张预注：“视生，谓面阳也。处军当在高阜。”

⑤战隆无登：指在隆高之地同敌人作战，不宜自下而上进行仰攻。战，战斗。隆，高地。登，登攀、仰攻。曹操注：“无迎高也。”张预注：“敌处隆高之地，不可登迎与战。”

⑥绝水必远水：意为横渡江河，一定要在离江河稍远处驻扎。张预注：“凡行军过水，欲舍止者，必去水稍远。一则引敌使渡，一则进退无碍。”远，此处形容词作动词用，远离之意。

⑦客：指敌军，进攻之敌。下同。《礼记·月令》注：“为客不利。”孔颖达《正义》曰：“起兵伐人者谓之客。”主客，古代兵法重要范畴之一。就作战双方而言，主指己方，客指敌方；就作战形式而言，主指防御一方，客指进攻一方；就作战态势而言，主指主动一方，客指被动一方。

⑧令半济而击之：在敌军渡河渡到一半时发动攻击。此时敌军首尾不接，行列混乱，攻之容易取胜。济，渡河。半济，指渡

过一半。

⑨无附于水而迎客：不要在挨近江河之处同敌人作战。无，勿、毋。附，毗邻的意思。迎，迎击。

⑩无迎水流：意为勿居下游。此处指不要把军队驻扎在江河下流处，以防敌人决水、投毒。贾林注："水流之地，可以溉吾军，可以流毒药。迎，逆也。"

⑪绝斥泽：通过盐碱沼泽地带。斥，盐碱地。《尚书·禹贡》："厥土白坟，海滨广斥。"郑玄注云："斥谓地咸卤。"通常"斥卤"合称，如《吕氏春秋·乐成》："终古斥卤，生之稻粱。"

⑫惟亟去无留：惟，宜、应该。亟，急、迅速。去，离开。意为遇盐碱沼泽地带，应当迅速离开，切莫停留驻军。贾林注："咸卤之地，多无水草，不可久留。"

⑬若交军于斥泽之中：言在盐碱沼泽地带与敌作战。交军，两军相交，指同敌军对峙与交战。

⑭必依水草而背众树：指一定要依近水草并背靠树林。依，依近、靠近。背，背靠、倚托之意。张预注："不得已而会兵于此地，必依近水草以便樵汲，背倚林木以为险阻。"

⑮平陆处易而右背高：指遇到开阔地带，也应选择平坦之处安营，并把军队的侧翼部署在高地之前，以高地为依托。张预注："平原广野，车骑之地，必择其坦易无坎陷之处以居军，所以利于驰突也。"平陆，开阔的平原地带。易，平坦之地。右，指军队的侧翼。右背高，指军队侧翼要背靠高地以为依托。一说，右，即上；右背高，即以背靠高地为上。

⑯前死后生：前低后高。生、死此处指地势的高、低。《淮南子·地形训》："高者为生，下者为死。"又，该书《兵略训》："所谓地

利者,后生而前死。”本句意为在平原地带作战,也要做到背靠山险而面向平易。

⑰凡此四军之利:四军,指上述山地丘陵、江河、盐碱沼泽地、平原四种地形条件下的“处军”原则。

⑱黄帝之所以胜四帝也:这就是黄帝所以能战胜四方部族首领的缘由。曹操注:“黄帝始立,四方诸侯无不称帝,以此四地胜之也。”又,汉简本《黄帝伐赤帝》云:“(南伐赤帝)……东伐(青)帝……北伐黑帝……西伐白帝……已胜四帝,大有天下。”黄帝是传说中的中华民族祖先,部族联盟首领,号轩辕氏,居有熊。传说他曾败炎帝于阪泉,诛蚩尤于涿鹿,北逐獯鬻(荤粥),合符釜山,统一了黄河流域。事见《竹书纪年》与《史记·五帝本纪》。四帝,四方之帝,即周边部族联盟的首领,一般泛指炎帝、蚩尤等人。

原文

凡军好高而恶下①,贵阳而贱阴②,养生而处实③,军无百疾,是谓必胜④。丘陵堤防,必处其阳而右背之⑤。此兵之利,地之助也⑥。上雨,

译文

一般情况下驻军,总是喜欢干燥的高地,厌恶潮湿的洼地,重视向阳之处,轻视阴湿之地,靠近水草多的地区,军需供应充足,将士百病不生,这样,克敌制胜就有了保证。在丘陵堤防地域,必须占领朝南向阳的一面,并把侧翼背靠着高地。这些之所以对用兵有利,是因为得到

水沫至，欲涉者，待其定也[7]。凡地有绝涧[8]、天井[9]、天牢[10]、天罗[11]、天陷[12]、天隙[13]，必亟去之，勿近也。吾远之，敌近之；吾迎之，敌背之[14]。军行有险阻[15]、潢井[16]、葭苇[17]、山林、蘙荟者[18]，必谨覆索之[19]，此伏奸之所处也[20]。

了地形的辅助。上游下雨涨水，洪水骤至，想要涉水过河的，得等待水势平稳后再过。凡是遇上绝涧、天井、天牢、天罗、天陷、天隙这六种地形，必须迅速离开，不要靠近。我军远远离开它们，而让敌人接近它们；我军应面向它们，而让敌人背靠它们。行军过程中如遇到险峻的隘路、积水低洼之地、水草丛聚之地、森林和草木茂盛之地，一定要谨慎地反复搜索，这些都是敌人可能设下伏兵和隐藏奸细的地方。

注释

①好高而恶下：好，喜爱、乐意。恶，厌恶、讨厌。张预注："居高则便于观望，利于驰逐；处下则难以为固，易以生疾。"

②贵阳而贱阴：指看重向阳之处而不喜欢阴湿地带。王晳注："久处阴湿之地，则生忧疾，且弊军器也。"梅尧臣注："处阳则明顺，处阴则晦逆。"

③养生而处实：指军队要选择水草和粮食充足、物资供给方便的地域驻扎。养生，指水草丰盛，粮食充足，便于军队生活。曹操注："养生，向水草，可放牧养畜乘。"处实，指军需物资供应便利。梅尧臣注："处实，利粮道。"

④军无百疾，是谓必胜：张预注："居高面阳，养生处厚，可以必胜；地气干旱，故疾疠不作。"

⑤必处其阳而右背之：指置军于向阳之地并使侧翼背靠高地。

⑥地之助也：意为得自地形条件的辅助。梅尧臣注："兵所

利者，得形势以为助。”

⑦上雨，水沫至，欲涉者，待其定也：沫，张预注：“沫，谓水上泡沤。”涉，原意为步行渡水，这里泛指渡水。定，指水势平稳。

⑧绝涧：指溪谷深峻、水流其间的险恶地形。曹操注：“山深水大者为绝涧。”

⑨天井：指四周高峻、中间低洼的地形。曹操注：“中方（四方）高、中央下为天井。”

⑩天牢：牢，牢狱。天牢即是对高山环绕、易进难出的地形之形象描述。王皙注：“牢，谓如狱牢。”张预注：“山险环绕，所入者隘，为天牢。”

⑪天罗：罗，罗网。指草深林密，荆棘丛生，军队进入后有如深陷罗网无法摆脱的地形。曹操注：“可以罗绝人者为天罗。”

⑫天陷：陷，陷阱。指地势低洼、道路泥泞、车马易陷的地带。曹操注：“地形陷者为天陷。”张预注：“陂池泥泞、渐车凝骑者为天陷。”

⑬天隙：隙，狭隙，指两山相向、涧道狭窄险恶的地形。曹操注：“山涧道迫狭，地形深数尺、长数丈者为天隙。”

⑭吾远之，敌近之；吾迎之，敌背之：意为对于上述“绝涧”等“六害”地形，我们要远离它们、正对它们，而让敌军去接近它们、背靠它们。梅尧臣注：“言六害，当使我远而敌附，我向而敌倚，则我利敌凶。”之，指“绝涧”等六种不利地形。

⑮军行有险阻：险阻。《尔雅·释名》：“山巇曰险，水隔曰阻。”曹操注：“险者，一高一下之地；阻者，多水也。”

⑯潢井：指积水低洼之地。《汉书·龚遂传》颜师古注：“积水曰潢。”曹操注：“潢者，池也；井者，下也。”

⑰葭苇：芦苇，这里泛指水草丛聚之地。曹操注："葭苇者，众草所聚。"

⑱山林、蘙荟：指山林森然，草木繁茂。曹操注："山林者，众木所居也；蘙荟者，可屏蔽之处也。"

⑲必谨覆索之：一定要仔细、反复地进行搜索。谨，谨慎。覆，反复。索，搜索、寻找。

⑳此伏奸之所处也：指"险阻"等处往往是敌人伏兵或奸细的藏身之处。张预注："必降索之，恐兵伏其中，又虑奸细潜隐，觇我虚实，听我号令。伏、奸，当为两事。"

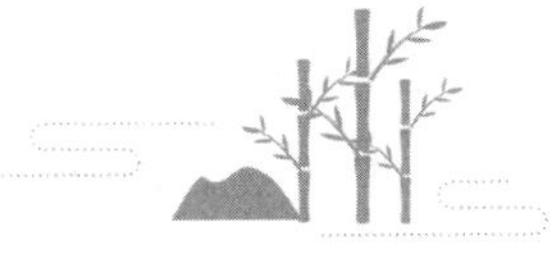

原文

敌近而静者，恃其险也；远而挑战者，欲人之进也；其所居易者，利也[①]。众树动者，来也[②]；众草多障者，疑也[③]。鸟起者，伏也[④]；兽骇者，覆也[⑤]。尘高而锐者，车来也[⑥]；卑而广者，徒来也[⑦]；散而条达者，樵采也[⑧]；少而往

译文

敌人逼近而保持安静的，是倚仗他们占据着险要有利的地形；敌人离我军很远而前来挑战，是想引诱我军入其圈套；敌人之所以驻扎在平坦地带，是因为他们这样做有利可图。许多树木摇曳摆动，这是敌人隐蔽前来；草丛中有许多障碍，这是敌人故布疑阵。鸟雀惊飞，这是其下埋伏着敌军；野兽骇奔，这是敌人大举突袭。尘土高扬，笔直上升，这是敌人的战车驰来；尘土低而宽广，这是敌人的步兵来了；尘土四散飞扬，这是敌人在拖曳柴薪；尘土稀薄而又时起时落，这是敌人正

来者，营军也[9]。辞卑而益备者，进也[10]；辞强而进驱者，退也[11]；轻车先出居其侧者，陈也[12]；无约而请和者，谋也[13]；奔走而陈兵车者，期也[14]；半进半退者，诱也[15]。杖而立者，饥也[16]；汲而先饮者，渴也[17]；见利而不进者，劳也[18]；鸟集者，虚也[19]；夜呼者，恐也[20]；军扰者，将不重也[21]；旌旗动者，乱也[22]；吏怒者，倦也[23]；粟马肉食[24]，军无悬缻[25]，不返其舍者[26]，穷寇也。谆谆翕翕[27]，徐与人言者[28]，失众也；数赏者，窘也[29]；数罚者，困也[30]；先暴而后畏其众者[31]，不精之至也[32]。来委谢者[33]，欲休息也[34]。兵怒而相迎，久而不合[35]，又不相去，必谨察之。

在结寨扎营。敌人使者措辞谦卑，而敌人却在加紧战备，这是想要进攻；敌人使者措辞强硬，而军队又做出前进姿态，这是准备撤退；敌人战车先出动，部署在侧翼，这是在布列阵势；敌人尚未受挫而主动前来讲和，必定另有阴谋；敌人急速奔跑，摆开兵车，布好阵势，是期待同我军决战；敌人半进半退，是企图引诱我军上当。敌兵倚着兵器站立，这是饥饿的表现；敌军打水的人自己先喝，这是干渴缺水的表现；敌人明见有利而不进兵争夺，这是疲劳的表现；敌军营寨上方飞鸟集结，表明其营寨空虚无人；敌人夜间惊慌叫喊，这是其恐惧的表现；敌营惊扰纷乱，这是敌将没有威严；敌阵旗帜摇动不整齐，这是敌人队伍已经混乱；敌人军官易怒烦躁，表明全军已经疲倦；敌人拿粮食喂马，杀牲口吃肉，收拾起炊具，不返回营寨，暴露野宿，这是打算拼死突围的穷寇。敌将低声下气同部下讲话，这表明敌将失去人心；接连不断地犒赏士卒，这表明敌人已无计可施；反反复复地处罚部属，这表明敌军处境困难；敌方将领先粗暴对待士卒，继而又害怕部下，说明他实在是最不精明的统帅。敌人派遣使者前来送礼言好，这是敌人希冀休兵息战。敌人逞怒同我军对阵，可是久不交锋而又不撤退，这就必须审慎地观察他们的意图。

注释

①其所居易者，利也：敌军在平地上驻扎，一定是有利可图才这么做的。杜牧注：“敌不居险阻而居平易，必有以便利于事也。”易，平易，指平地。利，有利、有好处。又，张预注：“或曰敌欲人之进，故处于平易以示利，而诱我也。”以下三十余事，皆为“相敌”之策的具体表现。

②众树动者，来也：众树，许多树木。动，摇曳摆动。曹操注：“斩伐树木，除道进来，故动。”

③众草多障者，疑也：在杂草丛生之处设下许多障碍，是企图使我方迷惑。曹操注：“结草为障，欲使我疑也。”疑，使动用法，使其迷惑之意。

④鸟起者，伏也：鸟雀惊飞，是因为其下埋伏着敌军。曹操注：“鸟起其上，下有伏兵。”伏，埋伏、伏兵。

⑤兽骇者，覆也：野兽受惊奔跑，这是敌军大举来袭。曹操注：“敌广陈张翼，来覆我也。”骇，惊骇、受惊。覆，倾覆、覆没的意思，引申为铺天盖地，蜂拥而至。一说，“覆”亦为伏兵。《左传·隐公九年》：“君为三覆以待之。”杜预注：“覆，伏兵也。”

⑥尘高而锐者，车来也：尘土高扬，笔直上升，这是敌人兵车驰来。杜牧注：“车马行疾，仍须鱼贯，故尘高而尖。”锐，锐直、笔直。车，兵车。

⑦卑而广者，徒来也：意为尘土低而宽广，这是敌人的步兵来了。张预注：“徒步行缓而迹轻，又行列疏远，故尘低而来。”卑，低下。广，宽广。徒，步卒、步兵。

⑧散而条达者，樵采也：尘土散漫而细长，时断时续，这是敌

人在砍薪伐柴。杜牧注：“樵采者，各随所向，故尘埃散衍。”条达，王皙注：“纤微断续之貌。”

⑨少而往来者，营军也：尘土稀少，此起彼落，这是敌人在安营驻军。杜牧注：“欲立营垒，以轻兵往来为斥候，故尘少也。”梅尧臣注：“轻兵定营，往来尘少。”

⑩辞卑而益备者，进也：敌人措辞谦卑恭顺，同时又加强战备，这表明敌人准备进犯。梅尧臣注：“欲进者，外则卑辞，内则益备。”卑，谦卑、恭敬。益，增加、更加。

⑪辞强而进驱者，退也：敌人措辞强硬，在行动上又示以驰驱进逼之姿态，这是其准备后撤。

⑫轻车先出居其侧者，陈也：张预注：“轻车，战车也。出军其旁，陈兵欲战也。”陈，同“阵”，布列阵势。

⑬无约而请和者，谋也：指敌人还没有陷入困境却主动前来请和，这中间一定怀有不可告人的目的。王皙注：“无故骤请和者，宜防他谋也。”约，困屈、受制的意思。《说文》：“约，缠束也。”《集韵》：“约，屈也。”

⑭奔走而陈兵车者，期也：意思是敌人急速行动，摆开兵车，布好阵势，是期求与我军进行作战。期，期求。《韩非子·五蠹》：“圣人不期修古，不法常可。”此处是“期会”（按期会合进行决战）的意思。

⑮半进半退者，诱也：敌人似进不进，似退不退，这是为了诱我军入其圈套。梅尧臣注：“进退不一，欲以诱我。”

⑯杖而立者，饥也：言倚着兵器而站立，这是饥饿的表现。王皙注：“倚仗者，困馁之相。”杖，同“仗”，扶、倚仗的意思。

⑰汲而先饮者，渴也：取水的人自己先饮用，这是敌军干渴

的标志。张预注:“汲者未及归营而先饮水,是三军渴也。”汲,汲水、打水。

⑱见利而不进者,劳也:明明有利可图而敌军队伍却不进攻,说明敌军已疲劳不堪。杜佑注:“敌人来,见我利而不能击进者,疲劳也。”

⑲鸟集者,虚也:鸟雀群集敌营,表明敌营空虚无人。梅尧臣注:“敌人既去,营垒空虚,鸟乌无猜,来集其上。”《左传·襄公十八年》:“叔向告晋侯曰:‘城上有鸟,齐师其遁。’”虚,空虚无人的意思。

⑳夜呼者,恐也:军卒夜间惊呼,这是敌人惊恐不安的象征。杜牧注:“恐惧不安,故夜呼以自壮也。”

㉑军扰者,将不重也:张预注:“军中多惊扰者,将不持重也。”

㉒旌旗动者,乱也:敌军旗帜不停地摇动,表明敌人已经处于混乱之中。杜佑注:“旌旗谬动,抵东触西倾倚者,乱也。”

㉓吏怒者,倦也:梅尧臣注:“吏士倦烦,怒不畏避也。”

㉔粟马肉食:拿粮食喂马,杀牲口吃肉。粟,粮谷,此处名词用作动词,指用粮食喂马。

㉕军无悬缻:缻,汲水用的罐子,泛指炊具。此句是说敌军收拾起了炊具。

㉖不返其舍者:舍,营帐。此言军不归营,暴露野宿。

㉗谆谆翕翕:低声下气、恳切温和的样子。谆,恳切。《说文》:“谆,告晓之孰也。”这里有絮絮不休的意思。翕,通“习”。《诗经·邶风·谷风》:“习习谷风。”毛苌传:“习习,和舒貌。”

㉘徐与人言者:意为语调和缓地同士卒商谈。徐,缓缓温和

的样子。人,此处指士卒。

㉙数赏者,窘也:敌军一再犒赏士卒,说明其处境困难。梅尧臣注:“势穷忧叛离,屡赏以悦众。”数,多次、反复。窘,窘迫、困窘。

㉚数罚者,困也:敌军一再处罚士卒,表明其已经陷入困境。梅尧臣注:“人弊不堪命,屡罚以立威。”

㉛先暴而后畏其众者:指将帅开始对士卒粗暴,继而又惧怕士卒者。李筌注:“先轻后畏,是勇而无刚者,不精之甚也。”

㉜不精之至也:意为将帅不精明到了极点。

㉝来委谢者:委,委质、遗礼、呈献礼物,表示忠诚信实。谢,道歉、谢罪。委谢,指委质赔礼。古人相见,多执贽以为礼,故称“委质”或“委贽”。

㉞欲休息也:敌人希望休兵息战。

㉟久而不合:久久没有展开交锋的意思。合,指交战。古代敌对双方交战曰“合”。

原文

兵非益多也[①],惟无武进[②],足以并力、料敌、取人而已[③];夫惟无虑而易敌者[④],必擒于人。

译文

兵员并不是越多越好,只要不轻敌冒进,做到集中兵力,判明敌情,取得部下的信任和支持,就足够了;那种既无深谋远虑而又狂妄轻敌的人,一定会被敌人所俘虏。

注释

①兵非益多也：意为兵员并不是越多越好。这反映了孙子的精兵建军思想。益多，即以多为益。王皙注："不以多为益。"

②惟无武进：意为只是不要恃武冒进。王皙注："不可但恃武也，当以计智料敌而行。"惟，独、但、只是。武进，刚武轻进，犹言迷信武力、肆意冒进。

③足以并力、料敌、取人而已：指能做到集中兵力、正确判断敌情、争取人心则足矣。张预注："并兵合力，察敌而取胜。"并力，集中兵力。料敌，观察判断敌情。取人，争取人心，善于用人。

④无虑而易敌：没有深谋远虑而妄自尊大、蔑视敌手。杜牧注："无有深谋远虑，但恃一夫之勇，轻易不顾者，必为敌人所擒也。"易，轻视、蔑视。《左传·僖公二十二年》："国无小，不可易也。"

原文

卒未亲附而罚之则不服[①]，不服则难用也；卒已亲附而罚不行，则不可用也。故令之以文，齐之以武[②]，是谓必取[③]。令素行以教

译文

士卒还没有亲近依附就对其施行惩罚，那么他们就会不服，不服就难以使用；士卒已经亲近依附，而军纪军法仍得不到执行，就无法用他们去作战。所以要用怀柔宽仁的手段去教育他们，用军纪军法去约束管制他们，则用兵打仗一定能取胜。平素能够严格贯彻军令，管教士卒，士卒就会养成服从

其民[4]，则民服；令不素行以教其民，则民不服。令素行者，与众相得也[5]。	的习惯；平时不能贯彻执行军令以管教士卒，士卒就会养成不服从的习惯。平常能够顺利执行军令，是因为统帅与兵卒之间相处融洽。

注释

①卒未亲附而罚之则不服：在士卒还未亲近依附之前就施用刑罚，士卒就会怨愤不服。杜牧注："恩信未洽，不可以刑罚齐之。"亲附，亲近归附。《淮南子·主术训》："群臣亲，百姓附。"此句连同下句"卒已亲附而罚不行，则不可用也"，说明赏罚的时机拿捏至关重要，不能急于求成而过早，也不能逶迤拖延而过晚。

②故令之以文，齐之以武：令，教育。文，指政治、道义。齐，整饬、规范。武，指军纪军法。李筌注："文，仁恩；武，威罚。"此句的意思是，用政治、道义来教育士卒，用军纪军法来约束、整饬部队。这是孙子治军思想的核心原则。《吴子·论将》："夫总文武者，军之将也；兼刚柔者，兵之事也。"

③是谓必取：指用兵打仗一定能取胜。梅尧臣注："令以仁恩，齐以威刑，恩威并著，则能必胜。"

④令素行以教其民：令，法令规章。素，平常、平时。行，实行、执行。民，这里主要是指士卒。梅尧臣注："素，旧也。威令旧立，教乃听服。"

⑤令素行者，与众相得也：意为平素能够顺利执行的军纪军令，是因为统帅同兵卒之间相处融洽。杜牧注："素，先也。言为将居常无事之时，须恩信威令先著于人，然后对敌之时，行令立法，人人信伏。"张预注："上以信使民，民以信服上，是上下相得也。"得，亲和。相得，指军队内部上下和睦，关系融洽。

读孙札记

1. 从“黄帝之所以胜四帝”看竹简《孙子兵法》佚文的分类与性质

临沂银雀山汉墓竹简《孙子兵法》佚文，根据竹简整理小组的考定，比较明确的共有五篇，分别为《吴问》《见吴王》《黄帝伐赤帝》《四变》以及《地形二》。通过对其内容的考察，我们认为从性质上，它们可以分为三个类型：一是有关孙子本人生平事迹的记载。如《吴问》记叙孙子与阖闾讨论、预测晋国政治形势，深刻揭示了孙武的政治见解和进步倾向，表明孙子不但是卓越的军事家，同时也是很有头脑的政治家。《见吴王》追叙孙子与阖闾的君臣际会，重现孙子吴宫教战的戏剧性一幕，内容较司马迁《史记》所叙更为翔实。它们在某种程度上可以补充《史记》孙子本传在叙述孙子行事上不足、单薄之缺憾。二是对《孙子兵法》中有关原则或提法的补充性阐释与说明。如《四变》即为对《九变篇》中“涂有所不由，军有所不击，城有所不攻，地有所不争”之缘由的具体解释。其说明“城之所不攻者”云：“曰：计吾力足以拔之。拔之而不及利于前，得之而后弗能守。若力□之，城必不取。及于前，利得而城自降，利不得而不为害于后。若此者，城唯（虽）可攻，弗攻也。”（参见《银雀山汉墓竹简［壹］》，文物出版社1985年版，下同）将“城有所不攻”的道理，说明得一清二楚。《黄帝伐赤帝》，则显然是就《行军篇》中“黄帝之所以胜四帝”一语做出明确的说明，叙述历史事迹，从中阐明战争制胜的基本条件，“休民，孰（熟）穀，赦罪”。三是不见于存世本《孙子兵法》的兵学论述，如《地形二》。

2.“相敌”当注重对细节的观察

从“相敌”之法中，还可以看出一个道理：细节决定成败。什么叫细节？就是那些看似平淡无奇的微小环节。英格兰有一首著名民谣：少了一枚铁钉，掉了一只马掌，丢了一匹战马，败了一场战役，丢了一个国家。这些铁钉、马掌什么的，都是细节。对这些现象进行观察，可以发现一些重要玄机。《左传》记载的“楚幕有乌”的故事，也能说明这个问题。楚军连夜撤退了，帐篷上就会有乌鸦聚集。如果不观察这样的细节，就不知道事实真相，不敢进兵，错失战机，甚至导致失败。反之，则可以适时组织对应之策，赢得时间，牢牢地把握主动权。

3.“令之以文”当为“合之以文”

“令之以文，齐之以武”，在汉墓竹简本中，作“合之以文，齐之以武”。应该说，汉墓竹简本的文字表述，似乎要优于传世本的表述。

众所周知，军队是国家机器的柱石，作为执行武装斗争任务的特殊团体，要确保其发挥强大的战斗力，关键之一是要搞好内部的治理，即所谓“以治为胜”。而要治理好军队，使它在关键时刻顶得上去，用得顺手，就必须遵循一定的原则。只有在正确原则的指导之下，再配合以具体的方法和手段（比如严格军纪、信赏必罚、强化训练等），才能使全军上下进退有节，团结一致，令行而禁止，无往而不胜。

同先秦时期其他著名兵书，如《司马法》《吴子》《尉缭子》《六韬》等相比，对治军问题的论述，在《孙子兵法》一书中并不占据突出的位置。但是，这并不意味着孙子不重视治军，相反，孙子对这个问题还是有自己独到的看法的，他就如何治军经武提出了许多精辟的原则。

这些原则的根本精神，就是刚柔相济，恩威并施："故合之以文，齐之以武，是谓必取。"文武两手都要硬，双管齐下，互补协调，共同作用于治理军队的实践。

在传世本中，"合之以文，齐之以武"乃作"令之以文，齐之以武"。应该说，从文义上讲，这也是讲得通的。其意为要用怀柔宽仁的手段去教育士卒，用军纪军法去约束管制士卒。这也是将帅管束部队、治理属下的通常做法。即《吴子·论将》所言为将者的基本要求："总文武者，军之将也；兼刚柔者，兵之事也。"

然而，细加体会，我们不得不指出："合之以文"较之"令之以文"更为妥帖，且在语法结构上与下句"齐之以武"更为对应和一致，也更接近《孙子》原来文字的本相。考汉简本，此句作"合之以交，济之以……"。此处，"交"当为"文"之误，"济"则当为"齐"之借字。可见，其文为"合之以文，齐之以武"。"文""武"对文，"合""齐"亦对文，"合"本身亦含有"齐"义。[①]《易·乾文言》云："与日月合其明。"此处"合"即"齐"。从语词与语法角度考察，"令""合""齐"虽皆为动词，但是"令"为单纯的动作行为，而"齐""合"皆含有动作之后所呈示的状态之意蕴。据此，我们可知孙子所追求的治军理想境界：通过怀柔宽仁的手段教育士卒，使全军上下凝聚成一体，通过军纪军法的途径约束管制士卒，使全军上下步调一致。

很显然，按汉简本的文字，孙子在这里强调的是用文、武两

①参见吴九龙主编：《孙子校释》，军事科学出版社1990年版，第164页。

手管治部队，并具体说明了治军管理上的终极目标。而传世本的文字，仅仅表述了孙子的前一层意思，而没有反映出孙子的后一层意思，这无疑是要稍逊色于汉简本的表述的。

汉简本“合之以文，齐之以武”的表述要胜于传世本“令之以文，齐之以武”的表述，也是有文献学上的依据的。《淮南子·兵略训》亦云：“是故合之以文。”可见《淮南子》所据之本，当与汉简本相同。《北堂书钞》卷一一三与《太平御览》卷二九六引《孙子》时亦并作“合之以文，齐之以武”，说明在唐宋时期，同样有《孙子》文本与汉简本之文字相同。这些情况均表明，《孙子兵法》此处的正确文字当为“合之以文，齐之以武”，今传世本“合”作“令”，或因与“合”字形近而讹误，或涉下文“令素行”“令不素行”而臆改。

地形篇

题解

本篇的主旨是阐述利用地形条件克敌制胜的基本原则，以及军队在各种地形条件下实施作战的一般方法。它是中国历史上最早系统论述有关军事地形学的精辟专文，与本书中专门阐述兵要地理（战略地理）的《九地篇》一起，构成了兵圣孙武军事地理学思想的主要内容，弥足珍贵，价值永恒。

孙子在本篇中扼要地揭示了巧妙利用地形的重要性：“料敌制胜，计险厄远近，上将之道也。”“地形者，兵之助也。”列举了战术地形的主要类型和不同特点，提出了在不同的地形条件下军队行军作战的若干基本原则，辩证地分析了判断敌情与利用地形之间的相互关系。在此基础上，孙子进而探讨了军队作战失利的六种主要原因，指出造成“六败”局面的责任应该由将帅来承担，“非天之灾，将之过也”。并阐述了将帅的道德行为准则，“进不求名，退不避罪，唯人是保，而利合于主”。孙子论述了若干治军上的一般原则，主张将领既要爱护士兵，“视卒如婴儿”，“视卒如爱子”；又要严肃治军的纪律，反对过分地厚爱士卒，做到“爱”与“严”相结合。全篇讲“地”，更讲“人”；讲“助”，更讲“主”；既重客观条件，又重主观作用；既源于地形，又高于地形。总之，本篇是反映《孙子兵法》唯物与辩证的统一、客观与主观的统一原则精神的佳作。

汉简篇题木牍有《□刑（形）》一题，位置在《九地》之前，似即本篇篇题，但汉简中未曾发现此篇的简文。本篇篇题，曹操注："欲战，审地形以立胜也。"张预注："行师越境，审地形而立胜。故次《行军》。"诸家之注都扼要概括了全篇的主旨。

原文

孙子曰：地形有通者①，有挂者②，有支者③，有隘者④，有险者⑤，有远者⑥。我可以往，彼可以来，曰通。通形者，先居高阳⑦，利粮道⑧，以战则利⑨。可以往，难以返，曰挂。挂形者，敌无备，出而胜之；敌若有备，出而不胜，难以返，不利⑩。我出

译文

孙子说：地形有“通”“挂”“支”“隘”“险”“远”等六种。凡是我们可以去，敌人也可以来的地域，叫作“通”。在“通”形地域上，应抢先占领开阔向阳的高地，保持粮草补给线的畅通，这样对敌作战就有利。凡是可以前进，难以返回的地域，称作“挂”。在“挂”形地域上，假如敌人没有防备，我们可以突然出击战胜他们；倘若敌人已有防备，我们出击就不能取胜，而且难以回师，这样就被动不利。凡是我军前出不利，敌人前出也不利的地

而不利，彼出而不利[11]，曰支。支形者，敌虽利我[12]，我无出也；引而去之[13]，令敌半出而击之[14]，利。隘形者，我先居之，必盈之以待敌[15]；若敌先居之，盈而勿从，不盈而从之[16]。险形者，我先居之，必居高阳以待敌[17]；若敌先居之，引而去之，勿从也[18]。远形者[19]，势均[20]，难以挑战[21]，战而不利。凡此六者，地之道也[22]，将之至任[23]，不可不察也。

域，叫作“支”。在“支”形地域上，敌人即使以利相诱，我们也不要出击，而应该率军假装退却，诱使敌人前出一半时再回师反击，这样就主动有利。在“隘”形地域上，我们应该先敌占领，并用重兵封锁隘口，以等待敌人的进犯；如果敌人已先占据了隘口，并用重兵把守，我们就不要去攻击；如果敌人没有用重兵据守隘口，那么就可以进攻。在“险”形地域上，如果我军先敌占领，就必须控制开阔向阳的高地，以等待敌人来犯；如果敌人先我军占领，就应该率军撤离，不要去攻打它。在“远”形地域上，敌我双方势均力敌，就不宜去挑战，勉强求战，就会被动不利。以上六点，是利用地形的原则。这是将帅的重大责任所在，不可不认真考察研究。

注释

①地形有通者：地形，地理形状、山川形势。《商君书·农战》：“人君不能服强敌破大国也，则修守备，便地形，抟民力，以待外事。”通，通达，指广阔平坦、四通八达的地区。梅尧臣注：“道路交达。”

②挂者：挂，悬挂、牵碍。此处乃指前平后险、易入难出的地区。梅尧臣注：“网罗之地，往必挂缀。”赵本学《赵注孙子兵法》曰：“往则顺而下，返则逆而上，前低后高，如物挂者然也。”

③支者:支,支持、支撑。这里指敌我均可据险对峙、不易于发动进攻的地区。梅尧臣注:“相持之地。”

④隘者:狭隘险要之地。这里特指两山之间的峡谷地带。梅尧臣注:“两山通谷之间。”

⑤险者:险,险恶、险要,指行动不便的险峻地带。

⑥远者:指路途迂回曲折、敌我双方相距甚远的地区。

⑦先居高阳:意为抢先占据地势高隆且向阳之处,以争取主动。杜牧注:“通者,四战之地,须先据高阳之处,勿使敌人先得而我后至也。”

⑧利粮道:指保持粮道的畅通无阻。利,此处用作动词。杜牧注:“利粮道者,每于津厄或敌人要冲,则筑垒或作甬道以护之。”杜佑注:“无使敌绝己粮道也。”

⑨以战则利:以,为的意思。《玉篇》:“以,为也。”

⑩“挂形者”至“难以返,不利”句:意为在“挂”形地域,敌方如无防备,可以主动出击夺取胜利;如果敌人已有戒备,出击不能取胜,军队想要归返就困难了。梅尧臣注:“出其不意,往则获利;若其有备,往必受制。”

⑪彼出而不利:敌人出击也同样不利。而,此处作“亦”“也”解。

⑫敌虽利我:利,利诱,指敌人以利相诱。张预注:“利我,谓佯背我去也。”

⑬引而去之:引,引导、带领的意思。去,离去、离开。引而去之,指率领部队伪装退去。

⑭令敌半出而击之:令,使。张预注:“敌若来追,伺其半出,行列未定,锐卒攻之,必获利焉。”

⑮必盈之以待敌:一定要动用充足的兵力堵塞隘口,来对付来犯的敌军。杜佑注:“以兵陈满隘形,欲使敌不得进退也。”盈,满、充实的意思。

⑯若敌先居之,盈而勿从,不盈而从之:此言在“隘”形地域,敌人如果已先我占领,并用重兵把守住了隘口,我方就不可去攻打;如果敌人还未用重兵扼守隘口,我军就应该全力进攻,去争夺险阻之利。从,顺从、从随,这里指发起进攻。

⑰险形者,我先居之,必居高阳以待敌:意为在险阻之地,我军应当抢先占据地高向阳的要害之处以待敌军,争取主动。张预注:“平陆之地,尚宜先据,况险厄之所,岂可以致于人?故先处高阳,以佚待劳,则胜矣。”

⑱若敌先居之,引而去之,勿从也:张预注:“若敌已据此地,宜速引退,不可与战。”甚是。

⑲远形者:这里特指敌我营垒距离甚远。陈皞注:“与敌营垒相远。”

⑳势均:孟氏注、张预注皆谓“兵势”相均,杜佑注则谓“地势”相均。于文义都讲得通,但由于此篇是就“地形”立论,所以杜说似乎更为在理。即敌我双方所处的地理条件相均等。

㉑难以挑战:此言由于地远势均,近敌挑战则劳师辱军,所以称之为“难”。陈皞曰:“夫与敌营垒相远,兵力又均,难以挑战,战则不利。”挑战,挑动敌人出战。

㉒地之道也:意为上述六者是将帅指挥作战时利用地形的基本原则。道,原则、规律。

㉓将之至任:指将帅所应担负的重大责任。梅尧臣注:“夫地形者,助兵立胜之本,岂得不度也!”至,最、极的意思。

原文

故兵有走者[①]，有弛者，有陷者，有崩者，有乱者，有北者。凡此六者，非天之灾[②]，将之过也。夫势均，以一击十，曰走[③]；卒强吏弱，曰弛[④]；吏强卒弱，曰陷[⑤]；大吏怒而不服[⑥]，遇敌怼而自战[⑦]，将不知其能，曰崩[⑧]；将弱不严[⑨]，教道不明[⑩]，吏卒无常[⑪]，陈兵纵横[⑫]，曰乱；将不能料敌[⑬]，以少合众[⑭]，以弱击强，兵无选锋[⑮]，曰北[⑯]。凡此六者，败之道也[⑰]；将之至任，不可不察也。

译文

军队打败仗有"走""弛""陷""崩""乱""北"六种情况。这六种情况的发生，不是由于自然灾害，而是将帅自身的过错。在势均力敌的情况下，以一击十而导致失败的，叫作"走"；士卒强悍、将吏懦弱而造成败北的，叫作"弛"；将帅强悍、士卒懦弱而溃败的，叫作"陷"；偏将怨愤而不服从命令，遇到敌人心怀怨愤，擅自出战，主将又不了解他们的能力，因而失败的，叫作"崩"；将帅懦弱缺乏威严，训练教育士卒没有章法，官兵关系混乱紧张，排兵布阵杂乱无常，因此而致败的，叫作"乱"；将帅不能正确判断敌情，以少击众，以弱击强，又没有精锐的先锋部队，因而落败的，叫作"北"。以上六种情况，均是导致作战失败的原因；这是将帅的重大责任之所在，不可不认真加以考察研究。

注释

①兵有走者：兵，这里指败军。走，与以下"弛、陷、崩、乱、北"，共为"六败"之名。贾林注："走、弛、陷、崩、乱、北，皆败坏大小变易之名也。"

②非天之灾：意为导致用兵"六败"的原因，不在于自然灾害。

③走：跑、奔，这里指军队败逃。

④弛：涣散、松懈的意思。这里指将吏软弱无能，队伍涣散难制。张预注：“士卒豪悍，将吏懦弱，不能统辖约束，故军政弛坏也。”

⑤陷：陷没。此言将吏虽勇强，但士卒没有战斗力，遇敌，将吏不得不孤身奋战，力不能支，最终陷于敌阵。王皙注：“为下所陷。”

⑥大吏怒而不服：曹操注：“大吏，小将也。”此句意为，偏裨将佐恚怒，不肯服从主将的命令。

⑦遇敌怼而自战：意为恚怒愤懑的“大吏”，遇敌心怀怨愤，擅自出阵作战。怼，《说文》：“怨也。”

⑧崩：土崩瓦解，形容全军溃败。刘寅《武经七书直解》：“如山之崩坠。”

⑨将弱不严：指将帅懦弱无能，毫无威严可以制下。

⑩教道不明：指治军缺乏法度，军队管理不善。张预注：“教道不明，谓教阅无古法也。”教道，指训练、教育之法度。

⑪吏卒无常：无常，指没有法纪、常规，军中上下关系处于失常无序状态。

⑫陈兵纵横：指排兵布阵杂乱无章。杜牧注：“引兵出陈，或纵或横，皆自乱之也。”梅尧臣注：“懦而不严，则士无常检；教而不明，则出陈纵横不整。乱之道也。”“陈”，古“阵”字。

⑬料敌：指分析（研究）敌情。

⑭合：指两军交战。

⑮选锋：精选勇敢善战的士卒而成的先锋部队。战国时期，齐国的技击，魏国的武卒，秦国的锐士，都是当时各国的选锋

部队。

⑯北：败北。《荀子·议兵》云："遇敌处战则必北。"杨倞注："以败走为北也。"

⑰凡此六者，败之道也：陈皞注："一曰不量寡众，二曰本乏刑德，三曰失于训练，四曰非理兴怒，五曰法令不行，六曰不择骁果，此名六败也。"

原文

夫地形者，兵之助也[1]。料敌制胜[2]，计险厄远近[3]，上将之道也[4]。知此而用战者必胜[5]，不知此而用战者必败。故战道必胜[6]，主曰无战[7]，必战可也[8]；战道不胜，主曰必战，无战可也[9]。故进不求名，退不避罪，唯人是保[10]，而利合于主[11]，国之宝也[12]。

译文

地形是用兵打仗的辅助条件。正确判断敌情，积极掌握主动，考察地形险厄，计算道路远近，这些都是贤能的将领必须掌握的方法。懂得这些道理去指挥作战的，必定能够胜利；不了解这些道理去指挥作战的，必定失败。所以，根据战争规律进行分析，有必胜把握的，即使国君主张不打，将帅坚持去打也是可以的；根据战争规律进行分析，没有必胜把握的，即使国君主张一定要打，将帅不打也是可以的。进不谋求战胜的名声，退不回避违命的罪责，只求保全民众，而有利于国君的大业，这样的将帅，乃是国家的宝贵财富。

注释

①地形者,兵之助也:指地形的审用,是用兵作战的重要辅助条件。按,这是孙子军事地理思想的根本原则。助,辅助、辅佐。

②料敌制胜:指正确地分析判断敌人虚实强弱情况以夺取胜利。

③计险厄远近:指考察地形的险厄,计算道路的远近。

④上将:贤能、高明之将。《吕氏春秋·简选》:"令能将将之。"高诱注:"能将,上将。"陈奇猷《校释》云:"上将,犹言上乘之将,亦即贤能之将。"张预注:"既能料敌虚实、强弱之情,又能度地险厄、远近之形,本末皆知,为将之道毕矣。"

⑤知此而用战者必胜:知此,指懂得上述道理。用,为、由、以的意思。用战,指挥作战。张预注:"既知敌情,又知地利,以战则胜。"

⑥战道必胜:战道,作战的各种条件,引申为战争的一般指导规律。战道必胜,指根据战争规律分析局势,具备了必胜的把握。

⑦主:指君主、国君。杜牧注:"主者,君也。"

⑧必战可也:言可自行决断,与敌开战,无须听从君命。

⑨无战可也:犹言拒绝君命,不同敌人交战。孟氏注:"宁违于君,不逆士众。"

⑩唯人是保:人,百姓、民众。保,保全。此句意为,对个人的进退处置在所不计,只求保全民众。

⑪利合于主:指符合、满足国君的利益。合,此为适合、符合的意思。梅尧臣注:"宁违命而取胜,勿顺命而致败。"

⑫国之宝也:犹言国家的宝贵财富。杜牧注:"进不求战胜之名,退不避违命之罪也。如此之将,国家之珍宝,言其少得也。"

原文

视卒如婴儿[①]，故可与之赴深豁[②]；视卒如爱子，故可与之俱死。厚而不能使，爱而不能令[③]，乱而不能治[④]，譬若骄子，不可用也[⑤]。

译文

将帅对待士卒就像对待婴儿一样，那么士卒就可以同他共赴患难；将帅对待士卒就像对待爱子一样，那么士卒就可以跟他同生共死。如果对士卒厚待而不能使用，溺爱而不能教育，违法而不能惩治，那士卒就如同娇惯的子女一样，是不可以用来同敌作战的。

注释

①视：看待、对待的意思。《左传·成公三年》：“贾人如晋，荀罃善视之。”

②深豁：豁，山涧河沟。深豁，极深的溪涧，这里喻危险地带。

③厚而不能使，爱而不能令：指只知厚待而不能使用，只知溺爱而不重教育。曹操注：“恩不可专用，罚不可独任。”厚，厚养、厚待。令，这里是教育的意思。梅尧臣注：“厚养而不使爱宠而不教。”

④乱而不能治：指士卒放纵不羁而不能加以约束惩治。治，治理，这里有惩处的意思。《史记·李斯列传》：“赵高治斯，榜掠千余。”

⑤譬若骄子，不可用也：张预注：“恩不可以专用，罚不可以独行，专用恩则卒如骄子而不能使。”甚是。

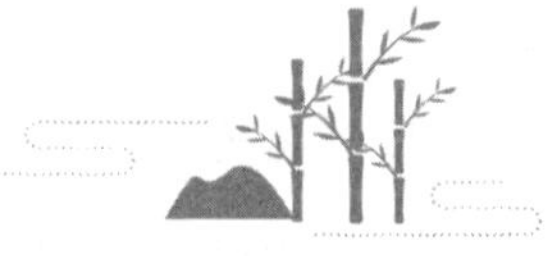

原文

知吾卒之可以击，而不知敌之不可击，胜之半也[①]；知敌之可击，而不知吾卒之不可以击，胜之半也；知敌之可击，知吾卒之可以击，而不知地形之不可以战，胜之半也[②]。故知兵者[③]，动而不迷[④]，举而不穷[⑤]。故曰：知彼知己，胜乃不殆；知天知地，胜乃不穷[⑥]。

译文

只了解自己的部队可以出击，而不了解不可以攻击敌人，取胜的可能只有一半；只了解可以攻击敌人，而不了解自己的部队不可以出击，取胜的可能只有一半；既知道可以攻击敌人，也知道自己的部队能够出击，但是不了解地形不利于作战，取胜的可能性仍然只有一半。所以，懂得用兵的人，他一旦行动起来就不会迷惑，他的作战方法变化无穷而不致困窘。所以说：了解对方，了解自己，争取胜利也就不会有危险；既懂得天时，又懂得地利，克敌制胜就会永无穷尽。

注释

①胜之半也：意为胜利或失败的可能性各占一半，即没有必胜的把握。曹操、李筌等均注："胜之半者，未可知也。"

②而不知地形之不可以战，胜之半也：此言如果不知道地形不适宜于作战，得不到地形之助，则对于能否取胜同样也无把握。梅尧臣注："知彼知己而不知地形，亦或不胜。"

③知兵者：通晓用兵打仗之道的人。

④动而不迷：行动起来从不迷惑，含有不盲动的意思。迷，迷惑、困惑。

⑤举而不穷：举，行动。穷，困窘、困厄的意思。《论语·卫灵公》："君子亦有穷乎？"此句意为，所采取的作战措施因敌制宜，变化无穷。梅尧臣注："无所不知，则动不迷闇，举不困穷也。"

⑥胜乃不穷：指赢得战争、获取胜利永远不会有穷尽。梅尧臣注："知彼利，知此利，故不危；知天时，知地形，故不极。"

读孙札记

1. 孙子的"爱兵"观之基本原则

"视卒如婴儿""视卒如爱子"，显而易见，是孙子的仁义思想在军队管理问题上的具体反映。在《计篇》中，孙子在讨论影响战争胜负的五个重要因素——"五事七计"时，用到了一个"仁"字。孙子把"将"作为"五事"的第三项，并且指出，为将者必须具备"智、信、仁、勇、严"这五项基本素质。这五个要素中，"仁"被列为第三位，固不如儒家重视程度之高，但也充分体现出作者的仁爱情怀，反映出孙子的仁爱思想。而与"仁"相比，"严"字被列在最后一位。这里的"严"，既包含律己，也包含待人。很显然，在孙子眼中，在治理军队、对待部下之时，仁爱之情要比严酷为治显得更为重要、更为管用。可能正是因为有了这种认识，孙子才有"视卒如婴儿"和"视卒如爱子"的用兵思想。孙子认为，只有这样，才能保证作战之时的三军用命，才可以达成"可与之赴深谿"和"可与之俱死"的作战效果。

然而，需要看到的是，孙子的仁爱是有限度的。如果超过了一定的限度，也即“厚而不能使，爱而不能令，乱而不能治”，那就是培养出了娇生惯养的“骄子”，关键时候派不上用场。同时，我们还要看到，孙子对待士卒还会有“愚”的一面。集中体现孙子愚兵之术的文字，主要见诸《九地篇》。可见，孙子所阐述的官兵关系的基本准则，乃是主张将领既要关心爱护士卒，使其感恩戴德；又要严格治军纪律，使其敬畏权威。做到“爱”“严”结合，奖惩适宜，恩威并施，刚柔相济。

2. 是“胜乃不穷”，还是“胜乃可全”？

“知天知地，胜乃不穷”，这是传世的十一家注本的表述。而历史上的大多数版本，则与十一家注本的这些文字有较大的差异，如《太平御览》卷三二二引此作“胜乃可全”，孙校本经孙星衍校勘的《孙子十家注》从《御览》和杜佑注，改“不穷”为“可全”。平津馆本、武经本、樱田本、《兵诀评》本等亦均作“胜乃可全”。

这两种说法，何者为优？我认为是一样合理，一样优秀，只是各自的切入点不同、侧重点有别而已。“胜乃不穷”，它是从时间无限性的层面切入，时间流逝，永无尽头，胜利也生生不息，永无止境，这符合孙子的发展观：“奇正相生，如循环之无端，孰能穷之？”“胜乃可全”，这是从空间广大性的角度考量，空间无边无垠，包罗万象，胜利也完美圆满，稳妥万全，这同样是合乎孙子对兵学理想境界的追求的：“自保而全胜”“故兵不顿而利可全”。由此可见，“胜乃不穷”与“胜乃可全”，都是孙子兵学精粹要旨的生动体现，异彩纷呈，使后人能够从更多的维度真切地感受《孙子兵法》的永恒魅力！

九地篇

题解

本篇约一千二百字，几占全书篇幅的五分之一。它内容丰富，思想精辟，说理透彻，文采斐然，富有极其深刻的战争哲理，虽然列于下卷，但在《孙子兵法》全书中的重要性并不亚于《计篇》《谋攻篇》《虚实篇》等。

本篇篇题，曹操注："欲战之地有九。"王皙注："用兵之地，利害有九也。"张预注："用兵之地，其势有九。"这些旧注，均向我们提示了这么一个信息，就是孙子在本篇中，是围绕地理形势与作战之间的关系，来展开对作战指导规律的探讨的。这一点是我们把握全篇中心思想、认识孙子兵学原则精义奥妙的一把钥匙。

所谓"九地"，是指散地、轻地、争地、交地、衢地、重地、圮地、围地、死地等九种不同的兵要地理。所谓兵要地理，其实就是军事战略地理，按现代术语表述，军事战略地理"是在军事领域内，从战略的高度研究与军事有关的地理环境对军事战略的影响，为决策者进行安全环境分析、选择战略目标、拟定战略方针、制定武装部队建设规划和建立一个有利的战略态势服务"[①]。孙子

① 雷杰：《战略地理学概论》，解放军出版社1990年版，第2页。

本篇所谈到的“兵要地理”问题，其概念似乎没有这般拗口与复杂，但主要精神是相通的，特别是在“建立一个有利的战略态势”方面，古今战略地理学的出发点和努力方向可谓高度一致。

通观全篇，可知孙子立足于战略地理学的高度，放眼战争全局，围绕当时诸侯争霸兼并战争的新的特点和需要，深刻地论述了军队在九种不同战略地理条件下进行作战的基本指导原则，特别强调了要根据不同作战地区官兵所产生的不同心理状态，来制定切合实际、行之有效的战略战术，确保赢得战争的胜利。其中对战略进攻中如何实施突然袭击问题的论述，是为全篇的精华所在。

首先，孙子从战略态势上，概括了九种不同兵要地理的特点及其对官兵心理状态所产生的影响，并进而提出具体灵活的应变措施，以充分发挥军队的战斗力。其次，孙子提倡深入敌境进行作战，认为这样做具有使士兵听从指挥、努力作战，就地解决军队的给养问题，士兵无所畏惧等多种优点。最后，孙子进一步强调了贯穿于他的整个思想体系中的一些重要作战原则，如隐蔽突然、快速灵活、迅猛机动、善于制造敌人弱点、争取主动、避实击虚、集中兵力等，并把它们同地理条件的特点结合起来。在本篇中，孙子还提出了某些具有一定进步意义的治军主张，如强调带兵要做到法令严明，禁止迷信和谣言，重视保持军队的团结和战斗力，为克敌制胜创造充分的条件。但是，我们也应该看到，本篇中也大量地反映了孙子的“愚兵”思想，应该有所甄别。

赵注本（即《孙子书校解引类》，又名《赵注孙子兵法》）云：

“上篇《地形》之地，排兵布阵之地也，以宽狭险易言之。《九地》之地，侵伐所至之地也，以浅深轻重言之。兵之所至，其地有九等，其法不同，大要皆本于人情。善用兵者，深达人情之理，驭之以术，发之以机，则人可用而地不困。”赵本学看出《地形篇》之“地”为单纯地形，与《九地篇》之“地”不同，差别在于“人情”。按，其所谓“人情”二字，当是指士卒心态、诸侯态势、敌我形势等具有战略影响的因素。

原文

孙子曰：用兵之法，有散地，有轻地，有争地，有交地，有衢地，有重地，有圮地，有围地，有死地。诸侯自战其地，为散地[①]。入人之地而不深者，为轻地[②]。我得则利，彼得亦利者，为争地[③]。我可以往，彼可以来者，为交地[④]。诸侯之地三属[⑤]，先至而得天下之众者，为衢地[⑥]。入人之地深，

译文

孙子说：根据用兵的原理，兵要地理可以分为散地、轻地、争地、交地、衢地、重地、圮地、围地、死地九类。在本国境内作战的地区，叫作散地。在敌国浅近纵深作战的地区，叫作轻地。我方得到后主动有利，敌人得到后也主动有利的地区，叫作争地。我军可以前往，敌军也可以前来的地区，叫作交地。同几个诸侯国相毗邻，先期到达就可以获得诸侯国援助的地区，叫作衢地。深入敌国腹地，背靠敌人众多城邑的地区，叫作重地。山林险阻、水网

背城邑多者，为重地[⑦]。行山林、险阻、沮泽，凡难行之道者，为圮地[⑧]。所由入者隘，所从归者迂，彼寡可以击吾之众者，为围地[⑨]。疾战则存，不疾战则亡者，为死地[⑩]。是故散地则无战[⑪]，轻地则无止[⑫]，争地则无攻[⑬]，交地则无绝[⑭]，衢地则合交[⑮]，重地则掠[⑯]，圮地则行[⑰]，围地则谋[⑱]，死地则战[⑲]。

沼泽这一类难于通行的地区，叫作圮地。进军的道路狭窄，退兵的道路迂远，敌人可以用少量兵力攻击我方众多兵力的地区，叫作围地。迅速奋战就能生存，不迅速奋战就会全军覆没的地区，叫作死地。因此，处于散地就不宜作战，处于轻地就不宜停留，遇上争地就不要勉强进攻，遇上交地就不要断绝联络，进入衢地就该结交诸侯，深入重地就要掠取粮草，碰到圮地就必须迅速通过，陷入围地就要设计脱险，处于死地就要力战求生。

注释

①诸侯自战其地，为散地：指在本土作战，士卒近家，危急时容易逃散的地区。曹操注："士卒恋土，道近易散。"李筌注："卒恃土怀妻子，急则散，是为散地也。"散，离散。

②入人之地而不深者，为轻地：指军队在进入敌境不深的地区作战，士卒离本土不远，情况危急时易于轻返，是谓轻地。张预注："始入敌境，士卒思还，是轻返之地也。"

③我得则利，彼得亦利者，为争地：争地，指我军占领有利、敌军占领也有利的地区。杜佑注："谓山水厄口，有险固之利，两敌所争。"梅尧臣注："无我无彼，先得则利。"

④我可以往，彼可以来者，为交地：交地，指道路纵横、地势平坦、交通便利的地区。交，纵横交叉。陈皞注："交，错是也。

言其道路交横，彼我可以来往。”

⑤诸侯之地三属：三，泛指众多。属，连接、毗邻。三属，多方毗连，盖指与多个诸侯国相毗邻之地。

⑥先至而得天下之众者，为衢地：谁先到达就可以得到四周诸侯的援助，这样的地方叫作衢地。杜牧注：“我须先至其冲，据其形势，结其旁国。”衢，四通八达的道路。《说文》：“四达谓之衢。”

⑦入人之地深，背城邑多者，为重地：进入敌境已远，隔着很多敌国城邑的地区，叫作重地。梅尧臣注：“过城已多，津要绝塞，故曰重难之地。”

⑧行山林、险阻、沮泽，凡难行之道者，为圮地：凡是山林、险要隘路、水网湖沼这类难以通行的地区，叫作圮地。圮，《说文》：“圮，毁也。”梅尧臣注：“水所毁圮，行则犹难，况战守乎?!”

⑨围地：入口狭隘、归路迂远、敌人能够以少量兵力攻击我军多数兵力的地区，叫作围地。何氏注：“围地，入则险隘，归则迂回，进退无从，虽众何用。”

⑩疾战则存，不疾战则亡者，为死地：地势险恶，只有迅速奋勇作战才能生存，不迅速力战就难免覆灭的地区，叫作死地。张预注：“山川险隘，进退不能，粮绝于中，敌临于外，当此之际，励士决战而不可缓也。”

⑪散地则无战：在散地上不宜作战。梅尧臣注：“我兵在国，安土怀生，陈则不坚，斗则不胜，是不可以战也。”

⑫轻地则无止：止，停留、逗留。意为军队在轻地上不宜停留。梅尧臣注：“始入敌境，未背险阻，士心不专，无以战为。勿近名城，勿由通路，以速进为利。”

⑬争地则无攻：遇到争地，我方应该先行占据；如果敌人已

先期占领,则不要去强攻争夺。梅尧臣注:"形胜之地,先据乎利。敌若已得其处,则不可攻。"

⑭交地则无绝:绝,隔绝、断绝。此句意为,在交地要做到军队部署上能够首尾连贯,互相策应。曹操注:"相及属也。"杜牧注:"川广地平,四面交战,须车骑部伍首尾联属,不可使之断绝,恐敌人因而乘我。"

⑮衢地则合交:意为在衢地上要加强外交活动,结交诸侯盟友,以为已援。曹操注:"结诸侯也。"王皙注:"四通之境,非交援不强。"合交,结交。

⑯重地则掠:指深入敌方腹地,后方运输困难,要"因粮于敌",就地解决部队的补给问题。梅尧臣注:"去国既远,多背城邑,粮道必绝,则掠畜积以继食。"掠,掠取、抢掠。

⑰圮地则行:军队行进中遇到圮地,必须设法迅速通过。张预注:"难行之地,不可稽留也。"

⑱围地则谋:此言军队如陷入围地,就必须善用计谋来摆脱困境。曹操注:"发奇谋也。"

⑲死地则战:言军队如进入死地,就必须奋勇力战,以求脱险。曹操注:"殊死战也。"

原文

所谓古之善用兵者,能使敌人前后不相及①,众寡不相恃②,贵贱不相救③,上下不相收④,卒离而不集⑤,兵合而不齐⑥。合于利而动,不合于利而止⑦。敢问:"敌众整而将来,待之若何?"曰:"先夺其所爱,则听矣⑧。"兵之情主速⑨,乘人之不及⑩,由不虞之道⑪,攻其所不戒也⑫。

译文

从前善于指挥作战的人,能够使敌人前后部队不能相互策应,大部队和小分队无法相互依靠,官兵之间不能相互救援,上下之间无法聚集合拢,士卒离散,难以集中,阵形不整。对我军有利就主动进攻,对我军不利就停止行动。试问:"敌人兵员众多且又阵势严整,向我军发起进攻,那该用什么办法对付他们呢?"回答是:"先夺取敌人的要害之处,这样他们就不得不听从我们的摆布了。"用兵之理,贵在神速,要乘敌人猝不及防的时机,走敌人所预料不到的路径,攻击敌人没有戒备的地方。

注释

①前后不相及:前军与后卫不能相互策应配合。及,策应。

②众寡不相恃:众,指大部队。寡,指小分队。恃,依靠。此句言大部队与小部队之间不能相互依靠和协同。

③贵贱不相救:贵,军官。贱,士卒。救,救应、救援。指军官和士卒之间不能相互救应。

④上下不相收:收,《说文·攴部》:"收,捕也。"引申为收拢、聚集。此句谓部队建制被打乱,上下之间失去联络,无法聚合。

⑤卒离而不集:离,离散。集,集结。言使敌军士卒离散而

无法集结起来。

⑥兵合而不齐：敌军虽能使士卒集合在一起，但无法让军队整齐统一，形成充分的战斗力。张预注："出其不意，掩其无备，骁兵锐卒，猝然突击。彼救前则后虚，应左则右隙，使仓惶散乱，不知所御，将吏士卒，不能相赴。其卒已散而不复聚，其兵虽合而不能一。"

⑦合于利而动，不合于利而止：合，符合。动，作战。止，不战。此句亦见于《火攻篇》。

⑧先夺其所爱，则听矣：爱，珍爱，引申为要害、关键。听，听从、顺从。此句的意思是，首先攻取敌人的要害之处，敌人就不得不听从我方的摆布了。梅尧臣注："当先夺其所顾爱，则我志得行，然后使其惊挠散乱，无所不至也。"

⑨兵之情主速：情，情理，引申为关键。主，重在、要在。速，迅速、疾速。此句言用兵的关键在于迅速，出敌不意。王皙注："兵上神速，夺爱尤当然也。"

⑩乘人之不及：人，敌人。不及，措手不及。意为要乘敌人措手不及时采取行动。

⑪由不虞之道：由，经过、通过。不虞，不曾料想、意料到。此句言进军要走(通过)敌人预料不到的路径。张预注："出兵于不虞之径。"

⑫攻其所不戒也：戒，防备、戒备、警戒。《说文》："戒，警也。"此句意为，攻击敌人所没有戒备的地方。

原文

凡为客之道[①]，深入则专[②]，主人不克[③]；掠于饶野[④]，三军足食；谨养而勿劳[⑤]，并气积力[⑥]，运兵计谋，为不可测[⑦]。投之无所往，死且不北[⑧]，死焉不得[⑨]，士人尽力。兵士甚陷则不惧[⑩]，无所往则固[⑪]，深入则拘[⑫]，不得已则斗[⑬]。是故其兵不修而戒[⑭]，不求而得，不约而亲[⑮]，不令而信[⑯]。禁祥去疑[⑰]，至死无所之[⑱]。吾士无余财，非恶货也；无余命，非恶寿也[⑲]。令发之日，士卒坐者涕沾襟[⑳]，偃卧者涕交颐[㉑]。投之无所往者，诸、刿之勇也[㉒]。

译文

在敌国境内作战，其一般规律是：深入敌国的腹地，我军就会齐心协力，敌人就不能战胜我们；在敌国丰饶的田野上掠取粮草，全军上下的给养就有了充足的保障；要注意使部队得到休整，不要使其过于疲劳。保持士气，积蓄力量，部署兵力，巧设计谋，使敌人无法判断我军的意图。将部队置于无路可走的绝境，士卒就会宁死不退；士卒连死都不怕，那他们还有什么做不到的呢？士卒深陷危险的境地，心里就不再存有恐惧；无路可走，军心自然就会稳固；进入敌国的纵深地区，军队就不会离散；遇到迫不得已的情况，军队就会殊死奋战。因此，这样的军队不须整饬就能注意戒备，不用强求就能完成任务，无须约束就能亲附团结，不待申令就会服从命令。禁止占卜迷信，消除士卒的疑惑，他们就至死也不会逃避。我军士卒没有多余的钱财，这并不是他们厌恶钱财；我军士卒置生死于度外，这也不是他们厌恶长寿。当作战命令颁布之时，坐着的士卒泪沾衣襟，躺着的士卒泪流满面。把士卒置于无路可走的绝境，他们就会像专诸、曹刿一样勇敢。

注释

①为客之道:客,客军,指离开本土进入敌境作战的军队。道,规律、原则。

②深入则专:专,齐心、专心。此言军队深入敌境作战,就会齐心协力、意志专一。杜牧注:“若深入敌人之境,士卒有必死之志,其心专一,主人不能胜我也。”

③主人不克:主人,处于防御地位的一方,此处指在本土作战的军队。克,战胜。此句的意思是,在自己本土作战的敌军不能够战胜我军。梅尧臣注:“主人不能克我。”

④掠于饶野:掠取敌方富饶田野上的庄稼。王晳注:“饶野多稼穑。”

⑤谨养而勿劳:谨,注意、注重。养,休整。此句意思是,认真地搞好部队的休整,不要使将士过于疲劳。王晳注:“谨养,谓抚循饮食,周谨之也。”

⑥并气积力:并,合,引申为集中、保持的意思。积,积蓄。意为保持士气,积蓄战斗力量。王晳注:“并锐气,积余力。”

⑦为不可测:使敌人无从判断。杜牧注:“动用变化,使敌人不能测我也。”测,推测、判断。

⑧投之无所往,死且不北:投,投放、投置。意为把军队置于无路可走的绝境,则士卒奋战至死也不会逃跑。张预注:“置之危地,左右前后皆无所往,则守战至死,而不奔北矣。”

⑨死焉不得:焉,疑问代词,何、什么的意思。此句意为士卒若不惧死亡,那还有什么做不到的呢?梅尧臣注:“兵焉得不用命。”

⑩兵士甚陷则不惧:士卒们深陷危险境地就不再恐惧。张

预注："陷在危亡之地，人持必死之志，岂复畏敌也？"甚，很、非常的意思。

⑪无所往则固：无路可走的情况下军心就会稳固。张预注："动无所之，人心坚固。"固，坚固、牢固、稳固。

⑫深入则拘：拘，拘束、束缚。曹操注："拘，缚也。"这里引申为人心专一，不会涣散。此句言军队进入敌境已深，则军心凝聚。梅尧臣注："入深则自然志专也。"

⑬不得已则斗：迫不得已就会殊死战斗。曹操注："人穷则死战也。"

⑭是故其兵不修而戒：修，修治、修明法令。戒，戒备、警戒。指士卒不待整治督促，就知道加强戒备。杜牧注："兵在死地，上下同志，不待修整而自戒惧。"

⑮不约而亲：指不待约束就能做到亲近团结。约，约束。亲，团结。

⑯不令而信：指不待申令就能做到信任服从。信，服从、信从。张预注："危难之地，人自同力。不休整而自戒慎，不求索而得情意，不约束而亲上，不号令而信命，所谓同舟而济，则胡越何患乎异心也?!"

⑰禁祥去疑：禁止占卜之类的迷信，消除谣言，以避免士卒产生疑虑。曹操注："禁妖祥之言，去疑惑之计。"祥，吉凶的预兆，这里指占卜之类的迷信活动。疑，疑惑、疑虑。

⑱至死无所之：即便到死也不会逃避（动摇）。杜牧注："士卒至死无有异志也。"之，往。

⑲吾士无余财，非恶货也；无余命，非恶寿也：我军士卒没有多余的钱财，这并不是他们厌恶财宝；没有第二条命（却拼死作

战),这也并不是他们不想长寿。张预注:“货与寿,人之所爱也。所以烧掷财宝、割弃性命者,非憎恶之也,不得已也。”余,多余。恶,厌恶、讨厌。货,财宝、财物。寿,长寿、寿考。

⑳士卒坐者涕沾襟:坐着的士卒热泪沾满衣襟。张预注:“感激之,故涕泣也。”涕,眼泪。襟,衣襟。

㉑偃卧者涕交颐:躺着的士卒则泪流面颊。偃,仰倒。颐,面颊。

㉒诸、刿之勇也:像专诸和曹刿那样英勇无畏。梅尧臣注:“既令以必死,则所往皆有专诸、曹刿之勇。”诸,专诸,春秋时吴国的勇士。公元前515年,专诸在吴公子光(即阖闾)招待吴王僚的宴席上,用藏于鱼腹的剑刺死吴王僚,自己也当场被杀。刿,曹刿,又名曹沫,春秋时期鲁国武士。在柯地(今山东东阿)齐鲁会盟时,他持剑劫持齐桓公,迫使齐同鲁订立盟约,收回为齐所侵占的鲁国土地。在历史上,他们是勇士的代称。

原文

故善用兵者,譬如率然[①]。率然者,常山[②]之蛇也。击其首则尾至,击其尾则首至,击其中则首尾俱至。敢问:“兵

译文

善于指挥作战的人,能使部队自我策应如同率然一样。“率然”,是常山的一种蛇。打它的头,尾巴就来救应;打它的尾巴,头就来救应;打它的腰身,它的头尾都来救应。试问:“那么可以使部队像率然一样吗?”回答是:“可以。”吴国人和越国

可使如率然乎？”曰：“可。”夫吴人与越人相恶也，当其同舟而济，遇风[3]，其相救也如左右手。是故方马埋轮，未足恃也[4]；齐勇若一，政之道也[5]；刚柔皆得，地之理也[6]。故善用兵者，携手若使一人[7]，不得已也。

人互相仇视，但当他们同船渡河而遇上大风时，他们相互救援，配合默契就如同人的左右手一样。因此，想用把战马并排系在一起、深埋车轮这种显示死战决心的办法来稳定部队，那是靠不住的；要使部队能够齐心协力，奋勇作战，如同一人，关键在于部队管理教育有方；要使强者和弱者都能各尽其力，根本在于恰当地利用地形。所以善于用兵的人，能使全军上下携手团结如同一人，这是因为客观形势迫使部队不得不这样。

注释

①譬如率然：率然，古代传说中的一种蛇。《神异经·西荒经》：“西方山中有蛇，头尾差大，有色五彩。人、物触之者，中头则尾至，中尾则头至，中腰则头尾并至，名曰率然。”

②常山：恒山，是五岳中的北岳，位于今山西浑源南。西汉时为避汉文帝刘恒之讳，改称“常山”。北周武帝时，重新改称“恒山”。

③当其同舟而济，遇风：指乘坐同一条船横渡江河，遇上大风。济，渡。

④方马埋轮，未足恃也：言将马并排地系在一起，将车轮掩埋固定起来，想以此来稳定部队，那是靠不住的。方，并、比的意思，《说文》：“方，并船也。”曹操注：“方，缚马也。埋轮，示不动也。”

⑤齐勇若一，政之道也：使士卒齐心协力、英勇杀敌如同一

人，这才是治理军队的正确方法。梅尧臣注："使人齐勇如一心而无怯者，得军政之道也。"齐，齐心协力。政，治理、管理的意思。

⑥刚柔皆得，地之理也：言使强者和弱者都能各尽其力，这在于恰当地利用地形。王晳注："刚柔，犹强弱也。言三军之士，强弱皆得其用者，地利使之然也。"

⑦携手若使一人：使全军携手作战就像一个人一样。杜牧注："言使三军之士，如牵一夫之手，不得已皆须从我之命，喻易也。"携手，挽手、拉手。

原文

将军之事[①]，静以幽[②]，正以治[③]。能愚士卒之耳目，使之无知[④]。易其事，革其谋，使人无识[⑤]。易其居，迂其途，使人不得虑[⑥]。帅与之期，如登高而去其梯[⑦]。帅与之深入诸侯之地，而发其机[⑧]，焚舟破釜[⑨]，若驱群羊，驱而

译文

在指挥部队这件事情上，要做到考虑谋略沉着冷静而幽邃莫测，管理部队公正严明而有条不紊。要能蒙蔽士卒的视听，使他们对于军事行动懵懂无知。变更作战部署，改变原定计划，使人无法识破真相。不时变换驻地，故意迂回行进，使人无从推测我方的意图。将帅向部队下达作战任务，要像使其登高而抽掉梯子一样，使得士卒有进无退。将帅率领士卒深入敌国腹地，要像弩机发出的箭镞一样一往无前，要烧掉舟船，打碎炊具，以显示死战的决心，对待士卒，要如同驱赶

往，驱而来，莫知所之。聚三军之众，投之于险，此谓将军之事也[10]。九地之变，屈伸之利[11]，人情之理，不可不察。

羊群一样，赶过去又赶过来，使他们不知道要到哪里去。集结全军官兵，把他们置于险恶的境地，这就是指挥军队作战的要务。九种地形的应变处置，攻防进退的利弊得失，全军上下的心理状态，这些都是身为将帅者不可不认真研究和周密考察的。

注释

①将军之事：将，此处作动词用，主持、指挥的意思。此句意为，指挥军队打仗的事情。

②静以幽：静，沉着冷静。以，同“而”。幽，幽深莫测。张预注：“其谋事，则安静而幽深，人不能测。”

③正以治：谓严肃公正而治理得宜。正，严正、公正。治，安定、有条理。张预注：“其御下，则公正而整治，人不敢慢。”王晳注：“静则不挠，幽则不测，正则不偷，治则不乱。”

④能愚士卒之耳目，使之无知：指能够蒙蔽士卒，使他们不能知觉。李筌注：“为谋未熟，不欲令士卒知之。可以乐成，不可与谋始，是以先愚其耳目，使无见知。”愚，蒙蔽、蒙骗。

⑤易其事，革其谋，使人无识：变更正在做的事情，改变计谋，使他人无法识破。张预注：“前所行之事，旧所发之谋，皆变易之，使人不可知也。”易，变更。革，改变、变置。

⑥易其居，迂其途，使人不得虑：变换驻防的地点，迂回行军的路线，使敌人无法图谋。梅尧臣注：“更其所安之居，迂其所趋之途，无使人能虑也。”虑，图谋。

⑦帅与之期，如登高而去其梯：将帅赋予军队作战任务时，

要断绝其归路,迫使士卒勇往直前。帅,将帅。期,约定时间。与之期,指与部队约定赴战,即向部下下达战斗任务。

⑧帅与之深入诸侯之地,而发其机:言统率军队深入敌国腹地,如击发弩机后射出的箭镞一般笔直向前。王皙注:“皆励决战之志也。机之发,无复回也。”而,如、如同。王引之《经传释词》卷一:“而,犹如也。”机,指弩机。

⑨焚舟破釜:指烧掉舟船,打碎炊具,以示决一死战之意。釜,锅。

⑩聚三军之众,投之于险,此谓将军之事也:集结全军,把他们置于险恶的绝地,这就是指挥军队作战中的要事。梅尧臣注:“措三军于险难而取胜者,为将之所务也。”

⑪九地之变,屈伸之利:指对不同地理条件的应变处置,攻防进退的利弊得失。屈,弯曲。伸,伸展。屈伸,指部队前进或后退。张预注:“九地之法,不可拘泥,须识变通。可屈则屈,可伸则伸,审所利而已。”

原文

凡为客之道,深则专,浅则散[①]。去国越境而师者,绝地也[②];四达者,衢地也;入深者,重地也;入浅者,轻地也;背固

译文

在敌国境内作战,其通常的规律是:进入敌国境内越深,军心就越是稳固;进入敌国境内越浅,军心就越是涣散。离开本土、进入敌境进行作战的地区,叫作绝地;四通八达的地区,叫作衢地;进入敌

前隘者，围地也[③]；无所往者，死地也。是故散地，吾将一其志[④]；轻地，吾将使之属[⑤]；争地，吾将趋其后[⑥]；交地，吾将谨其守[⑦]；衢地，吾将固其结[⑧]；重地，吾将继其食[⑨]；圮地，吾将进其涂[⑩]；围地，吾将塞其阙[⑪]；死地，吾将示之以不活[⑫]。故兵之情，围则御[⑬]，不得已则斗，过则从[⑭]。

境深的地区，叫作重地；进入敌境浅的地区，叫作轻地；背有险阻面对隘路的地区，叫作围地；无路可走的地区，叫作死地。因此，处于散地，要统一部队的意志；处于轻地，要使部队和营垒紧密相连；在争地上，要使后续部队迅速跟进；在交地上，就要谨慎防守；在衢地上，就要巩固与诸侯国的联盟；遇上重地，就要保障军粮的供应；遇上圮地，就必须迅速通过；陷入围地，就要堵塞缺口；到了死地，就要显示殊死奋战的决心。所以，士卒的心理状态是，陷入包围就会竭力抵抗，形势逼迫就会拼死战斗，身处绝境就会听从指挥。

注释

①深则专，浅则散：指在敌国国土上作战，深入则士卒齐心协力，意志统一，浅入则士卒离散。

②去国越境而师者，绝地也：离开本国、越过边界进行作战的地区，叫作绝地。张预注："去己国、越人境而用师者，危绝之地也。"

③背固前隘者，围地也：背后地势险要，前面道路狭隘，进退易受制于敌的地区，叫作围地。

④散地，吾将一其志：在散地作战，我们要做到统一全军的意志。一，统一。

⑤轻地，吾将使之属：在轻地作战，我们要使部队和营垒相

互连接。梅尧臣注:“行则队校相继,止则营垒联属。”属,连接、相连。

⑥争地,吾将趋其后:在争地作战,我们要使后续部队迅速跟进。杜佑注:“利地在前,当进其后。争地先据者胜,不得者负。”张预注:“争地贵速,若前驱至而后不及则未可。故当疾进其后,使首尾俱至。或曰:‘趋其后谓后发先至也。’”

⑦交地,吾将谨其守:遇到交地,我们将谨慎守卫。

⑧衢地,吾将固其结:遇上衢地,我们要巩固与诸侯国的联盟。张预注:“财币以利之,盟誓以要之,坚固不渝,则必为我助。”

⑨重地,吾将继其食:在重地,我们要保障军粮供给。贾林注:“使粮相继而不绝也。”继,继续,引申为保障、保持。

⑩圮地,吾将进其涂:遇上圮地,我们要迅速通过。张预注:“遇圮毁之地,宜引兵速过。”涂,通“途”。

⑪围地,吾将塞其阙:陷入围地,我们要堵塞缺口,迫使士卒不得不拼死作战。曹操、李筌注:“以一士心也。”阙,缺口。

⑫死地,吾将示之以不活:到了死地,我们要向敌人显示我方将士死战的决心。梅尧臣注:“必死可生,人尽力也。”

⑬围则御:士卒被包围就会奋起抵御。

⑭不得已则斗,过则从:迫不得已士卒就会奋起战斗,身陷绝境士卒就会听从指挥。过,甚,这里指深陷危境。从,听从、服从指挥。

原文

是故不知诸侯之谋者，不能预交；不知山林、险阻、沮泽之形者，不能行军；不用乡导者，不能得地利[①]。四五者，不知一，非霸王之兵也[②]。夫霸王之兵，伐大国，则其众不得聚[③]；威加于敌，则其交不得合[④]。是故不争天下之交[⑤]，不养天下之权[⑥]，信己之私[⑦]，威加于敌，故其城可拔，其国可隳[⑧]。施无法之赏[⑨]，悬无政之令[⑩]，犯三军之众[⑪]，若使一人。犯之以事，勿告以言[⑫]；犯之以利，勿告以害[⑬]。投之亡地然后存，陷之死地然后生[⑭]。夫众陷于害，然后能为胜败[⑮]。故为兵之事，在于顺详敌之意[⑯]，并敌一向[⑰]，千里杀将，此谓巧能成事者也。

译文

因此，不了解诸侯国的战略意图，就不能与之结交；不熟悉山林、险阻、沼泽等地形，就不能行军；不重用向导，就无从得到地利。这些情况，如有一样不了解，都不能成为称王争霸的军队。凡是称王争霸的军队，进攻敌对的大国，能使敌国的军民来不及动员集中；将兵威加在敌人头上，能够使敌国无法联合他国。因此，没有必要争着同天下的诸侯结交，也用不着在各诸侯国里培植自己的势力，只要伸张自己的战略意图，把兵威施加在敌人头上，就可以攻取敌人的城邑，摧毁敌人的国都。施以超越惯例的奖赏，颁布不拘常规的号令，指挥全军就如同使用一个人一样。向部下布置作战任务，但不说明其中的意图；驱使士卒作战时，只说明有利的一面，而不告诉其危险性。将军队置于危地，才能转危为安；使军队陷于死地，才能起死回生。军队深陷于绝境，然后才能奋起拼杀赢得胜利。所以，指导战争这种事，在于谨慎地考察敌人的战略意图，集中兵力攻击敌人之一部，千里奔袭，擒杀敌将。这就是所谓巧妙用兵，实现克敌制胜的目标。

注释

①“是故”至“不能得地利”句:已见于前《军争篇》,孙子对重要的军事原则,往往反复加以强调,如“合于利而动”云云。梅尧臣注:“已解《军争篇》中。重陈此三者,盖言敌之情状,地之利害,当预知焉。”

②四五者,不知一,非霸王之兵也:此言九地的利害关系,不知其一,就不能成为霸王的军队。张预注:“四五谓九地之利害,有一不知,未能全胜。”四五者,曹操注:“谓九地之利害。”霸王,即霸主,春秋时期诸侯之长。

③则其众不得聚:指敌国军民来不及动员和集中。聚,聚集、集中。

④威加于敌,则其交不得合:指施加强大的兵威于敌国的头上,那么它在外交上也就无法联合他国了。王皙注:“威之所加者大,则敌交不得合。”

⑤是故不争天下之交:指没有必要争着和其他国家结交。杜牧注:“不结邻援。”甚是。

⑥不养天下之权:养,培养、培植。此句意为,没有必要在其他国家里培植自己的势力。一说,“不”当为“必”,似有道理,惜未有证据耳。

⑦信己之私:信,伸、伸展。私,私志、意图。此句谓当伸张自己的战略意图。李筌注:“惟得伸己之私志。”

⑧威加于敌,故其城可拔,其国可隳:指施加兵威于敌,则可以攻克敌国城邑,可以摧毁敌人国都。隳,音“灰”,毁坏、摧毁的意思。《吕氏春秋·顺说》:“隳人之城郭。”高诱注:“隳,坏也。”国,

都城。春秋时的“国”,一般都是指大城邑或国都。

⑨施无法之赏:意为施以超出惯例的奖赏,即所谓的法外之赏。无法,不合惯例、超出规定的意思。梅尧臣注:“瞻功行赏,法不预设。”

⑩悬无政之令:谓颁布打破常规的命令。贾林注:“欲拔城隳国之时,故悬国外之赏罚,行政外之威令,故不守常法常政。故曰:无法无政。”无政,即无正,指不合常规。悬,悬挂,引申为颁发、颁布。

⑪犯三军之众:犯,使用。曹操注:“犯,用也。”一说为调动。都是指挥运用的意思。此句意为,指挥三军上下行动。

⑫犯之以事,勿告以言:犯,用。之,指士卒。事,指作战。言,指谋略、实情。意为驱使士卒参战,但不要说明意图。张预注:“任用之于战斗,勿谕之以权谋。人知谋则疑也。”

⑬犯之以利,勿告以害:意为驱使士卒进行战斗时,只告诉其有利的一面,而不告诉其危险性。梅尧臣注:“用令知利,不令知害。”

⑭投之亡地然后存,陷之死地然后生:将军队置于危亡之地,然后可以保存;使军队陷入死绝之地,然后可以生存。梅尧臣注:“地虽曰亡,力战不亡;地虽曰死,死战不死。故亡者存之基,死者生之本也。”

⑮夫众陷于害,然后能为胜败:谓只有把军队置于险恶境地,才能取胜。张预注:“士卒用命,则胜败之事在我所为。”害,害处,指恶劣处境。

⑯在于顺详敌之意:顺,通“慎”,谨慎的意思(据杨炳安《孙子会笺》说)。详,当训作“审”,详细考察。此句意为,用兵作战要做到审慎地考察敌人的意图。一说指假装顺从敌人的意图,

亦通。陈皞注:“顺敌之旨,不假多说,但强示之弱,进示之退,使敌心不戒,然后攻而破之必矣。”

⑰并敌一向:指集中兵力攻向敌人的一点。曹操注:“并兵向敌。”王皙注:“并兵一力以向之。”皆是。

原文

是故政举之日①,夷关折符②,无通其使③,厉于廊庙之上,以诛其事④。敌人开阖⑤,必亟入之。先其所爱⑥,微与之期⑦。践墨随敌,以决战事⑧。是故始如处女,敌人开户⑨;后如脱兔,敌不及拒⑩。

译文

因此,在决定战争方略的时候,就要封锁关口,废除通行凭证,不同敌国使者往来,要在庙堂里反复秘密谋划,做出战略决策。敌人方面一旦暴露虚隙,就要迅速地乘机而入。首先要夺取敌人的战略要地,但不要轻易与敌约期决战。要灵活机动,因敌变化来决定自己的作战方案。因此,在战斗打响之前,要像处女那样显得沉静柔弱,诱使敌人放松戒备;在战斗展开之后,则要像脱逃的野兔一样行动迅速,使得敌人措手不及,无从抵抗。

注释

①政举之日:政,指战争行动。举,指实施、决定。此句意为,决定战争行动的时候。张预注:“庙算已定,军谋已成。”

②夷关折符:意即封锁关口,废除通行的凭证。梅尧臣注:

“灭塞关梁，断毁符节。”夷，削平，此处引申为封锁。折，折断，这里可以理解为废除。符，古时以木、竹、铜等材料做成的牌子，上书图文，分为两半，用作传达命令、调兵遣将和通行关界的凭证。此处泛指通行凭证。

③无通其使：不同敌国的使节相往来。张预注：“恐泄我事也。”使，使节。

④厉于廊庙之上，以诛其事：谓在庙堂上反复推敲计议，来决定战争行动事宜。厉，同“砺”，本义为磨刀石，此处引申为反复推敲、计议。廊庙，即庙堂，喻指最高决策机构。诛，意为研究决定。曹操注：“诛，治也。”

⑤敌人开阖：敌人敞开门户，指敌人有机可乘之时。阖，门扇。《礼记·月令》：“耕者少舍，乃修阖扇。”郑玄注：“用木曰阖，用竹苇曰扇。”

⑥先其所爱：指首先攻取敌之要害处，以争取主动。杜牧注：“凡是敌人所爱惜，倚恃以为军者，则先夺之也。”爱，珍爱、宝贵，引申为要害。

⑦微与之期：不要与敌人约期交战。微，无、毋的意思，《经传释词》：“微，无也。”之，指敌人。期，约期。

⑧践墨随敌，以决战事：指避免拘泥保守、墨守成规，而要随着敌情的变化来决定作战方案。贾林注：“随敌计以决战事，惟胜是利，不可守以绳墨而为。”践，通“刬”，避免的意思。贾林注：“刬，除也。”墨，墨线，喻指成规、教条。

⑨始如处女，敌人开户：军事行动开始之前，要做到如同处女一样沉静柔弱，诱使敌人放松戒备。张预注：“守则如处女之弱，令敌懈怠，是以启隙。”开户，开门，此处指放松戒备。

⑩后如脱兔，敌不及拒：战斗一旦打响，就要像脱逃的兔子一样迅速，使得敌人来不及抗拒。张预注："攻则犹脱兔之疾，乘敌仓卒，是以莫御。"

读孙札记

1.“夫吴人与越人相恶也”所透露的《孙子兵法》吴文化特征

《孙子兵法》与吴地文化具有密切的关系，这一点既可以从相关古代文献典籍中寻找到有力的依据，也能够在《孙子兵法》一书中获得比较充分的内证。

就《史记》等文献的记载而言，孙武虽是齐人，但自从其因避齐国内乱而出奔定居吴地起，他的活动基本上都是在吴地展开的。换言之，史籍所载可供采信的孙子生平大事，如吴宫教战、辅佐阖闾富国强兵、对楚实施战略欺骗、五战入郢等，均以吴国大地为广阔的舞台。从这个意义上说，孙子所创作的兵书，自然是吴文化的有机组成部分。对这个问题，先秦两汉时期的人们是不曾持有什么异议的。故东汉班固的《汉书·艺文志》沿袭西汉刘向诸人的考辨意见，称《孙子兵法》为《吴孙子兵法》，著录为“《吴孙子兵法》八十二篇，图九卷”；《汉书·刑法志》评论汉以前的著名军事家与军事理论家，也直言孙子系吴地的历史人物：“雄桀之士因势辅时，作为权诈以相倾覆，吴有孙武，齐有孙膑，魏有吴起，秦有商鞅，皆禽敌立胜，垂著篇籍。”类似的记载，亦见于《史记·律书》：“自是之后，名士迭兴，晋用咎犯，而齐用王子，吴用孙武，申明军约，赏罚必信，卒伯诸侯，兼列邦土。”班固并推论协助吴王阖闾成就一代霸业的孙子尽管立有“西破强楚，南服越人，北威齐晋”（《史记·伍子胥列传》）的赫赫功勋，但依旧逃脱不了兔死狗烹、卸磨杀驴的悲惨下场：“至于末世，苟任诈力，以快贪残，争城杀人盈城，争地杀人满野。孙（武）、吴（起）、商（鞅）、白（起）之徒，皆身诛戮于前，而国灭亡于后。”（《汉书·刑法志》）

先秦两汉时期的其他重要典籍，同样视《孙子兵法》诞生于吴国大地，为吴国波澜壮阔、绚丽多彩军事实践的卓越理论总结。《尉缭子·制谈篇》称：“有提三万之众而天下莫当者，谁？曰：‘武子也。’”吴军在公元前506年的破楚入郢之役中所动用的水陆兵力约为三万人，史有明载，可见这里提及的“武子”即为孙武无疑。又，《吕氏春秋·上德》云：“阖庐之教，孙、吴之兵，不能当也。”汉代高诱注：“孙、吴，吴起、孙武也。（孙武，）吴王阖庐之将也，《兵法》五千言是也。”《吕氏春秋》此段文字的作者以及高诱，也将孙子视为吴地人士，将《孙子兵法》一书看作吴越兵学文化的杰出成就。东汉王充同样将孙子及其著述置于吴国争霸事业的大背景下进行考察，从而曲折地透露了《孙子兵法》归属吴文化系统的价值判断：“孙武、阖庐，世之善用兵者也。知或学其法者，战必胜；不晓什伯之陈，不知击刺之术者，强使之军，军覆师败，无其法也。”（《论衡·量知篇》）

正是因为《孙子兵法》有十分浓厚的吴地背景，所以《吴越春秋》的作者东汉人赵晔干脆不再提孙武的原籍问题（“齐人”）了，而根据孙武的主要活动事迹以及兵书著述的吴地文化背景径称孙武为“吴人”，指出其“善为兵法，辟隐深居，世人莫知其能”（见《吴越春秋·阖闾内传》）。这虽然是对孙子生平记载的误解与曲说，但是也从一个侧面反映了《孙子兵法》与吴地文化渊源之深，纠葛之重。

就《孙子兵法》本书内证而言，笼罩在全书身上的吴地南方兵学文化特征更是十分显著的，这在书中所反映的军队体制编制、军事地理特点与战争外部环境、作战指导理念与方法、吴越争霸兼并战争背景诸环节中均可以获得充分的印证。

首先，《孙子兵法》所提到的“军、旅、卒、伍”四级基本编制在春秋时期为吴国所特有，与晋国军队的六级编制、齐国军队的五级编制有较大的区别。春秋时期正规的军队一般编制为《周礼·夏官·小司马》所称的“军、师、旅、卒、两、伍”的六级编制。在当时，晋国的军队编制可谓这种六级编制的典型代表。据文献记载，晋国先后作“二军”“三军”，乃至“五军”“六军”。可见“军”是晋国军队的最高建制单位。另外，晋国军队中有“师”与“旅”的建制：“百官之正长，师旅及处守者，皆有赂。”（《左传·襄公二十五年》）以及“卒、两、伍”的中下层建制：“以两之一卒适吴”（《左传·成公七年》），“卒伍治整，诸侯与之”（《国语·周语中》）。

齐国的情况有所不同，据《国语·齐语》以及《管子》相关篇章的记载，齐国军队实行的是五级编制，其成建制的军事单位为“军、旅、卒、小戎、伍”：“五家为轨，故五人为伍，轨长帅之；十轨为里，故五十人为小戎，里有司帅之；四里为连，故二百人为卒，连长帅之；十连为乡，故二千人为旅，乡良人帅之；五乡一帅，故万人为一军，五乡之帅帅之。三军，故有中军之鼓，有国子之鼓，有高子之鼓。”（《国语·齐语》）即“军”至“伍”五级编制，分别辖有万人、二千人、二百人、五十人和五人。

吴国的军队编制既不同于晋国，也不同于齐国，而有其独特的编制结构。以现存的文献考察，其军队的基本编制当为四级，即“军”“旅”“卒”“伍”。其中“伍”为五人；卒为百人，“陈士卒百人，以为彻行百行”；“旅”为千人，“十行一嬖大夫”；“军”为万人，“十旌为一将军……万人以为方阵”。（《国语·吴语》）这一点恰好在《孙子兵法》一书中得到颇具说服力的证明。《谋攻篇》云：“凡用兵之法，全国为上，破国次之；全军为上，破军次之；全旅为上，破旅次之；全卒为上，破卒次之；全伍为上，破伍次之。”《孙子兵法》所涉及的军队编制不以晋国的六级编制或齐国的五级编制为基本对象，却与吴国的四级建制相一致，这从一个方面有力地说明了《孙子兵法》的吴文化属性。

其次，《孙子兵法》所记述的“地形”“相敌之法”等内容，恰好与《尚书·禹贡》《史记·货殖列传》《汉书·地理志》等典籍所描述的南方地区地形地理环境的基本特征相吻合。

《尚书·禹贡》称吴国所在的扬州之地的特点是“厥草惟夭，厥木惟乔，厥土惟涂泥”；《史记·货殖列传》所云东楚，就地理范围言，即春秋时期吴国疆域之所在，“彭城以东，东海、吴、广陵，此东楚也”。其地之特点，为有“三江五湖之利”，“江南卑湿”。而《汉书·地理志》则同样称：“吴东有海盐章山之铜，三江五湖之利……江南卑湿，丈夫多夭。”由此可见，吴地的地理环境的主要特征是卑湿泥泞、江河湖泊纵横、草木茂盛等。《孙子兵法》所描述的大部分地理环境，正好与史籍所载的吴地地理环境相同，如“绝斥泽，惟亟去无留；若交军于斥泽之中，必依水草而背众树”（《行军篇》），“众草多障者，疑也”（《行军篇》），“行山林、险阻、沮泽，凡难行之道者，为圮地”（《九地篇》）云云，正是吴地卑湿泥泞、多江河湖泊，杂草丛生、乔木森森之地理环境的形象写照。而孙子有关“处山之军”“处水上之军”以及“处斥泽之军”的行军屯驻要领，也恰恰是基于吴地特定作战地理条件的具体产物。总之，《孙子兵法》所论述的作战地理对象，与齐地地理环境多不相类，而接近于史籍所载的吴地地理环境。这同样是《孙子兵法》立足于吴地自然条件、文化特色的一个有力内证。

再次，《孙子兵法》所汲汲倡导的诡诈作战指导原则，与中原地区所流行的“以礼为固，以仁为胜”之“军礼”传统相对立，与所谓“结日定地，各居一面，鸣鼓而战，不相诈”的“偏战”战法相区别，而体现了深厚的南方兵学文化的历史渊源。

先秦南方文化的中心地带是江汉淮水流域，它受西周传统文化的影响较小，具有自己独特的风格，对中原礼乐文化持保留乃至批判的态度，其基本特色是崇尚自然，鄙薄仁义礼治。所谓“诡诈谲变”的作战指导原则，就发轫于南方地区，泓水之战前夕，宋国司马子鱼指出楚人狡诈多变即是例证。具体而言，南方兵学文化的基本特征是讲求天道与人道的统一，从自然规律中汲取营养，以求为战争指导提供必要的启示。晦日进兵、设伏诱敌、突然袭击、避实击虚、奇正相生、化迂为直等是其热衷的命题与追求的理想境界，诡诈用兵、阴阳变化、刚柔并济是其兵学的基本精神。

以此为参照系数，考察《孙子兵法》的时代精神与文化特征，我们必须承认它与南方兵学文化的风格一致，而与提倡“逐奔不远，纵绥不及”“不鼓不成列”原则的以《司马法》为代表的中原以及齐地兵学之风格迥异其趣。《孙子兵法》一再强调“兵者诡道”，宣称“兵以诈立，以利动，以分合为变”，很显然是南方兵学风格的集中体现，是对旧的中原“军礼”兵学传统的全面否定。这多少也透露出《孙子兵法》的地域文化特征与吴地文化相一致的重要信息。

最后，现存的《孙子兵法》近六千言之中，曾多次提及“吴、越”之争，“越人之兵”，将越国视为吴国主要的假想敌之一，这也表明它是立足于南方战争形势与战备格局基础之上的，是有关南方地区军事实践活动的理论总结与思想升华。

《虚实篇》云：“以吾度之，越人之兵虽多，亦奚益于胜败哉？”《九地篇》云：“夫吴人与越人相恶也，当其同舟而济，遇风，其相救也如左右手。”这里，孙子处处以越国为吴国的主要对手，总是站在吴越争战的角度来阐说自己兵法的重要作战原理，这恰恰是春秋的争霸战争具体形势的写照。晋、楚争霸是春秋战略格局演变发展的一条主线。它们之间的长期争霸，直接制约与影响着吴、越诸国的战略选择与形势变化。当时，晋国曾拉拢吴国，期望其从侧后方牵制打击楚国，楚国也如法炮制，利用越国来抗衡吴国，在这样的背景之下，吴越两国之间多年征战不已，遂为世仇。孙子为吴王阖闾论兵，自然要以越国为吴国的主要假想作战对象。

2. “霸王之兵”当为“王霸之兵”

传世本《九地篇》言“霸王之兵”：“四五者，不知一，非霸王之兵也。夫霸王之兵，伐大国，则其众不得聚；威加于敌，则其交不得合。”此处，银雀山汉墓竹简则作“王霸之兵”。细加分析，可以这么认为，“霸王之兵”的称谓或许并非《孙子兵法》原文的提法，而应该是“王霸之兵”。按，春秋战国时期，多见“王霸”的提法，而罕见“霸王”的称呼。如《尉缭子·制谈》言：“独出独入者，王霸之兵也。”《司马法·仁本》云:“王霸之所以治诸侯者六。”《吕氏春秋·知度》:“夫成王霸者固有人。”又《荀子》一书中有《王霸篇》。故银雀山汉简整理小组在校语中指出:“汉简本作‘王霸’胜于传本。”[1]斯言可谓得之。简言之,汉简本“王霸之兵”乃是孙子之原意,而传世本“霸王之兵”则是后人在传抄《孙子兵法》过程中出现的错讹。

① 见《银雀山汉墓竹简[壹]》,文物出版社1985年版。

火攻篇

题解

“赤壁楼船扫地空”，“烈火张天照云海”，这两句大气磅礴、音节铿锵、形象鲜明、叱咤风云的诗，出自唐代伟大诗人、号称“诗仙”的李太白之《赤壁送别歌》。它同宋代大文豪苏东坡的千古绝唱《念奴娇·赤壁怀古》一词一样，为人们绘声绘色、惟妙惟肖地重现了公元208年发生的一幕——曹操、孙权、刘备三方赤壁大鏖战的生动而又惨烈的场景。这场决定魏、蜀、吴三国鼎立、逐鹿中原之命运大战的最基本特色，就是“火攻破敌”：“遥想公瑾当年，小乔初嫁了，雄姿英发。羽扇纶巾，谈笑间，樯橹（一作“强虏”）灰飞烟灭。”处于战略防御地位的孙、刘联军运筹帷幄，将帅指挥若定，巧妙地以火助攻，一把冲天大火烧得数十万曹操雄师鬼哭狼嚎，丢盔弃甲，溃不成军，狼狈北窜。曹孟德先生横槊赋诗、并吞寰宇的气概雄心，“山不厌高，海不厌深。周公吐哺，天下归心”的远大理想，就此付诸东流，抱恨终天！

在漫长的中国古代战争历史上，除了野战、城池攻守等常规战法之外，还有许许多多形式各异、惊心动魄的特殊战法，例如山地战、丛林战、荒漠戈壁战、河川湖泊战、夜战、雪战、地道战、水战、火攻等。这中间尤以火攻为人们所广泛瞩目，曾上演过一幕幕惊天地泣鬼神、气吞山河的战争场面。历史上不少脍炙人口的著名战例，往往与火攻相联系，仅就三国历史而说，几场关键性的战役——官渡之战、赤壁之战、夷陵之战，都是火攻制敌的典范样板。

所谓火攻，就是通过放火的途径，猛烈打击敌人，歼敌有生力量，毁敌战争资源，从而争取主动，克敌制胜。在古代冷兵器作战的条件下，火攻称得上是威力最为强大、效果至为明显的作战手段之一。火攻一旦奏效，便会使敌方的器械物资、城池营垒片刻之内化为乌有，三军人马瞬息之间毁伤殆尽，从而为纵火的一方主动进攻创造良好有利的作战态势。所以，明代杰出的军事家戚继光将军曾不无感慨地说："夫五兵之中，唯火最烈；古今水陆之战，以火成功最多。"①

孙子所处的春秋晚期，属于典型的冷兵器时代，所使用的兵器，主要是戈、戟、矛、枪、弓箭、佩剑等。锋刀相接、弓矢交射的作战形式，主要靠的是力与力的直接对抗与较量，"杀人一千，自伤八百"，战胜敌人的一方，往往也要付出相当规模的代价，人员和物资的消耗相对较大，战争的效益相对较低。在这种情况之下，火攻作为一种投入较小而产出较大的重要进攻方式，就逐渐登上战争历史的舞台。这种越来越风行的特殊战法，自然会引起当时兵学家们的高度重视，孙子当然也不例外。为此，他合乎逻辑地在《孙子兵法》一书中专门开辟一篇，来集中论述火攻的

---

①《练兵实纪·杂集》卷二《储练通论(下)》。

问题。后世,托名姜太公的战国晚期兵书《六韬·虎韬》中有《火战篇》,宋代无名氏撰著的兵书《百战奇法》第七卷中也有《火战》,它们皆是依据《孙子》本篇的基本思路与相关原则而作的引申、细化而已,无论是思想内容,还是阐释深度,均没有新的超越。这也印证了明人茅元仪《武备志·兵诀评序》中所做出的断言:“前孙子者,孙子不遗;后孙子者,不能遗孙子!”

本篇是我们现在所能见到的中国古代最早系统总结火攻作战经验和特点的专门文字。主要论述了春秋以前火攻的种类、实施火攻的条件和方法,以及火发后的相应应变措施等。孙子认为以火助攻,是提高军队战斗力、夺取作战胜利的重要作战样式。他把火攻归纳为五大类,即火人、火积、火辎、火库、火队。指出火攻必须具备“发火有时,起火有日”的气象条件,和“行火必有因,烟火必素具”等物质条件。孙子主张火攻与兵攻相结合,明确提出“必因五火之变而应之”,即利用纵火所引起的敌情变化,及时地指挥军队发起攻击,以扩大战果。本篇中有一个重要内容,是孙子的慎战思想。他强调君主和将帅对战争要慎重,指出国君不可以凭个人喜怒而发动战争,将帅也不可以为逞一时意气而轻率动武。无论是战是和,都必须以利益的大小或有无为依据:“合于利而动,不合于利而止。”孙子认为这才是真正的“安国全军之道”。

本篇篇题,曹操注:“以火攻人,当择时日也。”王皙注:“助兵取胜,戒虚发也。”皆符合孙子本篇主旨。其篇次,汉简篇题木牍《火攻》列在《用间》之后,与各传世本相反。

原文

孙子曰：凡火攻有五[①]：一曰火人[②]，二曰火积[③]，三曰火辎[④]，四曰火库[⑤]，五曰火队[⑥]。行火必有因[⑦]，烟火必素具[⑧]。发火有时，起火有日[⑨]。时者，天之燥也[⑩]；日者，月在箕、壁、翼、轸也[⑪]，凡此四宿者，风起之日也[⑫]。

译文

孙子说：火攻的形式共有五种：一是焚烧敌军人马，二是焚烧敌军粮草，三是焚烧敌军辎重，四是焚烧敌军仓库，五是焚烧敌军粮道。实施火攻必须具备一定的条件，火攻器材必须平时即有准备。放火要看准天时，起火要选好日子。所谓天时，是指气候干燥；所谓日子，是指月亮行经箕、壁、翼、轸位置的时候。凡是月亮在这四个星宿的时候，就是起风的日子。

注释

①五：五类、五种。

②火人：焚烧敌军人马。火，此处作动词用，烧、焚烧的意思。以下“火积”等之“火”义同。

③火积：指焚烧敌军的粮秣物资。积，积聚、积蓄，此处指粮草。梅尧臣注：“焚其委积，以困刍粮。”

④火辎：指焚烧敌军的辎重。张预注：“焚其辎重，使器用不供。”

⑤火库：意为焚烧敌军的物资仓库。梅尧臣注：“焚其库室，以空蓄聚。”

⑥火队：指焚烧敌之军事交通和转运设施。贾林注：“烧绝粮道及转运也。”队，通“隧”，道路。《左传·文公十六年》：“楚子乘

马日会师于临品，分为二队……以伐庸。”《广雅·释宫》：“队，道也。”《广雅疏证·释宫》：“队，与隧同，谓分为二道以伐庸也。”一说，火队即焚烧敌军队伍，如杜牧注：“焚其行伍，因乱而击之。”按，以上“五火”，归纳起来，也就是两大类，一是歼灭敌之有生力量，二是摧毁敌人赖以从事战争的物质基础。

⑦行火必有因：指实施火攻必须具备一定的条件。李筌注：“因奸人而内应也。”张预注：“凡火攻，皆因天时燥旱，营舍茅竹，积刍聚粮，居近草莽，因风而焚之。”皆是对火攻条件的具体罗列。行，实施。因，原因，此处指进行火攻的必备条件。

⑧烟火必素具：烟火，指火攻的器具和燃料等物。曹操注：“烟火，烧具也。”素，平素、经常的意思。具，准备妥当。此句意为，引火用的器材必须平常就准备就绪。张预注：“贮火之器，燃火之物，常须预备，伺便而发。”

⑨发火有时，起火有日：意为应当根据天时条件而实施火攻。张预注：“不可偶然，当伺时日。”

⑩时者，天之燥也：燥，气候干燥。言火攻应在气候干燥时进行。

⑪箕、壁、翼、轸：中国古代星宿的名称，是二十八宿中的四个。其中，箕属东方苍龙七宿，壁属北方玄武七宿，翼、轸属南方朱雀七宿。

⑫凡此四宿者，风起之日也：四宿，即箕、壁、翼、轸四个星宿。此言凡月球行经这四个星宿时，正是起风便于火攻的时候。李筌注：“《天文志》：月宿此者多风。”古人认为月亮运行到箕、壁、翼、轸这四个星宿位置时多风。《史记·天官书》：“翼为羽翮，主远客。轸为车，主风……箕为敖客，曰口舌。”张守节《正义》：“箕主八风。”

原文

凡火攻，必因五火之变而应之[①]。火发于内，则早应之于外[②]。火发兵静者[③]，待而勿攻，极其火力[④]，可从而从之，不可从而止[⑤]。火可发于外，无待于内[⑥]，以时发之[⑦]。火发上风，无攻下风[⑧]。昼风久，夜风止[⑨]。凡军必知有五火之变，以数守之[⑩]。

译文

凡是火攻，必须根据以下五种火攻的不同情况，来灵活地加以处置。在敌营内部放火，就要及时派兵从外面机动策应。火已烧起而敌军依然保持镇静，我方就应持重等待，不可立即发起进攻，且待火势旺盛后，再根据情况做出决定，可以进攻就进攻，不可以进攻就停止。火可以从外面燃放，这时就不必等待内应，只要适时放火就行了。要从上风口放火，不要面对下风口发起进攻。白天风刮得久了，夜晚风就容易停止。军队都必须掌握这五种火攻的不同情况，等待放火的条件成熟时再进行火攻。

注释

①必因五火之变而应之：因，根据、利用。应，策应、接应、采取对策的意思。本句意为应当根据“火发于内”至“昼风久，夜风止”等五种不同情况而灵活处置。梅尧臣注：“因火为变，以兵应之。”注家多以“五火之变”为“火人”等五种火攻方式，不确。

②早应之于外：及早用兵在外面进行策应。张预注：“火才发于内，则兵急击于外。表里齐攻，敌易惊乱。”

③火发兵静者：兵，此处指敌军。静，安静、沉着、不慌乱。何氏注：“火作而敌不惊呼者，有备也。我往攻则返或受害。”

④极其火力：让火势烧到最旺。极，尽、穷尽的意思。

⑤可从而从之,不可从而止:此句意如曹操所注:“见可而进,知难而退。”从,跟从,这里指用兵进攻。而,则、就。

⑥无待于内:意为不必等待内应。无,无须、不必。内,内应。

⑦以时发之:根据气候、月象的情况实施火攻。贾林注:“得时即应发,不可拘于常势也。”以,依据、根据。

⑧火发上风,无攻下风:上风,风吹来的方向。下风,风所吹向的那个方向。梅尧臣注:“逆火势,非便也。”

⑨昼风久,夜风止:意为白天风刮久了,夜里风势就会止息。张预注:“昼起则夜息,数当然也。故老子曰:飘风不终朝。”一说,白天有风放火,军队可以跟进攻击;夜里顺风放火时,军队不能随之发起攻击。刘寅《孙子直解》引张贲说:“谓白昼遇风而发火,则当以兵从之;遇夜有风而发火,则止而不从,恐彼有伏,反乘我也。”

⑩以数守之:数,星宿运行度数,此处引申为实施火攻的条件。守,等待、等候。此句意为,等候火攻的条件成熟。杜牧注:“须算星躔之数,守风起日,乃可发火,不可偶然而为之。”张预注:“不可止知以火攻人,亦当防人攻己。推四星之度数,知风起之日,则严备守之。”

原文

故以火佐攻者明，以水佐攻者强[①]。水可以绝[②]，不可以夺[③]。

译文

用火来辅助军队进攻，效果殊为显著；用水来辅助军队进攻，攻势必能加强。水可以把敌军分割隔绝，却不能焚毁敌人的军需物资。

注释

①以火佐攻者明，以水佐攻者强：佐，辅佐、辅助。明，明显，指效果显著。张预注："用火助攻，灼然可以取胜。水能分敌之军，彼势分则我势强。"一说"明"即"强"，两字异文同义。《经传释词》引王念孙曰："明，犹强也。"又一说，"强"意为勉强，转义为稍、次。即言水攻稍次于火攻（参见华星白《孙子稗疏》）。

②绝：隔绝、断绝的意思。

③不可以夺：夺，夺取、剥夺，这里指焚毁敌人的物资器械。曹操注："水佐者，但可以绝敌道，分敌军，不可以夺敌蓄积。"一说，此句当作"火可以夺"，"不"乃"火"字形近字误，且与"水可以绝"句相对称。

原文

夫战胜攻取而不修其功者,凶[①],命曰费留[②]。故曰:明主虑之[③],良将修之[④]。非利不动[⑤],非得不用[⑥],非危不战[⑦]。主不可以怒而兴师[⑧],将不可以愠而致战[⑨]。合于利而动,不合于利而止。怒可以复喜,愠可以复悦,亡国不可以复存,死者不可以复生[⑩]。故明君慎之,良将警之[⑪],此安国全军之道也[⑫]。

译文

凡是打了胜仗,攻取了土地城邑,而不能及时论功行赏以巩固胜利成果,就必定会有祸患,这种情况叫作财耗师老的"费留"。所以说:明智的国君要慎重地考虑攻战之事,贤良的将帅要严肃地对待攻战之事。没有好处不要行动,没有取胜的把握不要用兵,不到危急关头不要开战。国君不可因一时的愤怒而发动战争,将帅不可因一时的愤懑而出阵求战。符合国家利益才用兵,不符合国家利益就停止。愤怒还可以重新转变为欢喜,愤懑也可以重新转变为高兴,但是国家灭亡了不能复存,人若是死了不能再生。所以,对待战争,明智的国君应该慎重,贤良的将帅应该警惕,这是安定国家、保全军队的基本原则。

注释

①夫战胜攻取而不修其功者,凶:言如不能及时论功行赏以巩固胜利成果,则祸患至矣。王晳注:"战胜攻取而不修功赏之差,则人不劝,不劝则费财老师,凶害也已。"《文选·魏都赋》注引《孙子兵法》文,"功"作"赏"。凶,祸患。另一说,"功"指胜利成果。

②命曰费留:命,命名的意思。费留,财货耗费而师老淹留

的意思,师老淹留即因长期滞留敌境而士气低下。张预注:“财竭师老而不得归,费留之谓也。”一说,打了胜仗而不及时论功行赏,会挫伤将士的积极性,最终耗费增多。李筌注:“赏不逾日,罚不逾时,若功立而不赏,有罪而不罚,则士卒疑惑,日有费也。”

③明主虑之:虑,谋虑、思考的意思。张预注:“君当谋虑攻战之事。”

④良将修之:修,治、处理。张预注:“将当修举克捷之功。”按,“修”在此处含有“儆戒”(同“警戒”)的意思,《国语·鲁语》:“吾冀而朝夕修我。”韦昭注:“修,儆也。”

⑤非利不动:没有利益就不行动。于鬯《香草续校书·孙子》云:“当指士卒言,谓非有所利,则不为我动也。”

⑥非得不用:不能取胜就不要用兵。得,取胜。用,用兵。

⑦非危不战:不到危急关头不轻易开战。张预注:“兵,凶器;战,危事。须防祸败,不可轻举,不得已而后用。”危,危急、紧迫。

⑧主不可以怒而兴师:主,指国君。以,因为、由于。张预注:“因怒兴师,不亡者鲜。”

⑨将不可以愠而致战:愠,恼怒、怨愤、愤懑的意思。张预注:“因忿而战,罕有不败。”

⑩亡国不可以复存,死者不可以复生:梅尧臣注:“一时之怒,可返而喜也;一时之愠,可返而悦也。国亡,军死,不可复已!”《战国策·中心策》载白起语曰:“破国不可复完,死卒不可复生。”可谓如出一辙。

⑪故明君慎之,良将警之:慎,慎重、谨慎。警,警惕、警戒。之,指用兵打仗。此句意为国君与将帅当以十分谨慎的态度对

待战争。梅尧臣注:“主当慎重,将当警惧。”

⑫此安国全军之道也:这是安定国家、保全军队的基本原则。安国,安邦定国。全,保全。此句张预注:“君常慎于用兵,则可以安国;将常戒于轻战,则可以全军。”

读孙札记

1. 就《火攻篇》说《孙子兵法》的篇序问题

传世本《孙子兵法》的十三篇编排序列,是始于《计篇》[①],而终于《用间篇》。从全书的内容逻辑上看,这是成立的,也是合理的。“知彼知己,胜乃不殆;知天知地,胜乃不穷”,是孙子兵学思想的重点内容。《计篇》的中心内容,即阐述“知彼知己”的基本方法,强调“五事七计”,具体地讲,就是从五个决定战争胜负的基本要素着眼,通过七个方面的具体比较,对敌我双方的战略态势优劣做出正确的评估,在此基础上对战争的结果做出比较合乎实际的预测,并据此制定好我方的战略决策,这叫作“夫未战而庙算胜者,得算多也”。

如何达到“先胜”的目的呢?孙子认为,必须通过主观上的不懈努力加以实现。努力的正确方向,则是全面了解和掌握各种情况,预测各种变数,在此基础上正确筹划战略全局,机宜实施战役指导,以赢得战争的胜利。由此可见,以“知彼知己”为主

① 此为十一家注本的命名,武经本则作《始计篇》。

要方式的“先胜”思想，是孙子制胜之道的出发点和基础。故曹操有云：“审计重举，明画深图，不可相诬。”[①]可谓得其要旨。

孙子说：“知彼知己者，百战不殆；不知彼而知己，一胜一负；不知彼不知己，每战必殆”，“知天知地，胜乃不穷”。可见，孙子所说的“知”，既包括在战略层面上对双方综合实力进行对比，如“五事七计”，也包括在战术层面上对敌我双方虚实强弱进行比较，还包括对战场环境的了解，如“知天知地”，“知战之地，知战之日”。

正是由于“知彼知己”的极端重要性，《孙子兵法》以《计篇》为全书的首篇，《计篇》在其中起提纲挈领、总揽全局的作用，也就十分自然了。考汉简本《孙子兵法》，其十三篇中[②]，《计篇》亦为其首篇。

然而，汉简本与传世本《孙子兵法》的终结篇，则并不相同。传世本为《用间篇》。考察《用间篇》的主要内容，我们认为，将其列为整部《孙子兵法》的终结篇，是有其内在逻辑合理性的。它主要论述在战争活动中使用间谍侦知、掌握敌情的重要性，以及间谍的种类划分、基本特点、使用方式等。它是孙子从理论上对前人丰富的“用间”方面实践经验的系统总结，是中国古代“用间”思想体系基本形成的重要标志。孙子主张战争指导者必须做到“知彼知己”，而要“知彼”，即“知敌之情者”，最为重要的手段之一，就是“用间”。

中国文化的一个很大特色，是绕同心圆，是起点与终点的重合，这叫作“功德圆满”。《孙子兵法》同样体现了这种文化精神。

---

① 曹操《孙子注·序》。

② 实为十二篇，《地形篇》有篇目而未见具体文字内容。

从算计、预测敌情(《计篇》),经战争准备(《作战篇》),运用谋略(《谋攻篇》),发展实力(《形篇》),创造有利态势(《势篇》),灵活用兵、争夺先机、因敌变化而取胜(《虚实篇》《军争篇》《九变篇》),到解决“处军相敌”(《行军篇》)、利用地形(《地形篇》)、掌握兵要地理(《九地篇》)、实施火攻(《火攻篇》)等更具体的战术问题,恰好形成了一个完整的战争程序,最后又回到《用间篇》的预知敌情,等于绕了一个大圆圈,这就是周而复始、否定之否定的大循环。从这个意义上说,《用间篇》既是全书的终结,也是《孙子兵法》兵学理论生生不息、与时俱进的象征,其具有独特的价值与意义自不待言。

日本学者山鹿素行也认为《用间篇》是呼应首篇《计篇》,是全书的浑然一体之标志,他在《孙子谚义》中阐述了他对孙子兵法理论体系的认识:“愚谓,始计之一篇者,兵法之大纲大要也。作战、谋攻者次之。兵争在战与攻也,战攻相通,以形制虚实,是所以军形、兵势、虚实并次,此三篇全在知己。知己而后可军争,军争有变有行,故军争、九变、行军次之,是料敌知彼也。知彼知己而可知天知地,故地形、九地、火攻次之。地形、九地者地也,火攻因时日者天也。自始计迄修功未尝不先知,是所以序用间于篇末,三军所恃而动也。然乃始计、用间二篇,知彼知己知天知地之纲领。军旅之事,件件不可外之。作战、谋攻可通读,形势、虚实一串也,地形、九地一意也,火攻一意。始计、用间在首尾,通篇自有率然之势。”

银雀山汉墓出土的《孙子》简牍材料中,有著录有十三篇篇题的木牍,其内容表明,在西汉初期,《孙子》一书的篇目次序与后世传本的篇目次序有较大的差异。据王正向《〈孙子十三篇〉

竹简本校理》一书统计，两者之间，十三篇中只有《计篇》《形篇》《军争篇》《地形篇》《九地篇》五篇的篇次相一致，其余八篇则次序不同。[①]这中间，尤以终结篇的差异最为引人关注。在汉简本中，十三篇的终结篇为《火攻篇》，而非众所周知的《用间篇》。

我们认为，十三篇在全书结构中的安排，是孙子颇有深意的处置，不可予以轻忽。我们有必要认真考察《孙子兵法》的核心价值观究竟为何？通观全书，我们必须承认，“知兵而不好战”乃是孙子著述兵书的基本立场和根本出发点。众所周知，春秋时期战争频繁，诸侯国争霸与兼并一日无已。《墨子·非攻下》云：“入其国家边境，芟刈其禾稼，斩其树木，堕其城郭，以湮其沟池，攘杀其牲牷，燔溃其祖庙，刭杀其万民，覆其老弱，迁其重器。”《孟子·离娄》也称：“争地以战，杀人盈野；争城以战，杀人盈城。”这些就是当时战争日趋激烈与残酷的形象写照。《孙子兵法》当然要反映这一时代特色，这就决定了孙武在战争问题上鲜明地提出慎战与备战并重的主张。换言之，“安国全军”是孙武战争观的基本主线。

孙武对战争采取十分慎重的态度。《孙子兵法》开宗明义地提出：“兵者，国之大事，死生之地，存亡之道，不可不察也。”战争是关系到国家存亡的头等大事，所以孙武多次告诫并提醒统治者，必须慎重对待战争，指出：“怒可以复喜，愠可以复悦，亡国不可以复存，死者不可以复生。故明君慎之，良将警之。”对于缺乏政治目标和战略价值而轻启战端的愚蠢做法，孙武持坚决反对的态度：“主不可以怒而兴师，将不可以愠而致战。”（《火攻篇》）并要求战场指挥员做到“战道不胜，主曰必战，无战可也”（《地形

① 参见王正向：《〈孙子十三篇〉竹简本校理》，军事科学出版社2009年版，前言。

篇》)。所以,如果按孙子慎战与重战至上的战争观念这一内在逻辑主线,那么,十三篇始于“兵者,国之大事”,而终于“安国全军之道”,以“重战”和“慎战”为全书之核心宗旨以贯穿全书,也完全可以成立,使《孙子兵法》全书“譬如率然”之势得以毫无滞涩,通贯融会。

很显然,无论是传世本始于《计篇》,终于《用间篇》,还是汉简本始于《计篇》,迄于《火攻篇》,均是各有理据,可以成立的。其区别在于传世本的篇次结构序列设计,更注重于按用兵制胜的要领与方法加以展开,即以战争规律性为立足点;而汉简本的篇次结构序列设计,尤其注重于“兵凶战危”的宗旨与原则,在此基础上再加以展开,即以战争价值观为出发点。前者,关心的是战争实践中的可操作性;后者,考虑的是战争理念上的永恒合理性与崇高合法性。概括地讲,前者侧重和倡导“或然”,后者推崇和张扬“必然”。由于核心价值规范着事物的本质属性,具有根本的指标性意义,因此,汉简本中十三篇的篇次排序,似乎更接近孙子撰写兵书的本意,更有其合法性。

2.“水可以绝,不可以夺”的“不”,或为“火”之误

“以火佐攻者明,以水佐攻者强”,作者拿“明”和“强”二字参互比较,是对一种理想作战效果的比喻。而“水可以绝,不可以夺”的“不”,很可能系形近字误,或许应当作“火”。这种说法,不一定是臆断,因为至少有一些文献支持这种意见。比如《戊笈谈兵·孙子》中的“不”即为“火”。此外,《武经七书合笺·孙子》曰:“不可,一作火可。”从《孙子兵法》注重并擅长用对偶、排比等修辞手法而言,以“不”为“火”,亦更合逻辑,“火可以夺”恰好与“水

可以绝”句相对称。孙子拿水攻作比照，强调的是火攻战法和水攻战法一样，都是能对敌造成巨大杀伤，取得非常理想的作战效果的一种利器。但是，相较而言，火攻比水攻威力更大，效果更佳。“绝”是属于伤其十指的性质，而“夺”，则意味着彻底剥夺，属于断其一指的性质。

3. 从“夫战胜攻取而不修其功者，凶，命曰费留”，看孙子的忧患意识

《孙子兵法》的文化精神中，还有一个常为人们所忽略，却十分重要的内涵，那就是强烈的忧患意识。

中国古代的哲人，尤其是那些堪称思想巨人的大师，都有一种非常可贵的传统，即朝乾夕惕，忧患系心。孟子尝言“无敌国外患者，国恒亡”，又说人“生于忧患，死于安乐”。孙子作为伟大的兵学家，对兵凶战危尤有切身的体会，因此，忧患意识在他的身上特别充沛，一部《孙子兵法》自始至终在字里行间渗透着“慎战节兵”的价值取向，洋溢着“以战止战”的文化理念。

这种忧患意识不仅笼罩在战争观、战略论的层面，而且也反映在作战指导的具体细节上；不仅在战争之前、战争之中有鲜明的体现，而且也在战争善后问题上有突出的表露；不仅在处于逆境情况时一再强调，而且也在处于顺境情况时反复重申。像“兵者，国之大事，死生之地，存亡之道，不可不察也”，“夫钝兵挫锐，屈力殚货，则诸侯乘其弊而起，虽有智者，不能善其后矣”，“夫战胜攻取而不修其功者，凶，命曰费留”等格言，均是其浓重忧患意识的集中流露，反映了一位优秀思想家对国家安危、民众存亡乃至人类命运的终极关怀。也正是由于《孙子兵法》具有强烈的忧患意识，它才超越了普通的兵书，而升华到了伟大哲学理论的高度。

这种忧患意识，是值得今天的人们倍加珍视、积极弘扬的宝贵遗产。《礼记·曲礼上》有言，“敖不可长，欲不可从，志不可满，乐不可极”，提醒人们最大的危险，来自志得意满，放松警惕，沾沾自喜，无所用心，让胜利冲昏头脑，让太平消磨斗志，而忘记了“反者，道之动”“祸兮，福之所倚；福兮，祸之所伏”的简单道理。

北宋周敦颐《爱莲说》中有两句名言：“出淤泥而不染，濯清涟而不妖。”这实际上表述的是和《孙子兵法》一样的忧患意识，告诉人们的是在不同环境下如何做人、怎般处世的深刻道理。其中“出淤泥而不染”所表达的是，一个人不屈服于恶劣的环境，自尊自强，从逆境中奋起，在挫折中进取。而“濯清涟而不妖”，则是喻指为人在顺境中始终保持头脑的冷静和清醒，不忘乎所以，脚踏实地继续前进。

从某种意义上说，一个人做到“出淤泥而不染”的确难能可贵，然而“濯清涟而不妖”是更大的考验。无论是在历史上，还是在现实中，都有这么一些人，当他们在名微位卑之时，往往能锐意进取，自强不息，最终成就一番气象；然而，当其战胜逆境、走出困厄、功成名就之后，却忘乎所以，贪图安逸，追名逐利，徜徉于温柔之乡，沉湎于酒肉之林，甚至于巧取豪夺，与民为敌，彻底背叛自己的过去，堕落为人所不齿的人渣。

由此可见，一个人在逆境中奋斗、自强固属不易，而在顺境中自重、进取实在更难。只有具有强烈忧患意识的人，才能够跨越这个巨大的陷阱，实现人生的升华。这就如同《孙子兵法》中所说的那样：“是故智者之虑，必杂于利害。杂于利而务可信也，杂于害而患可解也。”

所以，对所有人而言，忧患意识都是不可或缺的。人们既要善于从逆境中奋起，更要能在顺境之中善始善终，戒骄戒躁，战战兢兢，如履薄冰。这才是为人处世的理想境界，也是我们今天领略《孙子兵法》精辟哲理时所应该具备的现代意识。

用间篇

题解

本篇是《孙子兵法》全书中的最后一篇，主要论述在战争活动中使用间谍以侦知、掌握敌情的重要性，以及间谍的种类划分、基本特点、使用方式等。它是孙子从理论上对前人丰富的用间实践经验的系统总结，是中国古代用间思想体系基本形成的重要标志。在本篇中，孙子从战略的高度，强调用间以掌握第一手敌情的重要性。孙子认为，要成为胜利的主宰者，说难也难，说容易也容易，关键是看你是否能“遍知”（全面了解敌情），是否能“先知”（预先掌握敌情），有没有真正做到“知彼知己”。而“知彼”的关键，则在于“知敌之情实”，达到这一目的的最重要手段之一，便是巧妙使用间谍。在孙子的眼中，用间是投入较少而回报较多的合算买卖，具有战略层面上的意义，“故惟明君贤将，能以上智为间者，必成大功。此兵之要，三军之所恃而动也”。

从更深的层次考察，我们可以发现，孙子重视用间，至少是由三个因素促成的。

一是孙子的用间观属于其战争效益理论的必有之义。也就是说，孙子提倡用间是他认真核计战争成本之后所做出的明智选择。孙子认为，战争不是什么好东西，可在当时的历史条件下它又是不可避免的。如何在参与战争的同时，尽可能设法将战争所造成的损失降到最低，是每一个未丧尽天良、不缺乏理智的战争指导者应积极解决的问题，毕竟“一将功成万骨枯”并不是什么值得夸耀的事情。而同战争的巨大耗费相比较，给间谍发放丰厚的奖金，实在是微不足道的开销。既然用间开销小、成本低，又能掌握主动、出奇制胜，那么何必放着阳关大道不走，去走死打硬拼、费力不讨好的独木桥。如果太小家子气，为了节省下一些钱财而不重视谍报工作，盲目开展行动，导致战争以失败收场，那便是“不仁之至”，必将成为国家和民众的罪人。

二是孙子的用间观念，称得上是对陈旧“军礼”传统的勇敢挑战、大胆否定。在“动之以仁义，行之以礼让”的“军礼”传统氛围之下，用间被看作是下三烂、不道德的行为，因为它同贵“偏战”而贱“诈战”的原则相违背，不守信用，有碍公平交手，所以正人君子不屑为之。孙子认为，这样看问题，未免太迂腐可笑了，完全违背了军事斗争的根本宗旨（打得赢）和一般规律（打得巧），按这样的逻辑去办事，仗是必输无疑，而仗打输了，一切便无从谈起，这才是真正的不仁义，真正的不人道，所谓“慕虚名而处实祸”。所以，他旗帜鲜明地主张用间，为用间正名，为胜利呐喊。

三是孙子的用间观念，是对卜筮占验等迷信活动的一次根本性的革命。孙子生活的时代，上古三代的卜筮占验歪风依然乱得很厉害,人们往往依据烧龟甲、摆蓍草而得出的结果,来选择作战的时间和地点,来判断胜负,即所谓"卜筮至预见表象,先图其利"[①]。孙子不信这一套乌烟瘴气的东西,而是讲"先知者,不可取于鬼神,不可象于事,不可验于度",强调获取情报、预知胜负的正确方法唯有一条途径,就是"必取于人"。这实际上是倡导在掌握敌情问题上,要最大限度发挥人的主观能动性,充满了朴素的唯物精神,摆脱了当时笼罩在兵学思想界的妖氛鬼雾,使得自己的"先知"主张牢牢地建立在比较科学理性的基础之上。仅凭这一点,孙子的境界便非同寻常了。

在这基础上,孙子充分论证了使用间谍的原则和方法。他把间谍划分为五大类,即因间、内间、反间、死间、生间,指出"五间"的不同特点和功用,主张"五间并用",以"反间"为主,并提出了"三军之事,莫亲于间,赏莫厚于间,事莫密于间"的用间三原则。同时孙子还指出了用间的必要条件:"非圣智不能用间,非仁义不能使间,非微妙不能得间之实。"把它们看作正确发挥"用间"威力的重要保证。最后,孙子列举了历史上用间的成功经验,进一步肯定了用间的意义和作用。但他将战争的胜负主要归功于"用间",这似乎是过于偏颇的。

《用间篇》既是《孙子兵法》全书的终结,也是孙子兵学理论生生不息、与时俱进的象征,具有独特的价值与意义。南宋郑友贤《孙子十家注遗说并序》曰:"间何以终于篇之末?曰:用兵之法,惟间为深微神妙,而不可易言也。所谓非圣智不能用间,非

①《史记·龟策列传》。

微妙不能得间之实者，难之之辞也。武始以十三篇于吴者，亦欲以其书之法，教阖闾之知兵也。教人之初，蒙昧之际，要在从易而入难，先明而后幽，本末次序而导之，使不惑也。是故始教以计量校算之法，而次及于战攻、形势、虚实、军争之术，渐至于行军、九变、地形、地名、火攻之备。诸法皆通，而后可以论间道之深矣。……夫敌人之情，最为难知，不可取于鬼神，不可求象于事，不可验于度，先知者必在于间。盖计待情而后校，情因间而后知，宜乎以间为深，而以计为浅也。孙武之蕴至于此，而后知十家之说不能尽矣。”可见，本篇在全书结构中的安排，是孙子颇有深意的处置。

间，间谍。《说文》曰：“间，隙也。”《尔雅·释言》：“间，伣也。”郭璞注：“《左传》谓之谍，今之细作也。”此篇篇题，曹操、李筌注：“战者必用间谍，以知敌之情实也。”张预注：“欲素知敌情者，非间不可也。然用间之道，尤须微密，故次《火攻》也。”其说皆甚是。可知所谓用间就是“谍知敌情，而乘间隙入之也”。这正是自古以来军事侦察的目的之所在。

原文

孙子曰：凡兴师十万，出征千里，百姓之费①，公家之奉②，日费千金；内外骚动③，怠于道路④，不得操事者⑤，七十万家⑥；相守数年⑦，以争一日之胜，而爱爵禄百金⑧，不知敌之情者，不仁之至也⑨，非人之将也，非主之佐也，非胜之主也⑩。故明君贤将，所以动而胜人⑪，成功出于众者，先知也⑫。先知者，不可取于鬼神⑬，不可象于事⑭，不可验于度⑮，必取于人，知敌之情者也⑯。

译文

孙子说：凡是兴兵十万，出征千里，百姓的耗费，公室的开支，每天都要耗费千金；前方后方动乱不安，民众疲惫地在路上奔波，不能从事正常耕作生产的，就有七十万家；这样相持数年，就是为了决胜于一旦，如果吝惜爵禄和金钱，不肯用来赏赐间谍，以致因为不能掌握敌情而导致失败，那就是不仁慈到极点了。这种人不配做军队的统帅，称不上国家的辅臣，也不是胜利的主宰。所以，英明的君主和贤良的将帅之所以一出兵就能战胜敌人，功业超越常人，就在于能够预先掌握敌情。要事先了解敌情，不可用求神问鬼的方式，不可拿相似的事情作类比，不可用日月星辰的度数作验证。一定要取之于人，从熟悉敌情的人那里去获取。

注释

①百姓之费：汉简本作“百生之费”，“生”为“姓”之古字。《尚书·舜典》孔颖达疏：“生，姓也。”

②公家之奉：公家，指国家（公室）。“奉”同“俸”，指军费开支。

③内外骚动：指举国上下混乱不安。内外，前方、后方的统

称。骚动,动乱不安。

④怠于道路:梅尧臣注:“输粮供用,公私烦役,疲于道路。”怠,《说文·心部》:“怠,慢也。”引申为疲惫、疲劳之意。

⑤不得操事者:不得,不能够。操事,操作农事。此句梅尧臣注:“废于耒耜也。”

⑥七十万家:比喻战争对从事正常农业生产影响之大。曹操注:“古者八家为邻。一家从军,七家奉之。言十万之师举,不事耕稼者七十万家。”此处是孙子亟言用兵代价之巨大。当时人口才两千万左右,七十万家之数显然是相当夸张了。

⑦相守数年:意即相持多年。相守,相持、对峙的意思。《韩非子·喻老》:“天下无道,攻击不休,相守数年不已。”

⑧而爱爵禄百金:而,如果、倘若。《经传释词》:“而,犹若也。”爱,吝啬、吝惜。《老子》第四十四章:“甚爱必大费,多藏必厚亡。”爵,爵位。禄,俸禄。百金,泛指金钱财宝。李筌注:“惜爵赏不与间谍。”

⑨不仁之至也:不仁慈、不恩惠到了极点。至,极、极点。

⑩非胜之主也:意为这不是胜利的主宰。主,主宰。梅尧臣注:“非致胜主利者也。”另一说,“主”指人主、国君。

⑪动而胜人:意为一出兵就能够克敌制胜。动,行动,此处指出兵。而,则、就的意思。

⑫成功出于众者,先知也:出于,超过、胜于。先知,预先侦知察明敌情。王皙注:“先知敌情,制胜如神也。”张预注:“先知敌情,故动则胜人,功业卓然,超绝群众。”

⑬不可取于鬼神:指不可以通过祈祷、祭祀鬼神和占卜等方法去求知敌情。张预注:“视之不见,听之不闻,不可以祷祀而取。”

⑭不可象于事：象，类比、比附。杜牧注：“象者，类也。”事，事情。此句意为，不可用与其他事情作类比这一办法去求知敌情。曹操注：“亦不可以事类而求也。”

⑮不可验于度：指不能以推验星辰度数的办法去求知敌情。张预注：“不可以度数推验而知。”验，推验、验证。度，度数，指日月星辰的度数（位置）。

⑯必取于人，知敌之情者也：一定要取之于人，取之于那些熟悉了解敌人内情的人。

原文

故用间有五：有因间[①]，有内间，有反间，有死间，有生间。五间俱起，莫知其道[②]，是谓神纪[③]，人君之宝也。因间者，因其乡人而用之[④]。内间者，因其官人而用之[⑤]。反间者，因其敌间而用之[⑥]。死间者，为诳事于外[⑦]，令吾间知之，而传于敌间也[⑧]。生间者，反报也[⑨]。

译文

运用间谍的方式有五种：因间、内间、反间、死间、生间。同时使用这五种间谍，敌人无从捉摸我方用间的规律，这就是使用间谍的神秘莫测的方法，也正是国君克敌制胜的法宝。所谓因间，是指利用敌国的当地人充当间谍。所谓内间，就是让敌方的官吏作间谍。所谓反间，就是让敌方间谍为我所用。所谓死间，是指故意散布假情报，并通过我方间谍将假情报传给敌方间谍（诱使敌人上当受骗，一旦真情败露，我方间谍就难免一死）。所谓生间，就是侦察后能够活着回来报告敌情的间谍。

①因间:即下文的“乡间”。张预注:“因间当为乡间,故下文云‘乡间可得而使’。”

②五间俱起,莫知其道:此言同时使用这五种间谍,任何敌人都无法摸清我们用间的行动规律。王晳注:“五间俱起,人不之测。”俱,全、一起。道,规律、途径。

③是谓神纪:这就是神妙莫测的方法。是,这、此。纪,方法、法度。《吕氏春秋·孟春纪》:“无变天之理,无绝地之理,无乱人之纪。”神纪,意即神妙莫测之道。张预注:“神妙之纲纪。”

④因间者,因其乡人而用之:意为因间就是利用敌国当地普通人作为己方的间谍。张预注:“因敌国人,知其底里,就而用之,可使伺候也。”因,根据、依据,引申为利用。乡人,敌国的普通人。

⑤内间者,因其官人而用之:官人,指敌方的官吏。此句意为,所谓内间,是指收买敌国的官吏为间谍。梅尧臣注:“因其官属,结而用之。”

⑥反间者,因其敌间而用之:所谓反间,就是收买和利用敌方的间谍,借刀杀人,使其为我所用。杜牧注:“敌有间来窥我,我必先知之。或厚赂诱之,反为我用;或佯为不觉,示以伪情而纵之,则敌人之间,反为我用也。”

⑦为诳事于外:诳,欺骗、瞒惑。诳事,假情报。此句意为,故意向外散布虚假的情报来欺骗和迷惑对手,使敌人身不由已地坠入我方预设的圈套。

⑧令吾间知之,而传于敌间也:意思是让我方间谍了解我方

故意散布的假情报并传给敌方间谍，诱使敌人上当受骗。在这种情况下，事发之后，我方间谍往往难免一死，所以称之为“死间”。王皙注：“诈吾间，使敌得之，间以吾诈告敌，事决必杀之也。”另一说，死间乃打入敌方内部、长期潜伏之间谍。于鬯《香草续校书》：“唯其待于敌，故谓之死间也。非真使此间者死也。”

⑨生间者，反报也：反，同“返”。此句意为，所谓生间，是那些到敌方了解情况后能够活着回来报告敌情的人。张预注：“选智能之士，往视敌情，归以报我。”

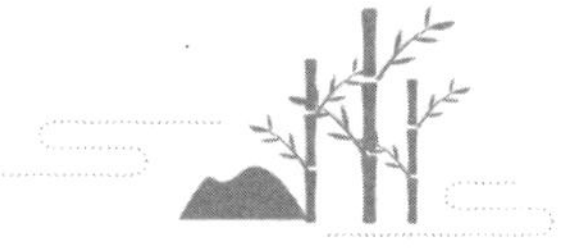

原文

故三军之事，莫亲于间①，赏莫厚于间②，事莫密于间③。非圣智不能用间④，非仁义不能使间⑤，非微妙不能得间之实⑥。微哉微哉！无所不用间也⑦。间事未发⑧，而先闻者，间与所告者皆死⑨。

译文

所以军队事务方面，在人事上，没有比间谍更为亲近的；在奖赏上，没有比间谍更为优厚的；在事情上，没有比间谍更为秘密的。不是睿智聪明的人不能使用间谍，不是仁慈慷慨的人不能指使间谍，不是谋谋精细的人不能分辨证实间谍所提供的情报。微妙呀！微妙呀！到处都用得着间谍！间谍活动还未开展，而秘密却已被泄露，那么间谍和知情者都要处死。

①莫亲于间：此句意为没有比间谍更为亲近的。张预注："三军之士，然皆亲抚，独于间者以腹心相委，是最为亲密也。"于，比。亲，亲密。

②赏莫厚于间：此言军中的赏赐，没有比间谍所受更为优厚的。王晳注："军功之赏，莫厚于此。"

③事莫密于间：指军机事务，没有比间谍之事更为机密的。密，秘密、机密的意思。

④非圣智不能用间：不是才智超群的人不能使用间谍。张预注："圣则事无不通，智则洞照几先，然后能为间事。"圣智，非凡卓越的才智，此处指具有杰出才智的人。

⑤非仁义不能使间：指如果吝啬金钱、爵禄，不能做到以诚相待，就无法使间谍甘心效命。张预注："仁则不爱爵赏，义则果决无疑。既啖以厚利，又待以至诚，则间者竭力。"

⑥非微妙不能得间之实：微妙，精细奥妙，这里指用心缜密、手段巧妙。实，实情。此句意为如果不能够做到用心精细、手段巧妙，就无从对所获取情报的真伪进行正确的分析判断。张预注："间以利害来告，须用心渊微精妙，乃能察其真伪。"

⑦无所不用间也：言无时无地不可使用间谍。王晳注："当事事知敌之情也。"

⑧间事未发：此句言还未开展间谍活动。发，举行、施行的意思。《汉书·王吉传》："慎毋有所发。"颜师古注："发谓兴举众事。"

⑨而先闻者，间与所告者皆死：此句谓间谍活动若事先暴露，则间谍和知情者必须杀掉，以灭其口。张预注："间敌之事，

谋定而未发，忽有闻者来告，必与间俱杀之。一恶其泄，一灭其口。”《六韬·龙韬·阴符》：“若符事泄，闻者，告者皆诛之。”先闻，事先知道，即暴露。

原文

凡军之所欲击[①]，城之所欲攻，人之所欲杀，必先知其守将、左右、谒者、门者、舍人之姓名[②]，令吾间必索知之[③]。

译文

凡是要准备攻打的敌方军队，要准备攻占的敌方城池，要准备刺杀的敌方人员，都必须预先了解其主将、左右亲信、负责传达的官员、守门官吏和门客幕僚的姓名，指令我方间谍一定要将这些情况侦察清楚。

注释

①军之所欲击：此句为宾语前置句式，即“（吾）所欲击之军”。下文“城之所欲攻”“人之所欲杀”句式同此。

②守将、左右、谒者、门者、舍人：守将，主将。左右，指守将身边的亲信。谒者，负责传达通报的人员。门者，负责把守城门的官吏。舍人，门客，指谋士幕僚。

③索知：侦察了解。索，搜索、侦察。

原文

必索敌人之间来间我者，因而利之[①]，导而舍之[②]，故反间可得而用也。因是而知之[③]，故乡间、内间可得而使也[④]；因是而知之，故死间为诳事，可使告敌；因是而知之，故生间可使如期[⑤]。五间之事，主必知之。知之必在于反间，故反间不可不厚也[⑥]。

译文

一定要搜查出那些前来侦察我方军情的敌人间谍，从而用重金收买他，引诱开导他，然后再放他回去，这样，反间就可以为我所用了。通过反间了解敌情，这样，乡间、内间也就可以利用起来了；通过反间了解敌情，这样，就可以使死间传播假情报给敌人了；通过反间了解敌情，这样就能使生间按预定时间返回，报告敌情了。对这五种间谍的运用，国君都必须了解掌握。了解情况的关键在于对反间的使用，所以，对反间不可不给予优厚的待遇。

注释

①因而利之：趁机收买和利用敌人间谍。因，由、就，可理解为顺势、趁机。利，杜佑注："遗以重利。"意即收买。

②导而舍之：导，诱导、引导。舍，释放、放行。此句意为，要对敌人间谍加以诱导，然后放他回去，以为己用。赵本学曰："厚利以诱其心，导之以伪言伪事，而纵遣之。彼归告其主，则犹为我之间也。"一说，"舍"作"居止"解，即居住、停留。

③因是而知之：此句指通过反间获悉敌人内情。

④乡间、内间可得而使也：意为通过反间，乡间和内间才能有效地加以使用。梅尧臣注："其国人之可使者，其官人之可用

者，皆因反间而知之。”

⑤故生间可使如期：如期，按期，此指按期返回，报告敌情。杜牧注：“可使往来如期。”

⑥故反间不可不厚也：厚，厚待，也包含重视的意思。五间之中，以反间最为关键，因此必须给予反间以十分优厚的待遇。张预注：“人主当用五间以知敌情。然五间皆因反间而用，则是反间者岂可不厚待之耶？”

原文

昔殷之兴也[①]，伊挚在夏[②]；周之兴也[③]，吕牙在殷[④]。故惟明君贤将，能以上智为间者[⑤]，必成大功。此兵之要[⑥]，三军之所恃而动也[⑦]。

译文

从前殷商的兴起，在于伊挚曾经在夏为间，熟悉了解夏的内情；周朝的兴起，在于吕牙曾经在殷为间，熟悉了解殷商的内情。所以，明智的国君，贤能的将帅，能够任用智慧高超的人充当间谍，就一定能够建树大功。这是用兵上的关键步骤，整个军队都要依靠间谍所提供的敌情来策划决定军事行动。

注释

①昔殷之兴也：殷，即商朝。公元前17世纪，商汤灭夏，建都于亳（今河南商丘北），史称商朝。公元前13世纪，商王盘庚迁都至殷（今河南安阳），因此商又称为殷。传至纣王帝辛时，灭

于西方的属国周。兴,兴起。

②伊挚在夏:伊挚,即伊尹,商朝贤臣,开国元勋。原为夏人,后归附商汤,商汤任用他为相。在灭夏过程中,伊尹发挥了很大的作用。夏,夏朝,大禹之子夏启所建立的中国历史上第一个世袭制王朝,至夏桀时为商汤所灭亡。

③周:周朝,公元前11世纪周武王伐纣灭商后所建立的王朝,建都于镐京(今陕西西安)。公元前770年,周平王迁都洛邑(今河南洛阳),故又划分为西周和东周。

④吕牙:指姜子牙,即姜尚,俗称周太公,原为商人。祖先封于吕,故又称为"吕牙"。周武王任用他为"师",推翻了殷商王朝的统治。后被分封于齐地(在今山东境内),为齐国开创者。

⑤上智:最有智能谋略的人。

⑥此兵之要:这就是军事行动中的关键所在。张预注:"用师之本,在知敌情。故曰:'此兵之要'也。"要,要害、要务、关键的意思。

⑦三军之所恃而动也:意为军队要依靠间谍所提供的情报而展开活动,实现既定的战略目标。按,孙子论兵,立足于作战,又超越于作战。对此,唐代军事学家李筌有卓荦不凡的认识,可谓一语中的:"孙子论兵,始于计而终于间者,盖不以攻为主,为将者可不慎之哉!"

1. “非仁义不能使间”之“仁义”，原本作“仁”

在《用间篇》中，孙子提出“用间”的三个前提条件，把它们看作正确发挥“用间”威力的重要保证，传世本作“非圣智不能用间，非仁义不能使间，非微妙不能得间之实”。从文义上讲，这当然讲得通。然而“非圣智不能用间”，汉简本作“非圣□□□□”，“圣”字下残缺四字，疑原无“智”字。“非仁义不能使间”，汉简本作“非仁不能使……”下缺。“仁”下无“义”字。应该说，汉简本的文字当更为接近历史的真相。因为，战国中期之前，单音词使用更频繁，战国中期之后，才普遍使用双音节词，故孔子更习惯于单称“仁”，到孟子那里才热衷于“仁义”并称。[①]《孙子兵法》成书于春秋晚期，那时用词的习惯当是“仁”“圣”相称，而不宜“圣智”“仁义”相连称。在这里，我们可以从一个侧面了解到汉简本保存了《孙子兵法》遣词造句的原始风貌之特点，实可谓难能可贵。

---

① 刘笑敢的观点似可为本文这一看法作佐证。刘笑敢指出，在汉语词汇中首先出现的是单纯词，只是随着社会生活的发展，复合词才逐步出现。……在几类不同时期的文字材料中，只要每一类材料都有(一定的可比性和)足够的代表性，那么，使用复合词较少的一类，必然是早出的，使用复合词较多的一类，必然是晚出的。参见刘笑敢:《庄子哲学及其演变(修订版)》，中国人民大学出版社2010年版，第29页。

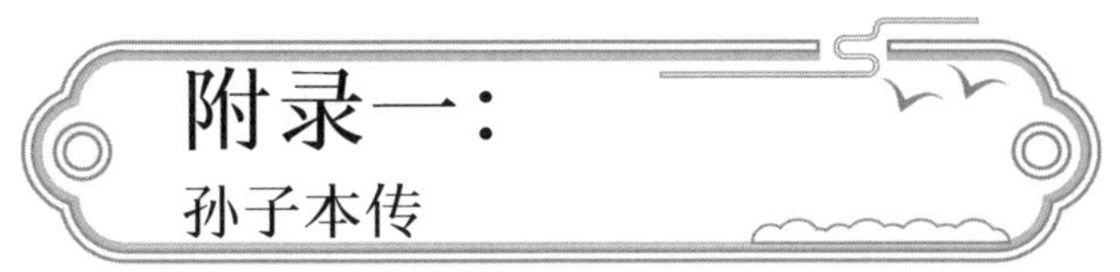

附录一：孙子本传

孙子武者，齐人也。以兵法见于吴王阖庐。阖庐曰："子之十三篇，吾尽观之矣，可以小试勒兵乎？"对曰："可。"阖庐曰："可试以妇人乎？"曰："可。"于是许之，出宫中美女，得百八十人。孙子分为二队，以王之宠姬二人各为队长，皆令持戟。令之曰："汝知而心与左右手背乎？"妇人曰："知之。"孙子曰："前，则视心；左，视左手；右，视右手；后，即视背。"妇人曰："诺。"约束既布，乃设斧钺，即三令五申之。于是鼓之右，妇人大笑。孙子曰："约束不明，申令不熟，将之罪也。"复三令五申，而鼓之左，妇人复大笑。孙子曰："约束不明，申令不熟，将之罪也；既已明而不如法者，吏士之罪也。"乃欲斩左右队长。吴王从台上观，见且斩爱姬，大骇，趣使使下令曰："寡人已知将军能用兵矣。寡人非此二姬，食不甘味，愿勿斩也。"孙子曰："臣既已受命为将，将在军，君命有所不受。"遂斩队长二人以徇。用其次为队长，于是复鼓之，妇人左右前后跪起皆中规矩绳墨，无敢出声。于是孙子使使报王曰："兵既整齐，王可试下观之。唯王所欲用之，虽赴水火，犹可也。"吴王曰："将军罢休就舍，寡人不愿下观。"孙子曰："王徒好其言，不能用其实。"于是阖庐知孙子能用兵，卒以为将。西破强楚，入郢，北威齐晋，显名诸侯，孙子与有力焉。

孙武既死，后百余岁有孙膑。膑生阿、鄄之间，膑亦孙武之后世子孙也。

（选自《史记·孙子吴起列传》）

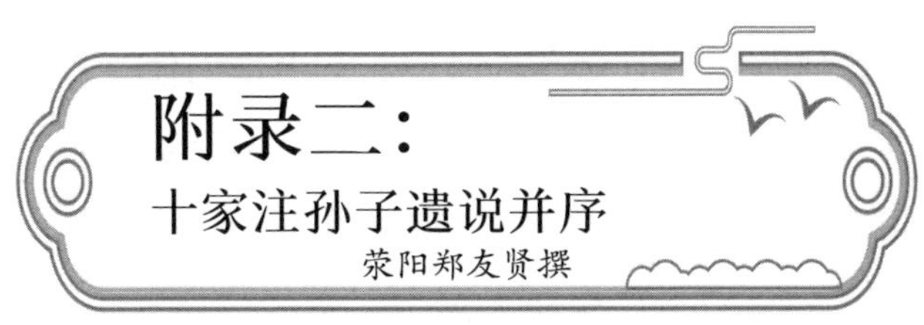

附录二：

十家注孙子遗说并序

荥阳郑友贤撰

求之而益深者，天下之备法也；叩之而不穷者，天下之能言也。为法立言，至于益深不穷，而后可以垂教于当时，而传诸后世矣。儒家者流，惟苦《易》之为书，其道深远而不可穷；学兵之士，尝患武之为说，微妙而不可究，则亦儒者之《易》乎？盖《易》之为言也，兼三才，备万物，以阴阳不测为神。是以仁者见之谓之仁，智者见之谓之智，百姓日用而不知。武之为法也，包四种，笼百家，以奇正相生为变。是以谋者见之谓之谋，巧者见之谓之巧，三军由之而莫能知之。迨夫九师百氏之说兴，而益见大《易》之义如日月星辰之神，徒推步其辉光之迹，而不能考其所以为神之深。十家之注出，而愈见十三篇之法，如五声五色之变，惟详其耳目之所闻见，而不能悉其所以为变之妙，是则武之意不得谓尽于十家之注也。然而学兵之徒，非十家之说，亦不能窥武之藩篱；寻流而之源，由径而入户，于武之法不可谓无功矣。顷因余暇，摭武之微旨，而出于十家之不解者，略有数十事，托或者之问，具其应答之义，名曰十注遗说。学者见其说之有遗，则始信益深之法、不穷之言，庶几大《易》不测之神矣。

或问：死生之地，何以先存亡之道？曰：武意以兵事之大，在将得其人。将能，则兵胜而生；兵生于外，则国存于内。将不能，则兵败而死；兵死于外，则国亡于内。是外之生死，系内之存亡也。是故兵败长平而赵亡，师丧辽水而隋灭。太公曰：“无智略大谋，强勇轻战，败军散众，以危社稷，王者慎勿使为将。”此其先后之次也。故曰：“知兵之将，生民之司命，国家安危之主也。”

或问：得算之多，得算之少，况于无算，何以是多、少、无之义？曰：武之文，固不汗漫而无据也。盖经之以五事，校之以七计，彼我之算，尽于此矣。五事之经，得三四者为多，得一二者为少；七计之校，得四五者为多，得二三者为少。五七俱得者为全胜，不得者为无算。所谓冥冥而决事，先战而求胜，图干没之利，出浪战之师者也。

或问：计利之外，所佐者何势？曰：兵法之传有常，而其用之也有变。常者，法也；变者，势也。书者，可以尽常之言，而言不能尽变之意。五事七计者，常法之利也；诡道不可先传者，权势之变也。守常而求胜，如胶柱鼓瑟，以书御马。赵括所以能书而不能战，易言而不知变也。盖法在书之传，而势在人之用。武之意，初求用于吴，恐吴王得书听计而弃己也，故以此辞动之，乃谓书之外，尚有困(因)利制权之势，在我能用耳。

或问：因粮于敌者，无远输之费也，取用必于国者，何也？曰：兵械之用，不可假人，亦不可假于人。器之于人，固在积习便熟，而适其短长重轻之宜，与夫手足不相钽铻，而后可以济用而害敌矣。吾之器，敌不便于用；敌之器，吾不习其利。非国中自备而习惯于三军，则安可一旦仓卒假人之兵而给己之用哉？《易》曰：“萃除戎器，以戒不虞。”太公曰：“虑不先设，器械不备。”此皆言取用于国，不可因于人也。

或问：兵以伐谋为上者，以其有屈人之易，而无血刃之难；伐兵攻城，为之次下，明矣；伐交之智，何异于伐谋之工，而又次之？

曰:破谋者,不费而胜;破交者,未胜而费。帷幄樽俎之间,而揣摩折冲、心战计胜其未形,已成之策不烦毫厘之费,而彼奔北降服之不暇者,伐谋之义也。或遣使介,约车乘聘币之奉;或使间谍,出土地金玉之资。张仪散六国之从,阴厚者数年;尉缭子破诸侯之援,出金三十万。如此之类,费已广而敌未服,非加以征伐之劳,则未见全胜之功,宜乎次于晏婴、子房、寇恂、荀彧之智也。

或问:武之书皆法也,独曰此谋攻之法也,此军争之法也?曰:余法概论兵家之术,惟二篇之说及于用,诚其易用而称其所难。夫告人以所难,而不济之以成法,则不足为完书。盖谋攻之法,以全为上,以破次之。得其法,则兵不钝而利可全;非其法,则有杀士三分之灾。军争之法,以迂为直,以患为利。得其法,则后发而先至;非其法,则至于擒三将军。此二者,岂用兵之易哉?乃云:"必以全争于天下。"又云:"莫难于军争。"难之之辞也。欲济其所难者,必详其法。凡所谓屈人非战、拔城非攻、毁国非久者,乃谋攻之法也。凡所谓十一而至,先知迂直之计者,乃军争之法也。见其法而知其难于余篇矣。

或问:将能而君不御者胜。后魏太武命将出师,从命者无不制胜,违教者率多败失;齐神武任用将帅出讨,奉行方略,罔不克捷,违失指教,多致奔亡。二者不几于御之而后胜哉?曰:知此而后可以起武之意。既曰将能而君不御者胜,则其意固谓将不能而君御之则胜也。夫将帅之列,才不一概,智愚勇怯,随器而任。能者付之以阃寄,不能者授之以成算。亦犹后世责曹公使诸将以《新书》从事,殊不知公之御将,因其才之小大而纵抑之。张辽、乐进,守、斗之偏才也,合淝之战,封以函书,节宣其用;夏侯惇兄弟，有大帅之略，假以节度，便宜从事，不拘科制，何尝一概而御之邪?《传》曰:“将能而君御之，则为縻军；将不能而君委之，则为覆军。”惟公得武之法深，而后太武、神武，庶几公之英略耳，非司马宣王，安能发武之蕴哉?

或问:胜可知而不可为者，以其在彼者也；佚而劳之，亲而离之，佚与亲在敌，而吾能劳且离之，岂非可为欤？曰:《传》称用师观衅而动，敌有衅不可失。盖吾观敌人无可乘之衅，不能强使为吾可胜之资者，不可为之义也。敌人既有可乘之隙，吾能置术于其间，而不失敌之败者，可知之义也。使敌人主明而贤，将智而忠，不信小说而疑，不见小利而动，其佚也安能劳之？其亲也安能离之？有楚子之暗与囊瓦之贪，而后吴人亟肄以疲之；有项王之暴与范增之隘，而后陈平以反间疏之。夫衅隙之端，隐于佚亲之前；劳离之策，发于衅隙之后者，乃所谓可知也。则惟无衅隙者，乃不可为也。

或问:守则不足，攻则有余，其义安在？曰:谓吾所以守者力不足，吾所以攻者力有余者，曹公也。谓力不足者可以守，力有余者可以攻者，李筌也。谓非强弱为辞者，卫公也。谓守之法要在示敌以不足，攻之法要在示敌以有余者，太宗也。夫攻守之法，固非己实强弱，亦非虚形视敌也。盖正用其有余不足之形势，以固己胜敌。夫所谓不足者，吾隐形于微，而敌不能窥也；有余者，吾乘势于盛，而敌不能支也。不足者，微之称也。当吾之守也，灭迹于不可见，韬声于不可闻，藏形于微妙不足之际，而使敌不知其所攻矣。所谓藏于九地之下者是也。有余者，盛之称也。当吾之攻也，若迅雷惊电，坏山决塘，作势于盛强有余之极，而使敌不知其所守矣。所谓动于九天之上者是也。此有余不足之义也。

或问:三军之众,可使必受敌而无败者,奇正是也。受敌、无败,二义也,其于奇正有所主乎?曰:武论分数、形名、奇正、虚实四者,独于奇正云云者,知其法之深而二义所主未白也,复曰:凡战,以正合,以奇胜。正合者,正主于受敌也;奇胜者,奇主于无败也。以合为受敌,以胜为无败,不其明哉!

或问:武论奇正之变,二者相依而生,何独曰善出奇者?曰:阙文也。凡所谓如天地、江河、日月、四时、五色、五味,皆取无穷无竭、相生相变之义,故首论以正合奇胜,终之以奇正之变,不可胜穷,相生如循环之无端,岂以一奇而能生变,交相无已哉!宜曰,“善出奇正者,无穷如天地”也。

或问:其势险者,其义易明,其节短者,其旨安在?曰:力虽甚劲者,非节量短近而适其宜,则不能害物。鲁缟之脆也,强弩之末不能穿;毫末之轻也,冲风之衰不能起;鸷鸟虽疾也,高下而远来,至于竭羽翼之力,安能击搏而毁折哉?尝以远形为难战者此也。是故麴义破公孙瓒也。发伏于数十步之内;周访败杜曾也,奔赴于三十步之外。得节短之义也。

或问:十三篇之法,各本于篇名乎?曰:其义各主于题篇之名,未尝泛滥而为言也。如虚实者,一篇之义,首尾次序,皆不离虚实之用,但文辞差异耳。其意所主,非实即虚,非虚即实,非我实而彼虚,则我虚而彼实,不然则虚实在于彼此,而善者变实而为虚,变虚而为实也。虽周流万变,而其要不出此二端而已。凡所谓待敌者佚者,力实也;趋战者劳者,力虚也。致人者,虚在彼也;不致于人者,实在我也。利之也者,役彼于虚也;害之也者,养我之实也。佚能劳之,饱能饥之,安能动之者,佚、饱、安,实也，劳、饥、动，虚也，彼实而我能虚之也。行于无人之地者，趋彼之虚，而资我之实也。攻其所不守者，避实而击虚也；守其所不攻者，措实而备虚也。敌不知所守者，斗敌之虚也；敌不知所攻者，犯我之实也。无形无声者，虚实之极而入神微也。不可御者，乘敌备之虚也；不可追者，畜我力之实也。攻所必救者，乘虚则实者虚也；乖其所之者，能实则虚者实也。形人而敌分者，见彼虚实之审也；无形而我专者，示吾虚实之妙也。所与战约者，彼虚无以当吾之实也。寡而备人者，不识虚实之形也；众而备己者，能料虚实之情也。千里会战者，预见虚实也；左右不能救者，信人之虚实也。越人无益于胜者，越将不识吴之虚实也。策之、候之、形之、角之者，辨虚实之术也。得也、动也、生也、有余也者，实也；失也、静也、死也、不足也者，虚也。不能窥谋者，外以虚实之变惑敌人也；莫知吾制胜之形者，内以虚实之法愚士众也。水因地制流，兵因敌制胜者，以水之高下喻吾虚实变化不常之神也。五行胜者，实也；囚者，虚也。四时来者，实也；往者，虚也。日长者，实也；短者，虚也。月生者，实也；死者，虚也。皆虚实之类，不可拘也。以此推之，余十二篇之义，皆仿于此，但说者不能详之耳。

或问：军争为利，众争为危，军之与众也，利之与危也，义果异乎？曰：武之辞未尝妄发而无谓也。军争为利者，下所谓军争之法也。夫惟所争而得此军争之法，然后获胜敌之利矣。众争为危者，下所谓举军而争利也。夫惟全举三军之众而争，则不及于利而反受其危矣。盖军争者，案法而争也；众争者，举军而趋也。为利者，后发而先至也；为危者，擒三将军也。

或问：兵以诈立，以利动，以分合为变，立也、动也、变也，三者先后而用乎？曰:兵(先)王之道,兵家者流,所用皆有本末先后之次,而所尚不同耳。盖先王之道,尚仁义而济之以权;兵家者流,贵诈利而终之以变。《司马法》以仁为本,孙武以诈立;《司马法》以义治之,孙武以利动;《司马法》以正不获意则权,孙武以分合为变。盖本仁者治必为义,立诈者动必为利;在圣人谓之权,在兵家名曰变。非本与立无以自修,非治与动无以趋时,非权与变无以胜敌。有本立而后能治动,能治动而后可以权变。权变所以济治动,治动所以辅本立。此本末先后之次略同耳。

或问:武所论举军动众皆法也,独称此用众之法者何也?曰:武之法,奇正贵乎相生,节制权变,两用而无穷。既以正兵节制自治其军,未尝不以奇兵权变而胜敌。其于论势也,以分数、形名居前者,自治之节制也;以奇正、虚实居后者,胜敌之权变也。是先节制而后权变也。凡所谓立于不败之地,而不失敌之败,修道而保法,自保而全胜者,皆相生、两用、先后之术也。盖鼓铎旌旗,所以一人之耳目,人既专一,勇者不得独进,怯者不得独退,此何法也?是节制自治之正法也。止能用吾三军之众而已。其法也,固未尝及于胜人之奇也。谈兵之流,往往至此而止矣。武则不然,曰:此用吾众之法也。凡所谓变人之耳目,而夺敌之心气,是权谋胜敌之奇法也。

或问:夺气者必曰三军,夺心者必曰将军,何也?曰:三军主于斗,将军主于谋;斗者乘于气,谋者运于心。夫鼓作斗争,不顾万死者,气使之也;深思远虑,以应万变者,心主之也。气夺则怯于斗,心夺则乱于谋。下者不能斗,上者不能谋,敌人上下怯乱,则吾一举而乘之矣。《传》曰:一鼓作气,三而竭者,夺斗气也;先人有夺人之心者,夺谋心也。三军、将军之事异矣。

或问：自《计》及《间》上下之法，皆要妙也，独云此用兵之法妙者，何也？曰：夫事至于可疑，而后知不疑者为明；机至于难决，而后知能决者为智。用兵之法，出于众人之所不可必者，而吾之明智了然不至于犹豫者，其所得固过于众人，而通于法之至妙也。所谓高陵勿向，背丘勿逆，盖亦有可向、可逆之机。佯北勿从，锐卒勿攻，亦有可从、可攻之利。饵兵勿食，归师勿遏，亦有可食、可遏之理。围师必阙，穷寇勿追，亦有不阙、可追之胜。此兵家常法之外，尚有反复微妙之术，智者不疑而能决。所谓用兵之法妙也。

或问：九变之法，所陈五事者何？曰：九变者，九地之变也。散、轻、争、交、衢、重、圮、围、死，此九地之名也。一其志，使之属，趋其后，谨其守，固其结，继其食，进其涂，塞其阙，示不活，此九地之变也。九而言五者，阙而失次也。下文曰："将通于九变之地利者，知用兵矣。将不通(于)九变之利者，虽知地形，不能得地之利矣。"是九变主于九地，明矣。故特于《九地篇》曰："九地之变，人情之理，不可不察也。"然则既有九地，何用九变之文乎？曰：武所论将不通九变之利，又曰治兵不知九变之术。盖九地者，陈变之利，故曰不知变不得地之利；九变者，言术之用，故曰不知术不得人之用。是故六地有形，九地有名，九名有变，九变有术。知形而不知名，决事于冥冥；知名而不知变，驱众而浪战；知变而不知术，临用而事屈。此所以六地、九地、九变，皆论地利，而为篇异也。李筌以涂有所不由而下五利兼之为十变者，误也。复指下文为五利，何尝有五利之义也？绝地无留，当作轻地，盖轻有无止之辞。

或曰：凡军好高而恶下，太公曰："凡三军处山之高，则为敌所栖。”岂好高之义乎？曰：武之高，非太公之高也。公所论天下之绝险也：高山盘石，其上亭亭，无有草木，四面受敌。盖无草木，则乏刍牧樵采之利；四面受敌，则绝出入运馈之路。可上而不可下，可死而不可久。此固有栖之之害也。武之所论假势利之便也：处隆高丘陵之地，使敌人来战，则有登隆、向陵、逆丘之害，而我得因高、乘下、建瓴、走丸、转石、决水之势。加以养生处实，先利粮道，战则有乘势之便，守则有处实之固，居则有养生足食之利，去则有便道向生之路。虽有百万之敌，安能栖我于高哉？太武栖姚兴于天渡，李先计令遣奇兵邀伏，绝柴壁之粮道，此兴犯处高之忌，而先得栖敌之法，明矣。学孙武者，深明好高之论，而不悟处于太公之绝险，知其势利之便者，后可与议其书矣。

或问：六地者，地形也，复论将有六败者何？曰：恐后世学兵者，泥胜负之理于地形也。故曰：地形者，兵之助，非上将之道也。太公论主帅之道，择善地利者三人而委之，则地形固非将军之事也。所谓料敌制胜者，上将之道也。知此为将之道者，战则必胜；不知此为将之道者，战则必败。凡所言，曰走、曰弛、曰崩、曰陷、曰乱、曰北者，此六者，败之道，将之至任，不可不察也。是胜败之理，不可泥于地形，而系于将之工拙也。至于九地亦然，曰刚柔皆得，地之理也。将军之事，静以幽，正以治，驱三军之众如群羊往来，不知其所之者，将军之事也。特垂诫于六地九地者，孙武之深旨也。

或问："死焉不得，士人尽力"，诸家释为二句者何？曰：夫人之情，就其甚难者，不顾其甚易；舍其至大者，不吝其至微。死难于生也，甘其万死之难，则况出于生之甚易者哉？身大于力也，弃其一身之大，则况用于力之至微者哉？武意以谓三军之士，投之无所往，则白刃在前，有所不避也。死且不避，况于生乎？身犹不虑，况于力乎？故曰：死且不北。夫三军之士，不畏死之难者，安得不人人尽其力乎？“死焉不得，士人尽力”，诸家断为二句者，非武之本意也。

或曰：方马埋轮，诸家释方为缚，或谓缚马为方陈者，何也？曰：解方为缚者，义不经；据缚而方之者，非武本辞。盖方当作放字。武之说，本乎人心离散，则虽强为固止，而不足恃也。固止之法，莫过于柅其所行。古者用兵，人乘车而战，车驾马而行，今欲使人固止而不散，不得齐勇之政，虽放去其马而牧之，陷轮于地而埋之，亦不足恃之为不散也。噫！车中之士，辕不得马而驾，轮不得辙而驰，尚且奔走散乱而不一，则固在以政而齐其心也。

或问：兵情主速，又曰为兵之事，夫情与事义果异乎？曰：不可探测而蕴于中者，情也；见于施为而成乎其外者，事也。情隐于事之前，而事显于情之后。此用兵之法，隐显先后之不同也。所谓兵之情主速者，盖吾之所由、所攻，欲出于敌人之不虞、不诫也。夫以神速之兵，出于人之所不能虞度而诫备者，固在中情秘密而不露，虽智者深间，不能前谋先窥也。所谓为兵之事者，盖敌意既顺而可详，敌衅已形而可乘，一向并敌之势，千里杀敌之将，使陈不暇战而城不及守者，彼败事已显，而吾兵业已成于外也。故曰，所谓巧能成事者，此也。是则情事之异，隐显先后也。

或曰：九地之中，复有绝地者，何也？曰：兴师动众，去吾之国中，越吾之境土，而初入敌人之地，疆场之限，所过关梁津要，使吾踵军在后，告毕书绝者，所以禁人内顾之情，而止其还遁之心也。《司马法》曰:“书亲绝,是谓绝顾壹虑。”《尉缭子·踵军令》曰:“遇有还者诛之。”此绝地之谓也。然而不预九地者何?九地之法皆有变,而绝地无变;故论于九地之中,而不得列其数也。或以越境为越人之国,如秦越晋伐郑者,凿也。

或问:“不知诸侯之谋,不能预交;不知山林、险阻、沮泽之形,不能行军;不用乡导,不能得地利。”重言于《军争》《九地》二篇者,何也?曰:此三法者,皆行师、争利、出没、往来、迟速、先后之术也。盖军争之法,方变迂为直,后发先至之为急也;九地之利,盛言为客深入利害之为大也。非此三法,安能举哉?噫!与人争迂直之变,趋险阻之地,践敌人之生地,求不识之迷涂,若非和邻国之援,为之引军,明山川、林麓、险难、阻厄、沮洳、濡泽之形而为之标表,求乡人之习熟者为之前导,则动而必迷,举而必穷,何异即鹿无虞,惟入于林?不行其野,强违其马,欲争迂直之胜,图深入之利,安能得其便乎?称之二篇,不其旨哉?!

或问:何谓无法之赏,无政之令?曰:治军御众,行赏之法,施令之政,盖有常理。今欲犯三军之众,使不知其利害,多方误敌,而因利制权,故赏不可以拘常法,令不可以执常政。噫!常法之赏,不足以愚众;常政之令,不足以惑人。则赏有时而不拘、令有时而不执者,将军之权也。夫进有重赏,有功必赏,赏法之常也。吴子相敌,北者有赏;马隆募士,未战先赏,此无法之赏也。先庚后甲,三令五申,政令之常也。武曰:若驱群羊往来,莫知所之。李愬袭元济,初出,众请所向,曰:“东六十里止。”至张柴,诸将请所止,复曰:“入蔡州。”此无政之令也。

或问:用间使间,圣智仁义,其旨安在?曰:用间者,用间之道也。或以事,或以权,不必人也。圣者无所不通,智者深思远虑，非此圣智之明，安能坐以事权间敌哉？使间者，使人为间也。吾之与间，彼此有可疑之势。吾疑间有覆舟之祸，间疑我有害己之计。非仁恩不足以结间之心，非义断不足以决己之惑。主无疑于客，客无猜于主，而后可以出入于万死之地而图功矣。秦王使张仪相魏，数年无效，而阴厚之者，恩结间之心也。高祖使陈平用金数十万，离楚君臣。平，楚之亡虏也，吾无问其出入者，义决己之惑也。

或问：伊挚、吕牙，古之圣人也，岂尝为商、周之间邪？武之所称，岂非尊间之术而重之哉？曰：古之人立大事，就大业，未尝不守于正；正不获意，则未尝不假权以济道。夫事业至于用权，则何所不为哉？但处之有道，而卒反于正，则权无害于圣人之德也。盖尽在兵家名曰间，在圣人谓之权。汤不得伊挚，不能悉夏政之恶；伊挚不在夏，不能成汤之美。武不得吕牙，不能审商王之罪；吕牙不在商，不能就武之德。非此二人者，不能立顺天应人、伐罪吊民之仁义。则非为间于夏、商而何？惟其处之有道，而终归于正，故名曰权。兵家之间，流而不反，不能合道，而入于诡诈之域，故名曰间。所谓以上智成大功者，真伊、吕之权也。权与间，实同而名异。

或问：间何以终于篇之末？曰：用兵之法，惟间为深微神妙，而不可易言也。所谓非圣智不能用间，非微妙不能得间之实者，难之之辞也。武始以十三篇于吴者，亦欲以其书之法，教阖闾之知兵也。教人之初，蒙昧之际，要在从易而入难，先明而后幽，本末次序而导之，使不惑也。是故始教以计量校算之法，而次及于战攻、形势、虚实、军争之术，渐至于行军、九变、地形、地名、火攻之备。诸法皆通，而后可以论间道之深矣。噫！教人之始者，务令明白易晓，而遽期之以圣智微妙之所难，则求之愈劳，而索之愈迷矣，何异王通谓不可骤而语《易》者哉？或曰：庙堂多算，非不难也，何不列之终篇也？曰：计之难者，经之以五事，校之以七计而索其情也。夫敌人之情，最为难知，不可取于鬼神，不可求象于事，不可验于度，先知者必在于间。盖计待情而后校，情因间而后知，宜乎以间为深，而以计为浅也。孙武之蕴至于此，而后知十家之说不能尽矣。

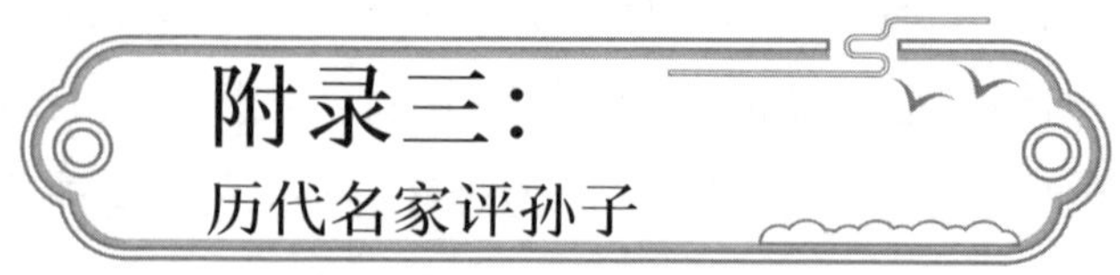

附录三：历代名家评孙子

明之吴越，言之于齐，曰智(知)孙氏之道者，必合于天地。

——临沂汉简本《孙膑兵法·陈忌问垒》

有提十万之众，而天下莫敢当者谁？曰桓公也。有提七万之众，而天下莫敢当者谁？曰吴起也。有提三万之众，而天下莫敢当者谁？曰武子也。

——《尉缭子·制谈篇》

临武君与孙卿子议兵于赵孝成王前。

王曰："请问兵要。"

临武君对曰："上得天时，下得地利，观敌之变动，后之发，先之至，此用兵之要术也。"

孙卿子曰："不然。臣所闻古之道，凡用兵攻战之本，在乎壹民。弓矢不调则羿不能以中微，六马不和则造父不能以致远，士民不亲附则汤武不能以必胜也。故善附民者，是乃善用兵者也，故兵要在乎善附民而已。"

临武君曰："不然。兵之所利者势利也，所行者变诈也。善用兵者感忽悠闇，莫知其所从出，孙吴用之无敌于天下，岂必待附民哉？"

孙卿子曰："不然。臣之所道，仁人之兵，王者之志也。君之所贵权谋势利也，所行攻夺变诈也，诸侯之事也。"

——《荀子·议兵》

境内皆言兵，藏孙、吴之书者家有之，而兵愈弱，言战者多，披甲者少也。

——《韩非子·五蠹》

吾治生产，犹伊尹、吕尚之谋，孙、吴用兵，商鞅行法是也。是故其智不足与权变，勇不足以决断，仁不能以取予，强不能有所守，虽欲学吾术，终不告之矣。

——《史记·货殖列传》白圭语

自是之后，名士迭兴，晋用咎犯，而齐用王子，吴用孙武，申明军约，赏罚必信，卒伯诸侯，兼列邦土，虽不及三代之诰誓，然身宠君尊，当世显扬，可不谓荣焉？岂与世儒闇于大较，不权轻重，猥云德化，不当用兵，大至君辱失守，小乃侵犯削弱，遂执不移等哉！

——《史记·律书》

太史公曰：世俗所称军旅，皆道《孙子》十三篇。《吴起兵法》，世多有，故弗论，论其行事所施设者。

——《史记·孙子吴起列传》

非信、廉、仁、勇不能传兵论剑，与道同符，内可以治身，外可以应变，君子比德焉。作《孙子吴起列传》第五。

——《史记·太史公自序》

非兵不强，非德不昌，黄帝、汤、武以兴，桀、纣、二世以崩，可不慎欤！《司马法》所从来尚矣，太公、孙、吴、王子能绍而明之，切近世，极人变。

——《史记·太史公自序》

春秋之后，灭弱吞小，并为战国……雄桀之士因势辅时，作为权诈以相倾覆，吴有孙武，齐有孙膑，魏有吴起，秦有商鞅，皆禽敌立胜，垂著篇籍。当此之时，合纵连横，转相攻伐，代为雌雄。齐愍以技击强，魏惠以武卒奋，秦昭以锐士胜。世方争于功利，而驰说者以孙、吴为宗。

——《汉书·刑法志》

孙武、阖庐，世之善用兵者也。知或学其法者，战必胜；不晓什伯之陈，不知击刺之术者，强使之军，军覆师败，无其法也。

——《论衡·量知篇》

操闻上古有弧矢之利，《论语》曰“足兵”，《尚书》八政曰“师”，《易》曰“师贞，丈人吉”，《诗》曰“王赫斯怒，爰征其旅”，黄帝、汤、武，咸用干戚以济世也。《司马法》曰：“人故杀人，杀之可也。”恃武者灭，恃文者亡，夫差、偃王是也。圣人之用兵，戢而时动，不得已而用之。吾观兵书战策多矣，孙武所著深矣！孙子者齐人也，名武，为吴王阖闾作《兵法》一十三篇，试之妇人，卒以为将，西破强楚，入郢，北威齐晋。后百岁余有孙膑，是武之后也。审计重举，明画深图，不可相诬。而但世人未之深亮训说，况文烦富，行于世者失其旨要，故撰为《略解》焉。

——《孙子十家注·孙子序》曹操语

孙武所以能制胜于天下者，用法明也。

——《三国志·马良传》裴松之注引《襄阳记》诸葛亮语

阖闾信其威，夫差穷其武，内果伍员之谋，外骋孙子之奇，胜强楚于柏举，栖劲越于会稽，阙沟乎商鲁，争长于黄池。

——左思《文选·吴都赋》

抱痼疾而言精和、鹊之技，屡奔北而称究孙、吴之算，人不信者，以无效也。

——葛洪《抱朴子·微旨》

孙武兵经，辞如珠玉，岂以习武而不晓文也？

——刘勰《文心雕龙·程器》

朕观诸兵书，无出《孙武》；《孙武》十三篇，无出《虚实》。夫用兵，识虚实之势，则无不胜焉。

——《唐太宗李卫公问对》卷中李世民语

按《曹公新书》曰："己二而敌一，则一术为正，一术为奇；己五而敌一，则三术为正，二术为奇。"此言大略耳。唯孙武云："战势不过奇正，奇正之变，不可胜穷。奇正相生，如循环之无端，孰能穷之？”斯得之矣，安有素分之邪？若士卒未习吾法，偏裨未熟吾令，则必为之二术。教战时，各认旗鼓，迭相分合，故曰分合为变，此教战之术尔。教阅既成，众知吾法，然后如驱群羊，由将所指，孰分奇正之别哉？孙武所谓“形人而我无形”，此乃奇正之极致。是以素分者，教阅也；临时制变者，不可胜穷也。

——《唐太宗李卫公问对》卷上李靖语

太宗曰：“严刑峻法，使众畏我而不畏敌，朕甚惑之。昔光武以孤军当王莽百万之众，非有刑法临之，此何由乎？”

靖曰：“兵家胜败，情状万殊，不可以一事推也。如陈胜、吴广败秦师，岂胜、广刑法能加于秦乎？光武之起，盖顺人心之怨莽也，况又王寻、王邑不晓兵法，徒夸兵众，所以自败。臣案《孙子》曰：‘卒未亲附而罚之，则不服；已亲附而罚不行，则不可用。’此言凡将先有爱结于士，然后可以严刑也。若爱未加而独用峻法，鲜克济焉。”

太宗曰：“《尚书》言：‘威克厥爱，允济；爱克厥威，允罔功。’何谓也？”

靖曰：“爱设于先，威设于后，不可反是也。若威加于前，爱救于后，无益于事矣。《尚书》所以慎戒其终，非所以作谋于始也。故《孙子》之法，万代不刊。”

——《唐太宗李卫公问对》卷中

太宗曰：“兵法孰为最深者？”

靖曰：“臣常(尝)分为三等，使学者当渐而至焉。一曰道，二曰天地,三曰将法。夫道之说,至微至深,《易》所谓‘聪明睿智神武而不杀者’是也。夫天之说,阴阳;地之说,险易。善用兵者,能以阴夺阳,以险攻易,孟子所谓‘天时地利’者是也。夫将法之说,在乎任人利器,《三略》所谓‘得士者昌’,管仲所谓‘器必坚利’者是也。”

太宗曰:“然。吾谓不战而屈人之兵者,上也;百战百胜者,中也;深沟高垒以自守者,下也。以是较量,孙武著书,三等皆具焉。”

——《唐太宗李卫公问对》卷下

语有之曰:天时不如地利,地利不如人和。诚谓得兵术之要也,以为孙武所著十三篇,旨极斯道。故知往昔行师制胜,诚当皆精其理。今辄捃摭与孙武书之义相协并颇相类者纂之,庶披卷足见成败在斯矣。

——杜佑《通典》卷一四八《兵一》

自古以兵著书列于后世、可以教于后生者,凡十数家,且数万言。其孙武所著十三篇,自武死后凡千岁,将兵者有成者、有败者,勘其事迹,皆与武所著书一一相抵当,犹印圈模刻,一不差跌。

——杜牧《樊川文集·注孙子序》

武之所论,大约用仁义,行机权。

——杜牧《樊川文集·注孙子序》

战国诸子言攻战之术，其间以权谋而辅仁义，先智诈而后和平，惟孙子十三篇而已。

——施子美《武经七书讲义·孙子·计篇》引张昭《张昭兵法》语

武之书本于兵，兵之术非一，而以不穷为奇，宜其说者之多也。

——欧阳修《欧阳文忠公集·居士集·孙子后序》

孙武十三篇，兵家举以为师。然以吾评之，其言兵之雄乎！今其书，论奇权密机，出入神鬼，自古以兵著书者罕所及。以是而揣其为人，必谓有应敌无穷之才，不知武用兵乃不能必克，与书所言远甚……

且吴起与武一体之人也，皆著书言兵，世称孙、吴。然而吴起之言兵也，轻法制，草略无所统纪，不若武之书辞约而意尽，天下之兵说皆归其中。然吴起始用于鲁，破齐；及入魏，又能制秦兵；入楚，楚复霸。而武之所为反如是，书之不足信也，固矣。

——苏洵《嘉祐集·权书·孙武》

神宗论孙武书，爱其文辞意指。王安石曰："孙武谈兵，言理而不言事，所以文约而所该者博。"上论及韩信，安石曰："信但用孙武一两言，即能成功名。"

——韩滤《涧泉日记》

古之言兵者，无出于孙子矣。利害之相权，奇正之相生，战守攻围之法，盖以百数，虽欲加之而不知所以加之矣。然其所短者，智有余而未知其所以用智，此岂非其所大阙欤？

夫兵无常形，而逆为之形；胜无常处，而多为之地。是以其说屡变而不同。纵横委曲，期于避害而就利；杂然举之，而听用者之自择也。是故不难于用，而难于择……

古之善用兵者，见其害而后见其利，见其败而后见其成。其心闲而无事，是以若此明也。不然，兵未交而先志于得，则将临事而惑，虽有大利，尚安得而见之！若夫圣人则不然。居天下于贪，而自居于廉，故天下之贪者，皆可得而用。居天下于勇，而自居于静，故天下之勇者，皆可得而役。居天下于诈，而自居于信，故天下之诈者，皆可得而使。天下之人欲有功于此，而即以此自居，则功不可得而成。是故君子居晦以御明，则明者毕见；居阴以御阳，则阳者毕赴。夫然后孙子之智，可得而用也。

易曰："介于石，不终日。贞吉。"君子方其未发也，介然如石之坚，若将终身焉者；及其发也，不终日而作。故曰：不役于利，则其见之也明；见之也明，则其发之也果。今夫世俗之论则不然，曰：兵者，诡道也。非贪无以取，非勇无以得，非诈无以成。廉静而信者，无用于兵者也。嗟夫，世俗之说行，则天下纷纷乎如鸟兽之相搏，婴儿之相击，强者伤，弱者废，而天下之乱何从而已乎？

夫武，战国之将也，知为吴虑而已矣。是故以将用之则可，以君用之则不可。今其书十三篇，小至部曲营垒、刍粮器械之间，而大不过于攻城、拔国、用间之际，盖亦尽于此矣。天子之兵，天下之势，武未及也。

——苏轼《东坡全集》卷四一《孙武论》

昔以兵为书者无若孙武。武之所可以教人者备矣；其所不可者，虽武亦无得而预言之，而唯人之所自求也。故其言曰："兵家之胜，不可先传。"又曰："奇正之变，不可胜穷。"又曰："人皆知我所胜之形，而莫知吾所以制胜之形，故其战胜不复，而应形于无穷。"善学武者，因诸此而自求之，乃所谓方略也。去病之不求深学者，亦在乎此而已。嗟乎！执孙、吴之遗言以程人之空言，求合乎其所以教，而不求其所不可教，乃因谓之善者，亦已妄矣。

——何去非《何博士备论·霍去病论》

言兵无若孙武，用武无若韩信、曹公。武虽以兵为书，而不甚见于其所自用；韩信不自为书，曹公虽为而不见于后世，然而传称二人者之学皆出于武，是以能神于用而不穷。窃尝究之，武之十三篇，天下之学兵者所通诵也，使其皆知所以用之，则天下孰不为韩、曹也？韩、曹未有继于后世，则凡得武之书伏而读之者，未必皆能办于战也。武之书，韩、曹之术皆在焉。使武之书不传，则二人者之为兵，固不戾乎武之所欲言者；至其所以因事设事，用而不穷者，虽武之言有所未能尽也。驱市人白徒而置之死地，惟若韩信者然后能斩陈馀；遏其归师而与之死地，惟若曹公者然后能克张绣。此武之所以寓其妙，固有待乎韩、曹之俦也。

——何去非《何博士备论·魏论下》

自六经之道散而诸子作，盖各有所长，而知兵者未有过孙子者。

——陈直中《孙子发微》

孙子十三篇，论战守次第与山川险易、长短、大小之状，皆曲尽其妙。摧高发隐，使物无遁情，此尤文章之妙。

——吕本中《童蒙训》

孙武之书十三篇，众家之说备矣。奇正、虚实、强弱、众寡、饥饱、劳逸、彼己、主客之情状，与夫山泽、水陆之阵，战守攻围之法，无不尽也。微妙深密，千变万化而不穷。用兵，从之者胜，违之者败，虽有智巧，必取则焉。可谓善之善者矣。然武操术，有余于权谋而不足于仁义；能克敌制胜为进取之图，而不能利国便民为长久之计；可以为春秋诸侯之将，而不可以为三代王者之佐也。

——戴溪《将鉴论断·孙武》

孙子十三篇，不惟武人之根本，文士亦当尽心焉。其辞约而缛，易而深，畅而可用，《论语》《易》《大传》之流，孟、荀、扬著书皆不及也。以正合，以奇胜，非善也；正变为奇，奇变为正，非善之善者也；即奇为正，即正为奇，善之善者也。

——郑厚《艺圃折衷》

世多谓书生不知兵，犹言孙武不善属文耳。今观武书十三篇，盖与《考工记》《穀梁传》相上下。

——陈傅良《止斋先生文集》

司马迁谓，世所称师旅，多道孙子十三篇。始管子、申、韩之学行于战国、秦汉，而是书独为言兵之宗。及董仲舒、刘向修明孔子，其说皆已黜，而是书犹杰然尊奉逮今，又将传之至于无穷。此文武所以卒为二涂也。

——叶适《习学记言》卷四六《孙子》

《吴子》之正，《孙子》之奇，兵法尽在是矣。《吴子》似《论语》，《孙子》似《孟子》。

——罗大经《鹤林玉露》卷二《孙吴》

世之言兵者祖孙氏，然孙武事阖闾而不见于《左氏传》，未知其果何代人也。

——陈振孙《直斋书录解题·兵书类》

孙子言兵，首谓“兵者，国之大事，死生之地，存亡之道”，而切切欲导民使之“与上同意”，欲“不战而屈人之兵”，欲“先为不可胜，以待敌之可胜”，欲“无恃其不来，恃吾有以待之”。至论将，则谓“进不求名，退不避罪，惟民是保，而利合于主”。盖终始未尝言杀，而以久于兵为戒。所异于先王之训者，惟诡道一语，特自指其用兵变化而言，非俗情所事奸诈之比。且古人诡即言诡，皆其真情，非后世实诈而反谬言诚者比也。若孙子之书，岂特兵家之祖，亦庶几乎立言之君子矣！诸子自荀、扬外，其余浮辞横议者莫与比。

——黄震《黄氏日钞·读诸子·孙子》

以朕观之，武之书杂出于古之权书，特未纯耳。其曰“不仁之至”“非胜之主”，此说极是。若虚实变诈之说，则浅矣。苟君如汤、武，用兵行师，不待虚实变诈而自无不胜。然虚实变诈之所以取胜者，特一时诡遇之术，非王者之师也，而其术终亦穷耳。盖用仁者无敌，恃术者必亡，观武之言，与其术亦有相悖。盖武之书必有所授，而武之术则不能尽如其书也。

——《明实录·明太祖宝训·评古》

不有大智，其何能谋？不有深谋，其何能将？不有良将，其何能兵？不有锐兵，其何能武？不有武备，其何能国？欲有智而多谋，善将而能兵，提兵而用武，备武而守国，舍是书何以哉！

——刘寅《武经七书直解·自序》

武，齐人，吴阖闾用以为将，西破强楚，入郢，北威齐晋，显名诸侯。叶适以不见载于《左传》，疑其书乃春秋末、战国初山林处士之所为。予独不敢谓然。春秋时列国之事，赴告者则书于策，不然则否。二百四十二年之间，大国若秦、楚，小国若越、燕，其行事不见于经传者有矣，何独武哉？

——宋濂《文宪集·诸子辨·孙子》

孙子上谋而后攻，修道而保法，论将则曰仁、智、信、勇、严，与孔子合。至于战守攻围之道，批亢捣虚之术，山林险阻之势，料敌用间之谋，靡不毕具。其它韬钤机略，孰能过之？

——谈恺《孙子集注十三卷·自序》

十三篇之所论，先计谋而后攻战，先知而后料敌，用兵之事周备明白。虽不足与于仁义之师，苟以之战，则岂非良将乎？视彼恃力之徒，驱赤子而陷之死地者，犹狼残虎噬耳。呜呼！武亦安可得哉?!

——方孝孺《逊志斋集·杂著·读孙子》

由直解而知七书之意，融会贯通而求知夫用兵之术，于以登坛号令，附国家元功，为旷世良将，讵弗伟哉！

——张居正增订《孙武子直解》

窃维天地之间，有人则有争，有争则有乱。乱不可以鞭朴治也，则有兵。兵之为凶器，不可以妄用也，则有法。其事起于斗智角力也，则其法不得不资于权谋。用兵而不以权谋，则兵败国危而乱不止。君子不得已而用权谋，正犹不得已而用兵也。用之合天理则为仁义，合王法则为礼乐。……孙子十三篇，实权谋之万变也。数千年来，儒者未尝一开其扃钥。……儒者生于其时，遇国家有难而主兵，何不可之有？其曰猥云德化，不当用兵，此迂儒保身之谋，卖国之罪也。

——赵本学《孙子书校解引类·序》

噫！孙武子兵闻拙速一言，误天下后世徒读其书之人，杀天下后世千千万人之命，可胜恨哉！可胜恨哉！世之徒读其书者，每以师老财匮为辞，不知列国相争，师老财匮则诸侯乘其弊而起，故胜亦宜速，不胜亦宜速。其在后世，堂堂讨罪，有征无战之兵，必为万全之画。夫苟一时攻之未暇，取之未克，师老矣，再请新师以益之；财匮也，再请多财以继之，必大破之而后已。愚见世人欲图速成之倖功，视三军之命如草芥，往往而然焉，皆孙武子一言误之也！孟子以杀人盈地、盈野者宜服上刑，然则孙武子一言杀天下后世之人不可胜计，使孟子而在，将以何刑加之乎？恨之深，恶之切，作《拙速解下》。

——俞大猷《正气堂续集·杂文·拙速解下》

愚尝读孙武书，叹曰：兵法其武库乎？用兵者其取诸库之器乎？兵法其药肆乎？用兵者其取诸肆之材乎？及读诸将传，又悟曰：此固善握器而妙用材者乎！学者欲求下手着实工夫之门，莫逾于此。数年间，予承乏浙东，乃知孙武之法，纲领精微莫加矣，第于下手详细节目，则无一及焉。犹禅家所谓上乘之教也，下学者何由以措？

——戚继光《纪效新书·自叙》（十八卷本）

夫习武者，必宗孙、吴。是习孙、吴，皆孙、吴之徒也。自夫世好之不同也，每于试文必讥诋其师，无所不至。试使毁其师者，受国家戡定之寄，而攘外安内如孙、吴者几人哉？夫业彼之业而诋其短，是无师矣。以无师之心，而知忠爱之道者，能之乎？

——戚继光《纪效新书》卷一四《练将篇·练将或问》（十四卷本）

孙武子兵法，文义兼美，虽圣贤用兵，无过于此。非不善也，而终不列之儒。设使圣贤其人，用孙武之法，武经即圣贤之作用矣。苟读六经，诵服圣贤，而行则狙诈，六经即孙武矣。顾在用之者其人何如耳。故因变用智，在君子则谓之行权，在小人则谓之行术，均一智也。而君子、小人所以分者，何也？盖有立心不正，则发之自异耳。奚足怪哉？

……将有五德，智、信、仁、勇、严也。智者，仁之辨也；信者，仁之实也；仁者，人之本也；勇者，仁之志也；严者，仁之助也。任机权之真于义理，慎机权之似于诈伪。诈仁之道，岂不在是哉？夫信、仁、勇、严，非智不能辨其弊。信之弊也执，仁之弊也姑息，勇之弊也暴，严之弊也刻，皆不得其当矣。故直看则智为首，横看则仁居中。苟智、信、勇、严而不重夫仁，则皆为虚器，为礼文矣。

——戚继光《止止堂集·愚愚稿上·大学经解》

司马穰苴、孙武，天下之言兵者归之。穰苴兵法不可见，所见独孙子十三篇，其精切事理，吾以为太公不能过也。而太史公独称穰苴兵法"闳廓深远，虽三代征伐未能竟其义"。如其文若尔，穰苴其尤胜邪？然太史公于穰苴则仅详其斩庄贾，于孙武仅详其斩爱姬而已，以为用兵之道，一赏罚尽之矣。……至于吴之强，伍员力耳，柏举之战虽能乘胜入郢，而班处其宫，使秦师得用其救，再合再败而后归，又不能预防夫概之为内孽，安在其为武也？太史公又称其"北威齐晋，显名诸侯"，恐亦附会之过。当其时，武必先死矣。不然，而槜李之败绩，会稽之许成，舍腹心之越从事于石田之齐，武胡为不谏救也？太史公亦云"能行之者未必能言，能言之者未必能行"，盖颇见微指云。

——王世贞《读书后·书司马穰苴、孙武传后》

孙武十三篇为百代谭兵之祖。考《汉书·艺文志》有八十二篇，杜牧以曹公芟其繁芜，笔其精粹以成此书。然太史《武传》固有十三篇之目，而其文章之妙，绝出古今，非魏晋所能润削。……孙武之谭兵，当在穰苴之后、吴起之前。叶正则以《左传》无之而并疑其人，则太过。然武为吴将，入郢，其说或未尽然。丘明于吴事最详练，又喜夸好奇，武灼灼吴楚间，不应尽没其实。盖战国策士以武圣于谭兵，耻以空言令天下，为说文之耳。……兵家，秦汉至众。今传于世而称经者，《黄帝》《风后》《太公》《黄石》《诸葛》《李靖》等，率依托也；《孙》《吴》《尉缭》，当是战国本书。……宋世以《孙》《吴》《司马》《韬》《略》《尉缭》《李卫公》为兵家七书。《孙武》《尉缭》，亡可疑者。《吴起》或未必起自著，要亦战国人掇其议论成编，非后世伪作也。

——胡应麟《少室山房笔丛·九流绪论》

吾独恨其不以“七书”与“六经”合而为一，以教天下万世也。故因读《孙武子》，而以魏武之注为精当，又参考六书以尽其变，而复论著于各篇之后焉。感叹深矣。

——李贽《孙子参同·自序》

古今兵法，亡虑数十百家，世所尊为经者七，而首孙子。孙子之言曰：“奇正之变，不可胜穷也。”又曰：“微乎微乎，至于无形；神乎神乎，至于无声。”合而言之，思过半矣。

……

今古兵法尽于七经，而七经尽于孙子……

——《孙子参同·梅国祯序》

愚今无暇究十三篇之先后，孙子之有无，姑据其所作评之。其书先计而后战，修道而保法，论将则曰智、信、仁、勇、严，与太公之言吻合。至于战守攻围之法，山泽水陆之军，批亢捣虚之术，料敌用间之方，靡不毕具。是以战国以来，用兵者从之则胜，违之则败。虽一时名帅，莫能出其范围。

——何守法《孙子音注·孙子十三篇源委》

茅子曰：自古谈兵者，必首孙武子。故曹孟德手注之，又为《兵家接要》二十万言，大约集诸家而阐明孙子者也。世有《武侯新书》者，亦所以明孙子，然赝书也，无所短长。孟德书不传，然孙子在，有心者可以意迎之，他书可弗传也。先秦之言兵者六家，前孙子者，孙子不遗；后孙子者，不能遗孙子。谓五家为孙子注疏可也。……要之，学兵诀者，学孙子焉可也。

——茅元仪《武备志·兵诀评序》

昔者贤良之任将也，如己身有疾委之良医，必曰除疾易而体气无伤。孙子十三篇，智通微妙，然知除疾而未知养体也。夫为将者，智足于军，未善也，军不可遍也；智足于战，未善也，战不可渎也；智足于破敌，未善也，破一敌又有一敌也。善军者，使天下不烦军；善战者，使天下不欲战；善破敌者，使天下不立敌。

——唐甄《潜书》下篇下《全学》

惟孙子十三篇，简而赅，精而有则，即其始计篇曰“令民与上同意”，则其言近于道，而治国治兵之理，若符券焉。……

孙子一书，自始计以迄用间，如同条，如共贯，原始要终，层次井井，十三篇如一篇也。至一篇之中，节有旨，句有义，亦靡不纲举目张，主宾互见。……

救乱如救病，用兵犹用药。善医者因症立方，善兵者因敌设法。孙子十三篇,治病之方也。古今帝王将相之战功往迹,名医之案也。医不通晓方案,不谓之名医;将不贯通古今,得谓之名将乎？兹于每篇中语足以法。

……孙子十三篇,无篇不可为法,无句不可为训。

——邓廷罗《兵镜备考》

此书凡有二疑,一则名之不见于《左传》也。……一则篇数不侔也。史迁称孙子十三篇,而《汉志》有八十二篇。……然则孙武者,其有耶？其无耶？其有之而不必如史迁之所云耶？其书自为耶？抑其后之徒为之耶？皆不可得而知也,故入之未定其人例中。若夫篇数,其果为史迁之传而非曹瞒之删,《汉志》八十二篇或反为后人附益,刘歆、任宏辈不察而收之耶？则亦不可得而知也。

——姚际恒《古今伪书考·有未足定其著书之人者·孙子》

兵家之推孙吴,尚矣。《诗》曰"不测不克",孙子其不测者也。七子首孙子,次吴子。而三司马,不其允哉！……程子曰:"荀子才大其过多,扬子才小其过少。"余于孙、吴也,亦云。……若夫孙子之弃齐即吴,非君也;师久于郢,非作战也;夫概自战,非节也;以班处宫,非道也。而未闻谋言,犹未去也,以观沂败,虽高蹈也,庸可愈乎！故其所著书,知机权之制胜也,而不及国家之本也。本既失矣,枝虽万全,不可保也,讵曰论成败哉！夫用兵之法,仁义为先,国之本也;节制次之,以治己也;机权为后,顺应而已。然则司马其庶几乎,孙子末也。

——汪绂《戊笈谈兵》第十一笈《司马吴孙·司马吴孙总论》

古今谈兵之雄者，首推孙子。盖孙子能推黄帝、太公之意，而武侯、卫公又皆推孙子之意，故言兵者以孙子为宗，第孙子之微旨不传。

——郑端《孙子汇征·自序》

孙武子十三篇，治病之法尽之矣。

——徐大椿《医学源流论·用药如用兵论》

是书所言皆战国事尔。其用兵法，乃秦人以虏使民法也，不仁之言也。然自是，言兵者以为莫武若矣。

——姚鼐《惜抱轩文集·题跋·读孙子》

武书为百代谈兵之祖。叶适以其人不见于《左传》，疑其书乃春秋末战国初山林处士之所为。然《史记》载阖闾谓武曰："子之十三篇，吾尽观之矣。"则确为武所自著，非后人嫁名于武也。

——《四库全书总目提要·子部·兵家类》

诸子之文，皆由没世之后门人小子撰述成书，惟此是其手定，且在《列》《庄》《孟》《荀》之前，真古书也。

——孙星衍《孙渊如先生全集·问字堂集·孙子略解序》

兵家言惟孙子十三篇最古。古人学有所受，孙子之学或即出于黄帝，故其书通三才、五行，本之仁义，佐以权谋，其说甚正。古之名将用之则胜，违之则败，称为兵经，比于六艺，良不愧也。……今世泥孔子之言，以为兵书不足观；又泥赵括徒能读父书之言，以为成法不足用；又见兵书有权谋、有反间，以为非圣人之法，皆不知吾儒之学者！……兵凶战危，将不素习，未可以人命为尝试，则十三篇之不可不观也。项梁教籍兵法，籍略知其意不肯竟学，卒以倾覆。不知兵法之弊，可胜言哉！宋襄、徐偃仁而败，兵者危机，当用权谋。孔子犹有要盟勿信、微服过宋之时，安得妄责孙子以言之不纯哉！

——孙星衍校《孙子十家注·孙子兵法序》

武子之书，即兵论兵，出奇无穷，以贵速、不战为能，攻城、破军为下。传曰："临事而惧，好谋而成。"然则所以胜诸家者，在是矣。

——张九镡《笙雅堂集·孙子评序》

《易》其言兵之书乎？《亢》之为言也：知进而不知退，知存而不知亡，知得而不知丧，所以动而有悔也。吾于斯见兵之情。《老子》其言兵之书乎？"天下莫柔弱于水，而攻坚强者，莫之能先。"吾于斯见兵之形。孙武其言兵之书乎？"百战百胜，非善之善者也；不战而屈人之兵，善之善者也。""故善用兵者，无智名，无勇功。"吾于斯见兵之精。故夫经之《易》也，子之《老》也，兵家之《孙》也，其道皆冒万有，其心皆照宇宙，其术皆合天人、综常变者也。

——魏源《古微堂外集》卷三《孙子集注序》

孙子奇而不必法，而无不法也。云行空中，因风之势；水流地上，肖地之形。此有何法？但见其奇耳。此有何奇？但见其法耳。

——张象津《白云山房文集·集录弈谱小引》

孙子十三篇，后世学兵者多祖之，而儒者或不道。问其故？曰：诈谋也，圣贤不尚诈谋。呜呼！圣贤不尚诈，圣贤岂不尚谋？吾谓谋一也。自圣贤人出之，将以救世也，为忠谋；自不圣贤人出之，将以乱世也，为诈谋，庸非谋耶？忠与诈，视其人如何也。以孙子之术为盗贼，则不圣贤人之诈谋也，诚有所不可；以孙子之术诛盗贼，则圣贤人之忠谋也，奚不可哉?！柳下惠见饴曰“可以养老”，盗跖见饴曰“可以粘牡”，见物同而所用异也。吾于孙子亦云。

——陈荣昌《虚斋文集·读孙子》

精辟粹语，批郤导窾，较司马子更为过之。孙、吴并称，吾谓孙之用奇，更优于吴之用正也。一言以蔽之，曰：兵不厌诈而已。宰相须用读书人，即大将亦乌可以不读书乎？然则治军之道，韬略为先，而器械其后焉者也。明乎此，乃足以安内攘外，强国本，绝边患。

——方浚颐《二知轩文钞》卷一三《读孙武子》

“百战百胜，非善之善者也；不战而屈人之兵，善之善者也。”其言粹然进于王者之道矣。周亚夫之坚壁以败吴楚，赵充国之屯田以制羌人，是深得孙子谋攻之旨者。

——沈宗祉《泖东草堂笔记》

主要参考文献

陆达节:《孙子考》,齐鲁书社1992年影印。

郭化若:《孙子译注》,上海古籍出版社1984年版。

吴如嵩:《孙子兵法新论》,解放军出版社1989年版。

吴九龙主编:《孙子校释》,军事科学出版社1990年版。

魏汝霖:《孙子今注今译》,(台)商务印书馆1972年版。

李零:《兵以诈立:我读〈孙子〉》,中华书局2006年版。

李零:《〈孙子〉十三篇综合研究》,中华书局2006年版。

李零:《〈孙子〉古本研究》,北京大学出版社1995年版。

杨丙安校理:《十一家注孙子校理》,中华书局1999年版。

杨炳安:《孙子会笺》,中州古籍出版社1986年版。

于汝波主编:《孙子兵法研究史》,军事科学出版社2001年版。

于汝波主编:《孙子文献学提要》,军事科学出版社1994年版。

吴如嵩、黄朴民等:《战国军事史》,军事科学出版社1998年版。

黄朴民:《孙子评传》,解放军出版社2014年版。

黄朴民:《〈孙子兵法〉解读》,中国人民大学出版社2008年版。

黄朴民、高润浩:《〈孙子兵法〉新读》,长春出版社2008年版。

黄朴民:《先秦两汉兵学文化研究》,中国人民大学出版社2010年版。

黄朴民:《春秋军事史》,军事科学出版社1998年版。

钮先钟:《孙子三论》,广西师范大学出版社2003年版。

[日]佐藤坚司:《孙子研究在日本》,军事科学出版社1993年版。

[日]服部千春:《孙子兵法校解》,军事科学出版社1987年版。

许保林:《中国兵书通览》,解放军出版社2002年版。

雷海宗:《中国文化与中国的兵》,商务印书馆2001年版。

《中国军事史》编写组:《中国历代军事战略》,解放军出版社2006年版。

《中国军事史》编写组:《武经七书注译》,解放军出版社1986年版。

《中国军事史》编写组:《中国军事史·兵家》,解放军出版社1990年版。

糜振玉主编:《中国军事学术史》,解放军出版社2008年版。

钮先钟:《中国古代战略思想新论》,安徽教育出版社2005年版。

姜国柱:《中国军事思想通史》,中国社会科学出版社2006年版。

赵国华:《中国兵学史》,福建人民出版社2004年版。

齐思和:《〈孙子兵法〉著作时代考》,载《燕京学报》第26期。

蓝永蔚:《〈孙子兵法〉时代特征考辨》,载《中国社会科学》1987年第3期。

杨炳安、陈彭:《孙子兵学源流述略》,载《文史》第27辑。

李零:《现存宋代〈孙子〉版本的形成及其优劣》,载《文史集林》第2辑。

黄朴民:《齐文化与先秦军事思想的发展》,载《学术月刊》1997年第11期。

黄朴民:《诸子学说与战国兵书文化精神的构建》,载《浙江社会科学》1996年第5期。

黄朴民:《〈孙子兵法〉研究一百年》,载《管子学刊》2013年第4期。

黄朴民、宋培基:《〈孙子兵法〉的吴文化特征》,载《光明日报》2006年5月9日。